# 러시아 문학사 II

20세기부터 현재까지

# 러시아 문학사 II

## 20세기부터 현재까지

| 홍기순·김성일 |

보고사

# 책을 내며...

인류 역사상 러시아보다 더 큰 단절과 격변의 역사를 가진 나라도 드물 것이다. 10세기의 기독교 수용, 13-15세기에 걸친 몽고족의 지배, 17세기 초 혼란의 시기, 18세기 뾰뜨르 대제의 급진적 서구화, 20세기의 소비에트 혁명과 소련의 붕괴 등 천 년의 역사 동안 러시아는 정치적, 문화적으로 커다란 갈등과 변혁을 겪어왔다. 러시아 문학은 이러한 러시아 역사의 중요한 사건들에 민감하게 반응해 왔다. 특히 러시아 문학에는 다른 나라의 문학에서 찾아볼 수 없는 강력한 사회비판 정신이 녹아있다. 농노제에 의한 계급간의 단절과 사회적 모순이 오랜 시기 동안 누적되고 언론의 자유도 검열 때문에 위축된 상태에서 러시아 문학은 민중의 목소리를 대변하는 유일한 사회적 발언의 통로였다. 따라서 러시아 문학은 전통적으로 앙가주망(참여)문학이라 해도 과언이 아니다. 농노제 하의 러시아 사회의 모순과 민중의 고통을 그린 라지쉐프의 기행문과 고골의 관료주의와 인간의 범속성에 대한 조소와 비판, 농민의 고통을 애절하게 묘사한 네끄라소프의 운문들, 벨린스끼의 문학 비평 등은 비판적 사실주의의 사상적 토대를 마련하였고, 러시아 사실주의 작가인 도스또옙스끼, 똘스또이, 뚜르게네프의 '있는 그대로의 현실 묘사'는 러시아 문학을 세계 문학의 중심에 자리하도록 만들었다. 러시아 소설의 특징이라고 할 수 있는 깊은 철학적 사고, 간결하고 평이한 문체, 아름다운 자연묘사, 인간 생활의 상세한 묘사 등은 이러한 19세기 러시아 사실주의 문학에서 기인한 것이다.

그러나 이러한 사회비판 정신, 민중성을 그 특징으로 하는 러시아 문학의 근원은 고대 러시아의 풍부한 구전문학에 있음을 부인할 수 없다. 러시아는 방대한 국토와 다양한 민족 구성에도 불구하고 민중들의 내면에 풍부한 구전문학의 전통을 키우고 간직하여왔다. 민중가요, 영웅서사시, 전설담, 가요 등은 러시아만의 독자적인 주제와 세련된 아름다운 내용을 가지고 있고 러시아 문학에 민중적 성격을 불어넣었다. 러시아가 서구화와 근대화를 겪는 과정에서 서구주의와 슬라브주의의 논쟁처럼 민족적 정체성의 실체를 찾고 복원시키려는 노력 와중에 러시아 민중의 강인함과 정신적 아름다움을 발견하고, 여기에서 러시아적 정신의 정수를 추구하려 했던 지적 흐름도 바로 이런 러시아 구전문학의 민중성에서 기인한 것이라고 하겠다.

대학에서의 문학 수업은 무엇보다 해당 작품을 읽은 다음 내용을 분석하고 토론하는 방법에서 출발해야 한다. 물론 사조별 특징과 전반적인 문학의 흐름 그리고 개별 작가의 생애를 집중적으로 연구하는 것도 필요하다. 하지만 문학사 위주의 수업, 작가의 생애만 추적하는 문학 수업은 내용이 없는 피상적이고 상식적인 수준에 머물 뿐이다. 따라서 해당 작가의 작품 세계를 제대로 이해하고 논하기 위해서는 우선 비판적, 분석적 시각을 가지고 작품을 읽어야 한다. 이런 점에서 볼 때 현재까지 출간된 러시아 문학사 서적은 작가의 생애와 작품 세계만을 포괄적으로 다루고 있을 뿐 주요 작품에 대한 세부적 분석과 감상 포인트를 제공하고 있지 않다는 아쉬움을 지적할 수 있다. 국내에 이미 출판된 러시아 문학사를 다룬 책에서 부족한 이런 점들을 개선하여 '러시아 문학사 I(고대에서 사실주의까지), 러시아 문학사 II(20세기부터 현재까지)'를 소개하게 된 것을 매우 기쁘게 생각한다. 이 책은 러시아 문학사와 관련된 사진 자료와 함께 개괄적인 문학사조, 작가 소개 그리고 해당 작가의 주요 작품 분석의 순서로 구성되어 있다. 그러므로 이 책은 독자들에게 러시아 문학의 역사를 개괄적으로 살펴보고 해당 작가의 생애와 문학 세계를 고찰한 뒤, 이들 작가의 주요 작품들을 세부적으로 이해할 수 있는 좋은 자료가 될 것이다. 물론 지면과 시간상의 제약으로 모든 러시아 작가들의 대표적인 작품들을 다 수록할 수 없는 현실을 인정하는 바이다. 그러나 러시아 문학 수업에서 한 번쯤은 언급되고 검토되어야 할 작가와 작품들은 가능한 한 수록하려고 노력하였고, 또한 국내에 많이 소개되지 않은 러시아 시인들의 서정시 및 서사시의 내용과 시 세계에 대해서도 가능한 범위 내에서 많이 언급하였다. 이 책이 독자들에게 러시아 문학의 이해에 많은 자료를 제공하고 도움을 주었으면 하는 바람을 피력한다.

　러시아 문학사 I, II를 작업하는 과정에서 국내외에서 이미 출판된 많은 책들의 내용을 번역 혹은 인용하였고, 이 책의 내용을 풍성하게 하는 자료로서 많은 도움을 받았음을 밝혀둔다. 이 점에 대해서 각 출판사와 연구자에게 감사의 뜻을 표하며, 본서의 부록에 러시아 문학사 관련 권장도서 및 참고문헌을 통해서 가능한 한 모든 대상을 밝히려 했다. 그러나 엮은이들의 관심이 다 미치지 못한 실수로 인해, 혹은 일부분 인용한 연구서 및 사진 자료의 출처를 지면의 한계로 인해 모두 다 열거하지 못한 부분이 있음을 시인하지 않을 수 없다. 이 부분에 대해서는 해당 연구자 및 출판사에 심심한 사의를 표하면서 독자 제위의 이해를 구하는 바이다. 마지막으로 이 책을 출판하는 데 결정적으로 협조를 해 주신 보고사 김홍국 사장과 방대한 자료의 사진과 책의 전체적인 편집을 맡아서 일해 준 황효은 씨에게 이 지면을 통해서 감사의 마음을 전한다.

▶ 책을 내며... 5

19세기 말과 20세기 초 러시아 문학 ················ 11
20세기 러시아 문학 ········································ 24
알렉세이 막시모비치 고리끼 ····························· 26
    초기 단편 소설들 『첼까쉬(Челкаш, 1894)』 ············ 33
    희곡 『밑바닥에서(На дне, 1902)』 ···················· 35

20세기 전반기의 러시아 문학 ·························· 39
소비에트 시기의 러시아 문학 ·························· 42
러시아 해외 문학 ············································ 49
이반 알렉산드로비치 부닌 ································ 57
"은세기" 시 ···················································· 61
1917년 10월 이후 문학 ··································· 84
    러시아 해외(망명)문학 ····································· 84
    소비에트 러시아 문학 ······································ 96

알렉산드르 알렉산드로비치 블록 ······················ 104
세르게이 알렉산드로비치 예세닌 ······················ 114
블라지미르 블라지미로비치 마야꼽스끼 ············ 121
안나 안드레예브나 아흐마또바 ························· 126

미하일 아파나시예비치 불가꼬프 ·········· 185
　장편 소설 『백위군(Белая гвардия, 1923-1924)』 ·········· 187
　소설 『거장과 마르가리따(Мастер и Маргарита, 1928-1940)』 ······ 192

미하일 알렉산드로비치 숄로호프 ·········· 205
　장편 소설 『고요한 돈강(Тихий Дон, 1926-1940)』 ·········· 208

20세기 후반기의 러시아 문학 ·········· 213
　산문(Проза) ·········· 217
　농촌 테마(Тема деревни) ·········· 217
　노동 테마(Тема труда) ·········· 221
　전쟁 테마(Тема войны) ·········· 222
　역사 테마(Историческая тема) ·········· 226
　시(Поэзия) ·········· 228
　극작품(Драматургия) ·········· 233

현대 러시아 문학 ·········· 238
알렉산드르 이사예비치 솔제니쯴 ·········· 255
칭기즈 또레꿀로비치 아이뜨마또프 ·········· 261

　부록 : 최근 러시아 문학의 현황 ··· 268
　　　　러시아 문학사 주요 연표 ··· 281
　　　　러시아 문학사 관련 권장 도서 및 참고문헌 ··· 291
　　　　찾아보기 ··· 297

# 19세기 말과 20세기 초 러시아 문학

(Русская литература конца XIX – начала XX века)

19세기 말에 이어 20세기 초에도 체홉(А.П.Чехов)과 똘스또이의 작품 활동은 지속되었다. 그들의 창작은 새로운 시대를 반영하면서, 다른 한편으로 이 기간에 심각한 변화를 겪는다. 똘스또이(Л.Н.Толстой)는 자신의 마지막 작품들에서 농민들의 분위기를 다양하면서도 폭넓게 반영하였다. 바로 이 시기에 작가는 러시아와 세계 문학에서 가장 훌륭한 작품들 중 하나인 장편 소설 『부활(Воскресение)』을 저술했다. 또한 체홉이 자신의 중요 작품들인 중편 소설 『6호실 병동(Палата N6)』, 단편 소설 「상자 안의 사람(Человек в футляре)」, 「이오늬치(Ионыч)」, 희곡 『바냐 외삼촌(Дядя Ваня)』, 『갈매기(Чайка)』, 『세 자매(Три сестры)』, 『벚꽃 동산(Вишневый сад)』 등을 쓴 것도 이 시기였다. 이 작품들을 통해 그는 똘스또이와 함께 러시아 문학사에 이름을 남긴 거장의 반열에 올랐다. 똘스또이와 체홉의 창작 활동은 이 시기의 민주적인 문학에 커다란 영향을 주었다.

구세대 사실주의 작가들인 꼬롤렌꼬(В.Г.Короленко)와 마민 -

(상)체홉
(하)체홉과 고리끼

시비랴(Д.И.Мамин-Сибиряк) 등도 잇달아 새로운 작품을 발표하였다.

1890년대부터 고리끼(А.М.Горький, 1868-1936)의 문학 활동이 시작되었다. 이 당시 작가들의 작품에는 이미 프롤레타리아 사상이 반영되어 있었다. 사실주의자들과 더불어 고리끼는 인간의 자유와 행복이란 이름으로 이루어진 영웅적인 행위를 찬양하는 낭만적인 작품들을 썼다. 20세기 초에 그는 출판사 ≪지식(Знание)≫의 사상적 지도자가 되었다. 출판사 ≪지식≫을 중심으로 1880-90년대 말에 문학에 입문한 새로운 사실주의 작가 세대인 꾸쁘린(А.И.Куприн, 1870-1938), 베레사예프(В.В.Вересаев, 1867-1945), 부닌(И.А.Бунин, 1870-1953), 세라피모비치(А.С.Серафимович, 1863-1949), 안드레예프(Л.Н.Андреев, 1871-1919) 등이 하나로 결합되었다.

꾸쁘린

꾸쁘린(А.И.Куприн)의 창작에서 '소외된 사람들'에 대한 한없는 연민, 그리고 인간의 삶은 시기의 문제일 뿐 결국은 행복으로 귀결될 것이라는 그의 문학관의 근저에는 체홉의 영향이 짙게 드리워져 있었다. 중편 소설 『몰로흐(Молох)』[1]는 작가에게 문학적 명성을 가져다 주었다. 이 소설의 제목은 상징적이다. 이 작품에서 작가는 노동자 계층의 힘든 생활을 묘사했을 뿐만 아니라, 그 잔인함으로 해서 두려운 신(神)을 상기시키는 자본의 전형적이고 상징적인 특성을 폭로한 최초의 작가들 중의 한 명이 되었다. 꾸쁘린은 자신의 많은 작품들 속에서 연민을 가지고 노동자들의 삶을 묘사하고 있다. 고리끼 역시 꾸쁘린에게 커다란 영향을 주었다.

베레사예프(В.В.Вересаев) 창작의 중요한 테마는 그 시

---

[1] 페니키아인들의 신(神) 이름에서 비롯된 명칭으로 사람의 희생을 요구하는 것을 상징함.

대 러시아 인텔리겐찌야들의 사상적 탐구와 사회생활이었다. 그는 중편 소설 『길이 없는(Без дороги)』, 『전환점에서(На повороте)』, 『왕복(Два конца)』에서 이런 문제에 대해 언급하고 있다.

세라피모비치(А.С.Серафимович)는 프롤레타리아의 삶을 중심 테마로 다룬 최초의 러시아 작가였다. 그는 자신의 단편 소설들 - 『전철기수(Стрелочник)』, 『지하에서(Под землей)』, 『공장에서(На заводе)』 - 에서 노동자들의 힘든 상황을 자세하게 보여주고 있다.

사실주의 학파의 전통을 계승한 새로운 세대의 작가 가운데서 가장 훌륭한 한 명은 부닌(И.А.Бунин)이다. 작가는 이미 초기의 단편 소설들 - 『상대편에서(На чужой стороне)』, 『세상의 끝에서(На край света)』, 『선생님(Учитель)』 - 에서 '학대받고 모욕받는' 가난한 농민들의 생활을 연민을 가지고 묘사하고 있다. 재능있는 서정 시인이기도 했던 부닌은 자신의 서정적 기교를 운문에서 뿐만 아니라 산문에서도 잘 보여주었다. 부닌은 러시아 최고의 문학상인 뿌쉬낀 상을 세 차례나 수상하였다. 1909년에 그는 러시아 아카데미의 명예회원이 되었고, 1933년에는 러시아 작가들 중 최초로 노벨 문학상을 수상하였다.

안드레예프(Л.Н.Андреев)의 창작에는 다양한 이념적 미학적 경향 - 사실주의와 모더니즘 - 이 복잡하게 결합되어 있다. 그의 최초 단편 소설들 - 『별장의 뻬쯔까(Петька на даче)』, 『옛날

부닌

안드레예프

옛적에(Жили-были)』 등 - 에는 똘스또이, 체홉, 도스또옙스끼의 영향을 감지할 수 있다. 이후 안드레예프는 모더니즘에 훨씬 더 가까워졌고, 그의 작품들에서도 비관론적인 분위기가 강화되었다.

자이쩨프(Б.К.Зайцев, 1881-1972)와 자먀찐(Е.И.Замятин, 1884-1937) 그리고 삘냑(Б.Пильняк, 1894-1941)은 20세기 초부터 창작 활동을 시작하였다. 이 시기에 알렉세이 똘스또이(А.Н.Толстой, 1883-1945), 쁘리쉬빈(М.М.Пришвин, 1873-1954), 세르게예프-쩬스끼(С.М.Сергеев-Ценский, 1875-1958), 쉬쉬꼬프(В.Я.Шишков, 1873-1945)와 같은 새로운 사실주의 작가 그룹이 문단에 등단하였다. 이 작가들은 혁명 후에 창작의 전성기를 맞이하였지만, 세기 초에 이미 자신들이 19세기 러시아 문학 전통의 훌륭한 계승자임을 보여주었다.

19세기 말과 20세기 초라는 특별한 시기를 반영하는 러시아 문학은 다양한 이념적 예술적 흐름들이 첨예하게 대립하는 조건 속에서 발전하였다. 문학에서는 사실주의와 모더니즘의 특별한 투쟁이 진행되었다.

모더니즘의 철학적 토대는 세계의 불인식성(不認識性)과 세계 발전의 합법성에 대한 관념이다. 인식의 유일한 규준(規準)으로 내적 정신적 경험만이 인정되었다. 모더니즘 예술의 일반적 정의는 반(反)사실주의 예술의 추구였다. 또한 모더니즘 문학의 내부에는 다양한 흐름이 존재했다. 19세기 말과 20세기 초의 주요한 모더니즘의 흐름들 - 상징주의, 아끄메이즘, 미래주의 - 은 예술적 창작의 절대적 자유를 옹호했다.

러시아에서 가장 의미 있는 모더니즘 경향은 1890년 초에 최초로 출현한 상징주의이다. 상징주의 문학에서 첫 10년은 '구세대 상징주의자' - 민스끼(Н.М.Минский), 브류소프(В.Я.Брюсов), 기삐우스(З.Н.Гиппиус), 솔로구쁘(Ф.К.Сологуб), 발몬뜨(К.Д.Бальмонт) 등이 주도적인 역할을 하였다. 19세기 말에 그들은 『러시아 상징주의자(Русские символисты)』라는 선집을 출판하였으며, 잡지 [북방통보(Северный вестник)]와 [예

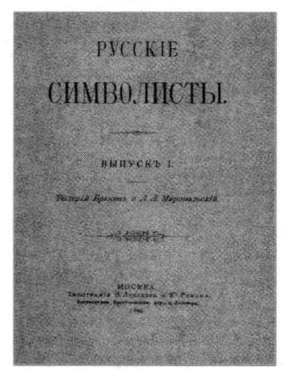

러시아 상징주의자

술 세계(Мир искусства)]를 출간하였다. '구세대 상징주의자들'은 자신들을 둘러싸고 있는 세계를 인정하지 않았다. 기삐우스는 자신의 시에서 형용사 중성형을 활용하여 현실의 현상들을 매우 부정적으로 묘사하고 있다 :

    Страшное, грубое, липкое, грязное,
    Жестоко-тупое, всегда безобразное,
    Медленно-рвущее, мелко-нечестное,
    Скользкое, стыдное, низкое, тесное,
    Явно-довольное, тайно-блудливое,
    Плоско-смешное и тошно-трусливое,
    Вязко, болотно и тинно застойное,
    Жизни и смерти равно недостойное,
    Рабское, хамское, гнойное, черное,
    Изредка серое, в сером упорное,
    Вечно лежачее, дьявольски-косное,
    Глупое, сохлое, сонное, злостное,
    Трупно-холодное, жалко-ничтожное,
    Непереносное, ложное, ложное!

    무섭고 거칠고 끈적거리고 더럽다
    엄격하고 무디고 항상 막연하다
    천천히 빼앗고 작게 부정하고
    미끄럽고 창피하고 낮으며 빽빽하다
    공개적으로 만족하고 비밀스레 음란하며
    평범하게 가소롭고 구역질나게 소심하다
    질척거리는 소택의 썩은 진흙으로
    죽음과 삶은 똑같이 무가치하다
    예속적이고 야비하며 고름 같은 검은 색이다
    가끔씩은 회색이고 회색 속에 고집스러움이 있다
    영원히 누워있는 악마적 둔감함은
    어리석고 말라붙었으며 멍청하고 교활하다

시체의 차가움과 동정의 쓸모없음이다
옮길 수 없는 거짓의 거짓이다!

　　상징주의자들은 이러한 부정적이고 추한 현실 세계로부터 아름다운 최상의 세계로 혹은 영혼(靈魂)의 세계로 떠나기를 갈망하였다 :

메레쥐꼽스끼

나는 인류를 미워하기에,
나는 서둘러 그들로부터 도망쳐간다.
나의 유일한 조국은 -
나의 고독한 영혼이다.
　　　　　　　　　　　　　　　　　(발몬뜨)

　　그들에게 있어서 지상의 삶은 단지 '꿈/허상/(Сон)'이자 '그림자/피상적 반영/(Тень)'에 불과하였다. 이 지상의 삶은 개성이 절대적으로 자유로운 세계인 창조(Творчество)와 공상(Мечта)의 세계와 대립되는 것이다 :

메시야

나는 비밀스런 세계의 신이나니,
모든 세상이 나의 공상 속에 있노라.
나는 내게 우상을 만들지 않을 것이니
지상에서도 천상에서도 그러하리라.
　　　　　　　　　　　　　　　　　(솔로구쁘)

　　이 세계는 아름다움의 왕국이다. 진정한 삶은 오직 그런 세계에서만 가능하다 :

하나의 유일한 유계(遺誡)가 있다 - 살아라.
무슨 일이 있어도 아름다움, 아름다움 속에서.
　　　　　　　　　　　　　　　　　(메레쥐꼽스끼)

기삐우스(З.Н.Гиппиус)의 말에 따르면, '세상에 없는' 그것이 있기 때문에 이 세계는 아름답다. 이와 동시에 실제적인 삶은 단조롭고 지루하며 무의미하다.

'구세대 상징주의자들'은 시의 예술적 형태에 많은 주의를 기울였으며, 개혁자 - 시인이 되었다.

20세기 초에 '신세대 상징주의자들' - 블록(А.А.Блок), 벨르이(А.Белый), 뱌체슬라프 이바노프(Вяч.Иванов) 등 - 이 문학에 입문하였다. 만약 1880년대 반동의 시기가 그들의 선임자들에게 '염세적 분위기'를 불러 일으키게 하였다면, '신세대 상징주의자들'의 운문에는 삶에서의 커다란 변화에 따른 기대의 분위기가 표현되었다. 관념주의 철학자 솔로비요프(В.С.Соловьёв)는 그들에게 지대한 영향을 주었다. 그에 따르면 악과 폭력의 낡은 세계는 곧 멸망하고, 천상의 아름다움(혹은 영원한 여성상)이 삶에 도래할 것인데, 이 영원한 미는 지상적(地上的)인 것과 물질적인 것이 함께 하는 삶과 천상적(天上的)이며 신적인 근원을 결합하여 '세계를 구원'한다. 만약 '구세대 상징주의자들'이 실제적인 삶을 받아들이지 않았다면, '신세대 상징주의자들'은 그것의 신속한 정제와 변용을 기대했다. 블록은 『아름다운 귀부인에 관한 시(Стихи о Прекрасной Даме)』라는 시선집에서 사랑과 아름다움이 세상을 구원할 것이라고 기술하고 있다.

'신세대 상징주의자들'은 자신들의 시에 상징의 개념을 도입했다. 이 상징이라는 단어는 다양한 의미를 갖는다. 첫 번째 의미는 '천상'의 세계와 관련이 있으며, 두 번째 의미는 '천상 왕국의 그림자'만을 보여주는 '지상 왕국'의 묘사와 관련이 있다. 눈에 보이는 현실, 이것은 필시 신비한 세계의 믿을 수 없는 반영에 지나지 않는다. 상징은 이성으로는 인식할 수 없는 저 피안 세계의 삶, 그 세계의 기호이다. 상징주의자들의 시에서 상징은 단지 몇 사람만이 가지고 있는 초감각적 본능을 표현하는 것이다. 그것만이 일반인들에게는 닫혀져 있는 다른 신비한 세계의 본질을 시인이 투시할 수 있도록 도와준다.

제1차 러시아 혁명(1905-1907)의 시기에 대다수의 상징주의 시인들은 이 혁명적 사건에 동조하였다. 블록은 자신의 시에서 노동자와 혁명 전사의 이미지를 창조하였으며, 브류소프는 낡은 세계의 종말이 도래함을 찬양하였다. 그렇지만 거의 대다수의 상징주의자들은 1905-1907년에 진행된 정치적인 투쟁과는 어느 정도 거리를 두고 있었다. 그들에게 있어서 혁명과 예술의 관계에 대한 문제는 중요한 것이었다. 이 문제에 대한 논쟁은 상징주의자들을 분열로 이끌었고, 심각한 위기를 겪은 상징주의는 1910년부터 문학적 경향으로서 더 이상 존재하지 않게 되었다. 상징주의의 가장 유명한 시인인 브류소프와 블록은 혁명을 지지하는 쪽으로 옮겨갔다. 블록은 혁명 시기의 첫 번째 작품 중의 하나인 서사시 <열둘(Двенадцать)>을 창작하였다. 상징주의를 대신하여 새로운 시학적 흐름인 아끄메이즘과 미래주의가 출현하였다.

아끄메이즘[2]은 1910년대에 구밀료프(Н.С.Гумилёв, 1886-1921), 고로제쯔끼(С.М.Городецкий, 1884-1967), 만젤쉬땀(О.Э.Мандельштам, 1891-1938), 아흐마또바(А.А.Ахматова, 1889-1966), 이바노프(Г.В.Иванов, 1894-1958), 젠께비치(М.А.Зенкевич, 1891-1973)의 이론적 연구와 예술적 창작과 함께 형성되었다. 아끄메이즘은 자신들의 주변을 둘러싸고 있는 삶으로부터 인식할 수 없는 신비한 세계로 떠나려는 상징주의자들의 갈망에 대치(對峙)된다는 점에서, 그리고 지상 세계에 관심을 가졌다는 점에서 상징주의자들과 구분된다. 아끄메이스트들은 '물질적 세계'의 구체적이고 감정적인 인식의 동조자들이었다. 그들의 시에서는 삶과 자연의 세세함에 대한 날카롭고 통찰력 있는 시각을 발견할 수 있다:

---

[2] 그리스어 'akme'에서 기원한 용어로 어떤 것의 절정기 혹은 최고의 수준을 일컬음.

빽빽이 잘 영글은 포도, 사과, 자두들은-
그들의 외형이 시원시원하게 분명하고,
모든 빛의 색채들이 열성적으로 음영을 넣어,
얇은 표피 아래의 가느다란 혈관들이 보인다.
(Г.이바노프)

골짜기에서 우엉 잎들이 사각 사각거리고
노랗고 붉은 마가목 열매들이 고개를 숙일 때,
나는 무상하고 아름다운 삶에 대한
즐거움을 주는 시들을 짓는다.
(А.아흐마또바)

아끄메이스트들은 상징적인 의미가 아닌 원래의 의미를 갖는 단어로 돌아가기를 원했다. 그들은 분명하고 단순한 언어로 시를 썼고, 그들이 사용한 단어들은 상징주의에서처럼 '비밀스런 세계'에 관심을 기울이는 것이 아니라 직접적이고 분명하게 대상을 명명하기 위한 것이었다.

아끄메이스트들은 "시인 조합(Цех поэтов)"의 그룹에 통합되었고, 잡지 [아폴론(Аполлон)]과 [쌍곡선(Гиперборей)]을 발행하였으며, 문예작품집 『시인 조합(Цех поэтов)』을 출간하였다.

아끄메이즘과 동시에 미래주의의 흐름도 형성되었다. 러시아 문학에는 미래주의의 그룹이 다양하게 존재하였다. 이들 그룹 중에서 가장 열성적인 것은 부를류끄(Д.Д.Бурлюк, 1882-1967), 흘레브니꼬프(В.В.Хлебников, 1884-1922), 끄루쵸늬흐(А.Е.Кручёных, 1886-1968), 까멘스끼(В.В.Каменский, 1884-1961), 마야꼽스끼(В.В.Маяковский, 1893-1930)와 같은 시인들이 속한 그룹이다. 앞에서 언급된 미래주의 시인들 중 몇 명은 입체파(кубизм) 회화 유파 중 한 곳에서 선전활동을 했던 미술가들이었다. 이런 이유로 그들은 자신을 입체파 미래주의

아폴론

흘레브니꼬프, 끄루쵸늬흐, 부를류끄

대중의 취향에 따귀 때리기

자(кубо-футурист)라고 칭하였다.

이 당시에 뻬쩨르부르그에는 시인 이고르 세베랴닌(Игорь Северянин)을 필두로 하는 자아미래주의자(эгофутурист)3) 그룹이 출현하였다.

문예작품집 『대중의 취향에 따귀 때리기(Пощёчина общественному вкусу, 1912)』와 동명(同名)의 선언서가 출판되고, 미래주의자들의 그림과 시에 관해 수많은 논쟁이 진행되면서 입체파 미래주의는 유명하게 되었다. 미래주의자들의 창작에는 부르주아 사회와 그들의 도덕과 문화에 반대하는 항의가 표현되어 있었다. 마야꼽스끼의 말에 따르면, 미래주의의 근간에는 '낡은 것, 전복의 필연성', 즉 낡은 세계의 파괴라는 관념이 확고하게 자리하고 있기 때문에, 미래주의자들은 예술에서의 혁명이 실행되기를 원했던 것이다. 예술가 말레비치(К.Малевич)가 기술하고 있는 것처럼, 그들의 창작은 오늘날과 같이 강한 '새로운 세계'를 창조해야만 했다. 이런 까닭에 그들은 모든 낡은 문화를 부정하

---

3) 라틴어 'ego(나)'에서 유래.

였고, 장르와 스타일의 복잡한 체계를 파괴하고자 갈구했으며, "뿌쉬낀, 도스또옙스끼, 똘스또이 등을 현대라는 증기선에서 내팽겨쳐라"고 호소하였다.

그들이 비판했던 선배 시인들과 닮지 않으려고 노력하면서, 미래주의자들은 수많은 신조어를 창조하고 새로운 어휘를 발견하는 것을 적극 옹호하였으며, 정자법과 구두점을 부정하면서 자신들만의 독특한 시학적 언어를 창조하였다. 즉 광범위한 독자 대중들에게는 난해한 언어인, "초이성어(заумь)[4]"를 창조하였다. 이러한 언어로 쓰여 진 일례로서 흘레브니꼬프의 다음과 같은 시들이 있다 :

\* \* \*

Бобэоби пелись губы,   입술들은 보베오비라고 노래했고,
Вээоми пелись взоры,   시선들은 베오오미라고 노래했고,
Пиээо пелись брови,    눈썹들은 삐에에오라고 노래했고,
Лиэээй пелся облик,    외모는 리에에에이라고 노래했고,
Гзи-гзи-гзео пелась цепь.  사슬은 그지-그지-그제오라고 노래했다.

\* \* \*

О, рассмейтесь, смехачи!
О, засмейтесь, смехачи!
Что смеются смехами,
Что смеянствуют смеяльно,
О, засмейтесь, усмеяльно!
О, рассмешищ надсмеяльных -
смех усмейных смехачей!

끄루쵸늬흐는 동일한 철자로 구성된 시를 시선집에 포함하여 출판하였는데, 이 시는 어떠한 비밀과 신비한 의미 그리고 독자들에게는 이해되지 않는 뜻을 가지고 있다 :

---

4) 이성을 초월한, 이해 불가능한 언어를 지칭함.

```
е у ю              е у и е и
и а о              и е е
о а е е и е я      и ы и е и ы
о а
```

미래주의자들은 마야꼽스끼가 "계단식으로" 쓴 시에서 볼 수 있듯이 시의 선화(線畵)를 실험하였다:

```
Я                          나는
    земной шар                 지구를
чуть не весь               거의 다
    обошел,-                   순방하였다, -
и жизнь                    삶은
    хороша,                    좋은 것이고,
и жить                     산다는 것도
    хорошо                     좋다
```

그러나 단지 형식적인 영역에서만 모든 혁신이 이루어진 것은 아니다. 여기에는 세계를 바라보는 새로운 원칙이 반영되었다.

마야꼽스끼 역시 미래주의 그룹에 속한다. 그러나 이 시인의 재능과 그가 다룬 테마들은 미래주의자들의 강령화(綱領化)된 원칙들 보다 훨씬 더 광범위하였다. 그의 시에는 가장 심오하고 충만하게 동시대의 사회적 문제들이 표현되어 있다.

러시아 문학의 흐름으로서 미래주의 역사는 1917년 혁명 전에 종지부를 찍는다. 이미 1915년에 고리끼는 "러시아 미래주의는 없다. 단지 이고르 세베랴닌, 마야꼽스끼, 부를류끄, 까멘스끼가 있을 뿐이다"라고 기술하고 있다.

미래주의자들 대다수는 혁명을 환영하였는데, 이것은 그들이 지향했던 바로 그 미래가 근접하였다고 여겼기 때문이다. 미래주의자들 중에서 가장 정치적이고 적극적인 부류는 1922년에 조

마야꼽스끼

직된 "ЛЕФ(Левый Фронт Искусств - 예술의 좌익 전선)"에 들어갔다. 마야꼽스끼가 이 그룹을 지도하였다.

1910년대 러시아 운문의 역사에서 예세닌(С.Есенин, 1985-1925), 끌류예프(Н.А.Клюев, 1884-1937), 끌리츠꼬프(С.А.Клычков, 1889-1937), 오레쉰(П.В.Орешин, 1887-1938) 등이 합류한 농민 시인들의 문학 흐름은 중요한 역할을 하였다. 이 시인들의 주요한 창작 테마는 러시아 시골 생활과 조국의 자연이었다.

혁명 전 10년간의 문학에서 눈에 띄는 현상으로는 시인 사샤 쵸르늬(Саша Чёрный)와 작가 아베르첸꼬(А.Т.Аверченко, 1881-1925)와 테피(Н.А.Тэффи, 1872-1952) 등이 출판한 풍자 잡지 [풍자판(Сатирикон)], [새로운 풍자판(Новый сатирикон)]이 있다.

이 당시 러시아 운문에는 동시대의 어떠한 유파에도 속하지 않은 아주 뛰어난 시인들이 있다. 이런 시인들로는 볼로쉰(М.А.Волошин, 1878-1932), 호다세비치(В.Ф.Ходасевич, 1886-1939), 쯔베따예바(М.И.Цветаева, 1892-1941) 등을 꼽을 수 있다.

20세기 초 문학에는 새로운 주인공인 노동자가 등장하였다. 세기 초 고리끼의 작품들에서는 노동자 계급의 의식의 성장이 분명하게 보여지고 있다. 희곡 『속물(Мещане)』과 『적(Враги)』, 장편 소설 『어머니(Мать)』 등의 작품에서 작가는 처음으로 압박의 피해자로서 뿐만 아니라, 박해로부터 민중의 자유를 위해 투쟁하는 계급의 대표자로서 프롤레타리아 혁명가를 제시하고 있다. 그의 작품들에서는 노동하는 사람들이 착취의 희생자이며 동시에 역사의 창조자로서 묘사되고 있다.

19세기 말과 20세기 초 문학이 다룬 주요한 테마로는 시골의 생활, 러시아 인텔리겐찌야의 운명 그리고 러시아 생활의 일반적인 변화들이 주를 이루었다.

새로운 풍자판
(Новый сатирикон)

# 20세기 러시아 문학

(Русская литература XX века)

20세기 문학은 이전의 전통을 발전시켰으며 세계 문학의 흐름에 아방가르디즘(전위주의), 모더니즘, 신낭만주의, 신사실주의 등과 같은 새로운 원칙과 경향, 방식들을 도입하였다. 19세기 말과 20세기 초에 러시아 문학에 이러한 경향들은 이미 존재하고 있었다.

그러나 1917년 10월 혁명 이후 많은 러시아 작가들이 외국으로 망명하였고, 하나로 통합되어 존재하였던 러시아 문학은 몇 개의 경향과 흐름, 부분으로 분리되기 시작하였다. 러시아에서 볼셰비키의 세력이 강화되면서 사회주의 사실주의의 공식적인 소비에트 문학(가장 대표적인 작가로는 막심 고리끼(М.Горький), 마야꼽스끼(В.Маяковский), 숄로호프(М.Шолохов), 오스뜨롭스끼(Н.Островский), 파제예프(А.Фадеев) 등)이 탄생하였다. 하지만 비공식적인 소비에트 문학(대표적인 작가로는 불가꼬프(М.Булгаков), 쁠라또노프(А.Платонов), 솔제니찐(А.Солженицын), 브로드스끼(И.Бродский) 등)도 또한 존재하였다. 이 작가들과 다른 러시아 작가들의 작품들은 출판되지 못했거나 혹은 비밀 출판의 형태로 러시아에서 발간되었으며, 마찬가지로 해외에서 비합법적으로 출판되기도 하였고, 소비에트 정권에 의해 금지되기도 하였다. 여러 나라의 도시(베를린, 파리, 프라하, 베오그라드, 뉴욕과 유럽, 아메리카, 아시아의 다른 도시들을 중심으로)에서 러시아 해외 망명 문학(대표적인 작가로는 부닌(И.Бунин), 꾸쁘린(А.Куприн), 나보꼬프(В.Набоков), 쯔베따예바(М.Цветаева), 호다세비치(Вл.Ходасевич), 이바노프(Вяч.Иванов) 등)이 발전하였다.

이 모든 흐름들은 무엇보다도 작가들이 자기 방식대로 받아들인 10월 혁명에 대한 관계에 따라 결정되었다. 소비에트 공식 문학은 혁명을 찬양하였고, 비공식 문학은 비판하였으며, 망명 문학은 혁명을 부정하였고 반대하여 투쟁을 벌였다.

1980년대 말에서 90년대 초까지의 러시아 문학은 다양한 나라에서 살고 있는 러시아 민중의 문학으로 다시 새롭게 통합되었다. 러시아, 유럽, 아시아, 아메리카 등지에서 러시아어로 쓰여 진 많은 훌륭한 작품들이 통합되어 20세기 러시아 문학을 구성하였다. 러시아의 재능 있는 많은 작가들은 조국 러시아와 러시아 언어 및 문화에 대한 사랑, 러시아의 과거와 미래에 대한 사랑 그리고 전인적인 가치, 영원한 존재의 문제에 대한 관심 등으로 결합되었다.

# 알렉세이 막시모비치 고리끼

(Алексей Максимович Горький, 1868-1936)

고리끼

막심 고리끼(본명 - Алексей Максимович Пешков)는 복잡한 성격을 가졌으며 모순적인 인물이다. 그의 창작 활동은 19세기와 20세기, 소비에트와 해외의 다양한 문학적 경향들이 출현하던 시기와 관련되어 있다. 고리끼는 1868년 니즈니 노브고로드(Нижный Новгород)에서 태어났다. 그는 일찍 고아가 되었기 때문에 학교 공부라고는 2년 밖에 받지 못하였고, 11살 때부터 "사람들 속으로" 들어가 힘든 노동 생활을 시작하였다. 어린 시절부터 고리끼는 책 읽기를 좋아하여 많은 책을 읽었다. 고리끼는 까잔 대학에 입학하기를 원했으나 대학은 그를 받아주지 않았다. 그에게는 삶 - 일, 그가 만났던 사람들, 책들 - 그 자체가 자신의 대학이었다. 똘스또이처럼 그는 자신의 삶에 관하여 이후에 전기적 3부작 - 『유년 시절(Детство)』, 『사람들 속에서(В людях)』, 『나의 대학(Мои университеты)』 - 을 집필하였다. 고리끼에게 있어서 중요한 대학은 자신의 혁명적 활동 - 집회, 모임, 금지 도서의 전파 등 - 이었다. 그는 몇 차례나 체포되었고, 러시아의 여러 지역을 돌아다니며 보았기 때문에 민중의 삶을 매우 잘 알고 있었다.

이 모든 것이 그에게 큰 영향을 주었고, 그의 작품

활동에 커다란 도움이 되었다. 1892년에 신문 [까프까스(Кавказ)]에 고리끼의 첫 단편 『마까르 추드라(Макар Чудра)』가 게재되었다(이 신문의 게재를 통해서 작가 막심 고리끼라는 필명이 생겨났다). 이 소설의 출판 이후 그는 신문사에서 일을 하였고, 단편 소설들을 저술하고 출판했으며, 1898년 『인상기와 단편소설(Очерки и рассказы)』이라는 두 권의 책을 출판하였다. 작가는 러시아뿐만 아니라 해외에서도 유명해졌고, 그의 작품은 다양한 유럽어로 번역되었다. 그는 똘스또이, 체홉, 꼬롤렌꼬, 부닌, 꾸쁘린, 안드레예프, 베레사예프, 기뻬우스, 메레쥐꼽스끼 등과 같은 수많은 작가들은 물론이고, 당시의 훌륭한 예술가와 학자들과도 친분을 쌓게 되었다.

고리끼는 19세기 러시아 문학의 전통을 계승했다. 사실주의적이고 낭만주의적인 작품들(『첼까쉬(Челкаш)』, 『노파 이제르길(Старуха Изергиль)』, 『매에 관한 노래(Песня о Соколе)』, 『바다제비에 관한 노래(Песня о Буревестнике)』)에서 그는 평범한 사람들과 '부랑자(부랑 노동자계급)들', 동화적 주인공들과 함께 그들의 사랑과 투쟁을 묘사했다. 작가는 창작을 통해서 삶의 예술적인 반영과 사실주의적이고 낭만주의적인 원칙들을 결합하고자 하였다.

고리끼 단편 소설들에 등장하는 주인공들의 열정은 독자들의 관심을 끌었고, 작가는 그 당시의 혁명적 성향의 표현자가 되었다. 중편과 장편 소설들에서 그는 당시 사회를 비판하였고, 미래의 새로운 삶을 추구하는 사람들을 보여 주었다.

작가는 1900년부터 체홉(А.Чехов), 부닌(И.Бунин), 안드레예프(Л.Андреев), 베레사예프(В.Вересаев), 꾸쁘린(П.Куприн)과 같은 민주적 사실주의 작가들과 함께 자

『노파 이제르길』

신의 작품들을 발간했던 ≪지식(Знание)≫이라는 출판조합에서 활동을 시작하였다. 그는 10년 동안 이 출판조합에서 40여권의 전집을 발간하였다.

20세기 초에 고리끼는 러시아 사회의 다양한 계급과 사회 그룹 - 민중, 인텔리겐찌야, 부르주아, 노동자, 평민, 부랑자 - 의 삶과 투쟁을 그린 드라마 작품들 - 『소시민(Мещане)』, 『밑바닥에서(На дне)』, 『별장 사람들(Дачники)』, 『태양의 아이들(Дети солнца)』, 『야만인(Варвары)』, 『적(Враги)』 - 을 저술했다. 작가는 모든 계층에서 러시아의 현재와 미래에 대한 사회적·철학적 논쟁이 진행되고 있는 것을 보여 주었다. 그의 희곡은 모스크바 예술 극장에서 성공적으로 공연되었는데 관객들의 호응이 가장 컸던 작품으로는 『밑바닥에서(На дне)』를 꼽을 수 있다.

고리끼의 혁명성은 날로 심화되었고 커져만 갔다. 1905년 그는 러시아 사회주의 노동당의 당원이 되었고, 레닌과도 만나 그에게 혁명을 위한 자금을 전달하기도 했으며, 혁명적인 작품을 잇달아 발표하였다. 1906년 고리끼는 처음으로 해외 - 유럽과 아메리카 - 에 나갔고, 그곳에서 러시아 혁명에 대해 이야기했으며, 자신들의 권리를 위한 노동자 계급의 투쟁을 묘사하고 있는 장편 소설 『어머니(Мать)』와 희곡 『적(Враги)』을 저술하였다.

1906년부터 1913년까지 고리끼는 이탈리아와 카프리에 거주하면서 단편 소설들(『인간의 탄생(Рождение человека)』, 『아주 큰 낯짝(Страсти-Мордасти)』), 중편 소설(『회개(Исповедь)』, 『도회지 오꾸로프(Городок Окуров)』, 『마뜨베이 꼬제먀낀의 삶(Жизнь Матвея Кожемякина)』), 희곡(『막동이(Последние)』, 『괴짜(Чудаки)』, 『바싸 젤레즈노바(Васса Железнова)』)을 집필하였다. 이 작품들은 러시아 지방의 삶과 민중의 자아의식의 각성을 묘사하고 있다.

이 시기에 고리끼는 자신의 전기적 3부작 중에서 가장 유명한 중편 소설 『유년 시절(Детство)』, 『사람들 속에서(В людях)』를 썼다. 또한 낙관주의적 작품 『이탈리아에 관한 이야기(Сказки об Италии)』와 몇 편의 비판적인 논문 - <냉소주의에 대해서(О цинизме)>, <개인성의 파멸(Разрушение личности)>, <현대성에 대해서(О современности)> 등 - 을 발표하였다.

그는 이곳 이탈리아에서 외국 작가(마크 트웨인, 버나드 쇼 등)들과 만남을 가졌고, 러시아에서도 그에게 루나차르스끼(А.Луначарский), 스따니슬랍스끼(К.Станиславский), 안드레예프(Л.Андреев), 부닌(И.Бунин), 레삔(И.Репин) 등과 같은 지인들이 이탈리아로 그를 찾아왔다.

1913년에 정치적인 특사를 받아 러시아로 돌아온 고리끼는 뻬쩨르부르그에서 살면서, 논문, 수필, 단편 소설(연작 『루시를 따라(По Руси)』) 등을 집필하는 한편, 주도적으로 출판 활동에 종사하기도 하였다 : 그는 마야꼽스끼(В.Маяковский), 예세닌(С.Есенин), 부닌(И.Бунин), 쁘리쉬빈(М.Пришвин), 바벨(И.Бабель)의 작품들을 출간한 ≪돛(Парус)≫이 라는 출판사와 잡지 [연대기(Летопись)]를 운영하였다.

고리끼는 1917년 2월 혁명에 환호하였고, 인텔리겐찌야들에게 "전체적인 문화의 발전을 위한 작업에 우호적으로 동참할 것"을 호소하였다. 고리끼 자신도 많은 문화적, 문학적, 사회적 활동을 하였다.

"혁명의 가수"라는 이 조어는 고리끼의 이름과 분리될 수 없다. 그러나 실제 현실에서 일어난 혁명을 보면서, 고리끼는 동족상잔의 비극적인 전쟁을 겪으면서 공포를 느꼈고, 1905년 혁명 전야에 자신이 "혁명의 폭풍우를 더 강하게 하라"고 말했던 이 단어들을 더 이상은 회상하지 않게 되었다.

그는 민중을 혁명으로 이끌고, 파괴로 끌어들이는 것과 한 계급의 대표자들이 다른 계급의 대표자들을 미워하는 감정을 발산시키는 것이 얼마나 위험한 일인지 알게 되었다. "사람들 사이의 적대감은 정상적인 현상이 아니다" – 라고 그는 기술하고 있다. 작가는 계급 투쟁을 반대했으며, 모든 문화적, 문학적, 학문적 역량을 하나로 모을 것을 호소하였다.

이런 이유로 해서 고리끼는 1917년 10월 볼셰비키 혁명을 적대감을 가지고 받아들였다. 자신이 발행인으로 있었던 [새로운 삶(Новая жизнь)]이라는 신문에 『시의적절하지 못한 생각(Несвоевременные мысли)』이라는 제목의 평론을 연재하면서 그는 볼셰비키의 유토피아 정책과 잔인성을 강도 높게 비판하였다. 작가는 프롤레타리아의 독재와 계급 투쟁 그리고 세계 혁명의 이념에 반대했으며, 내전과 파괴, 기아와 무정부주의 그리고 '피의 숙청'을 예견하였다.

그러나 1918년이 지나면서 고리끼의 세계관은 점진적으로 변화의 양상을 보여준다. 고리끼는 볼셰비키를 비판하면서도, 비록 그들이 잔인했고 많은 오류를 범하였다 하더라도, 그들은 "민중에게 선을 행하려고 노력했다"는 점을 인정하지 않으면 안 된다고 주장했다. 그가 이렇게 잔인했던 피의 숙청과 타협한 것은 볼셰비키가 이미 러시아 민중에게 커다란 공을 세웠다는 그의 주장과 합치된다. 그들은 희생의 관점에서 모든 민중의 힘을 모았고, 현실에 대한 적극적인 관계에서 민중을 각성시켰는데, 이런 노력이 없었다면 러시아는 파멸되었을 것이라고 여겼던 것이다. 고리끼는 인간 개개인에 대한 관심을 상실한 대신에 민중과 나라와 정부에 대한 관심으로 방향을 전환했다. 그는 러시아의 모든 재앙을 러시아 민중(농민)의 심리 – 그들의 미개성(未開性), 나태, 자율 습관의 결여, 무정부주의와 파괴적인 경향 – 로 설명하였다.

고리끼는 자신의 이념적 "불안정"을 이렇게 극복하려했고, 다른 한편으로는 소비에트 정권과의 협력관계에 대한 방법을 모색하면서 적극적으로 문화 건설 활동에 참여하였다 : 그는 노동자 농민 대학을 건설하였고, 『전 세계 문학』의 출판을 선도하였다.

그러나 볼셰비키 지도부는 고리끼의 '반(反)시대적인 사상'을 용납하지 않았다. 그는 1921년에 다시 해외로 떠나, 독일, 체코슬로바키아, 이탈리아 등을 전전하게 되었다. 외국에서 그는 단편 소설, 회상록, 전기적 3부작의 마지막 부분인 중편 소설 『나의 대학(Мои университеты)』을 저술했으며, 수필 『레닌(В.И.Ленин)』과 몇 세대에 걸친 부르주아 집안에 대한 장편 소설 『아르따모노브가의 일(Дело Артамоновых)』을 썼고, 『끌림 삼긴의 생애(Жизнь Клима Самгина)』라는 책을 쓰기 시작하였다. 고리끼는 이 시기에 러시아 문학의 두 부분 - 해외 문학과 소비에트 문학 - 과 관계를 맺을 수 있었다.

고리끼는 7년간의 외국 체류생활을 하던 중 1928년에 이미 스탈린의 독재가 시작된 소련으로 돌아왔다. 소련 정부는 그를 따뜻하게 맞이하였다. 스탈린은 전 세계적으로 명성을 얻은 작가를 자기 진영으로 끌어들이고 싶어했다. 고리끼는 주저하는 듯 했으나, 마침내 1931년 모스크바에 있는 구시대 자본주의자의 집에서 영구적으로 살기로 결정하고, 러시아 전역을 여행하면서 『소비에트 연방을 따라(По Союзу Советов)』라는 책을 썼다. 고리끼는 희곡 『예고르 불리체프와 그 밖의 사람들(Егор Булычев и другие)』과 『도스찌가예프와 그 밖의 사람들(Достигаев и другие)』을 통해서는 1917년 두 혁명의 기간에 있었던 정치적 투쟁을 보여주었다.

고리끼는 생의 마지막 시기에 소비에트 작가 동맹을 설립하여 의장이 되었고, 10여 개의 잡지사를 운영하였다. 1932년에 그의 이름은 니즈니 노브고로드 시(市)의 이름이 되었고, 문학 대학과 모스크바 거리에도 그의 이름이 붙여졌다. 1936년에 그는 자신의 주요 저서인 장편 서사시 『끌림 삼긴의 생애』의 저술을 끝마쳤다 - 이것은 "1880년대부터 1918년까지 러시아의 정신적인 삶"을 배경으로 한 인텔리겐찌야의 공허한 영혼의 역사를 담은 작품이다.

   문학 비평가 안넨꼬프는 다음과 같이 기술하고 있다 : "고리끼는 평탄하지 않고 긴장되며 복잡한 삶을 살았다. 그의 예술 또한 평탄하지 않았다. 그는 감히 천재적이라고 말할 수 있는 책 『유년 시절(Детство)』을 저술했다. 그러나 그는 또한 무미건조한 작품 『바다제비』를 썼다. 고리끼의 가장 훌륭한 작품들은 작품성이 가장 떨어지는 작품들만큼이나 그렇게 인기가 있지는 않았다."

   고리끼는 1905년 혁명의 '바다제비(예언자)'였고, 1917년 볼셰비키 혁명의 반대자였으며, 사회주의 사실주의와 소비에트 문학의 기본적인 방법론의 창시자였고, 1921년부터 1928년까지 해외에서 생활한 망명자였다. 또한 그의 해외 체류는 1931년까지 단속적(斷續的)으로 지속되었다. 그는 볼셰비키와 레닌 신봉자들에 의해 박해받는 인텔리겐찌야들의 보호자였고, 스탈린 탄압의 공조자였다. 그는 솔로브까와 벨로모르까날의 수용소를 방문한 자리에서 민중의 적들을 위한 교정과정과 그들의 '재교육' 방식을 찬동하였다. 이 모든 것이 한사람에게 공존한 것이다. 따라서 작가의 창작과 삶에 대한 많은 문제들을 미래의 연구자들은 계속해서 해결하여야만 한다. 고리끼는 1936년에 숨졌다. 그는 모스크바의 붉은 광장에 안치되었다.

## 초기 단편 소설들 『첼까쉬(Челкаш, 1894)』

1890년대 고리끼의 작품으로는 낭만주의적 단편 소설 『마까르 추드라(Макар Чудра)』, 『노파 이제르길(Старуха Изергиль)』, 『매에 관한 노래 (Песня о Соколе)』, 서사시 <인간(Человек)>과 사실주의적 단편 소설 『첼까쉬(Челкаш)』, 『할아버지 아르힙과 렌까(Дед Архип и Ленька)』, 『꼬노발로프(Коновалов)5)』 등이 있다. 작가의 많은 작품에는 삶을 반영한 사실주의적 형태가 낭만주의적 요소들 – 즉, 고급스러운 스타일, 옛날 이야기, 전설, 노래, 풍자, 상징, 과장, 의인화, 선명하고 특별한 수식어, 은유와 비교 등 – 과 결합되어 있다.

『첼까쉬』

고리끼의 초기 단편 소설의 주인공들은 "부랑인", "구시대 사람들"과 농민, 노동자, 병사들이다. 작가는 그들의 삶의 모습에서 힘든 노동과 기아, 실업과 극빈의 주제를 다루었을 뿐만 아니라 사랑과 아름다움, 자유와 더 나은 삶을 위한 투쟁의 모습까지도 보여주었다. 작가이자 휴머니스트였던 고리끼는 삶의 "밑바닥"에서 생활하는 몰락한 사람들의 영혼 속에서 밝고 긍정적이고 인간적인 가치가 있음을 보았다. 이것은 그들이 특권층 계급의 사람들보다 더 복잡하고 풍요로운 정신적인 삶을 살고 있기 때문이라는 것이 그의 생각이었다.

1894년에 고리끼는 단편 소설 『첼까쉬』를 창작하였다. 이 소설에는 두 명의 주인공이 등장하는데, 한 명은 주정뱅이이자 도둑인 첼까쉬(Челкаш)이고, 다른 한 명은 돈을 벌기 위해 도시로 온 농민 가브릴라

---

5) 돌팔이 의사

(Гаврила)이다. 소설의 행위는 항만에서 발생한다. 첼까쉬는 가브릴라에게 함께 일하자고 제안한다. 그들은 한밤중에 보트를 타고 항구로 가 그곳에서 무엇이든 훔쳐다 팔기로 하였다. 이것은 불법적이고 위험한 일이었기 때문에 가브릴라는 체포될까 봐 두려웠다. 하지만 모든 일이 운 좋게 잘 끝났다. 그들은 화물을 옮겨 실었고, 장물로 내다 팔았다. 가브릴라는 첼까쉬에게 돈을 전부 다 주기를 요청했으나, 첼까쉬는 그에게 돈의 일부분만을 주었다. 처음에는 첼까쉬에게 자신을 낮추었던 가브릴라가 이번에는 돌로 첼까쉬의 머리를 내리치고서는 돈도 챙기지 않고 놀래서 도망을 쳤다. 그러나 그는 곧 돌아와서 첼까쉬에게 용서를 구했다. "첼까쉬는 자신의 윗도리 주머니에 손을 넣어서 돈 다발을 꺼냈고, 100루블짜리 지폐 한 장을 주머니에 다시 넣고서는 나머지 돈 전부를 가브릴라에게 내던졌다. 이 일이 있은 후 텅 빈 바닷가에는 두 사람 사이에 일어났던 강탈 사건의 작은 드라마를 떠올리게 하는 그 어떤 흔적도 남아있지 않았다."

고리끼는 '작은 드라마'의 예에서 짜르 시대 러시아의 일반적인 삶의 풍경을 그리고 있다. 고리끼는 항구의 일을 묘사하는 단편 소설의 서두에서 사람들이 인식하는 모든 것들이 오히려 자신들을 노예로 만들고 있으며, 인간은 재물과 돈의 노예가 된다는 것을 말하고 있다. '적은 재물'과 척박한 땅을 가지고 있는 농부 가브릴라는 '완전한 자유'와 그리고 부유한 약혼녀와 결혼하기를 희망하면서, 돈 모으는 것을 꿈꾸고 있다. 그러나 첼까쉬가 옛날의 자신의 삶을 회상하고 있는 것처럼... 그도 돈이 없으면 결국에 '부랑아'가 되고 말 것이다: "언젠가 옛날에 첼까쉬도 자신의 둥지를 가지고 있었고, 그의 아버지는 마을에서 제일 부자였다. 그는 어릴 적 자신이 누렸던 과거의 행복을 되돌아보았고 자신의 아름다운 약혼녀와 함께 있으면서, 기병대 병사가

된 자신을 바라보는 꿈을 꾸었다." 그러나 지금의 그는 "부랑자 생활 11년째"이고 "자신의 이전 삶으로부터 영원히 내팽개쳐진 채 자신이 고독하다"는 사실만을 느낄 뿐이다. 그는 현재 주정뱅이이자 도둑일 뿐이다.

고리끼는 두 명의 상반된 성격의 주인공인 첼까쉬와 가브릴라를 비교하면서, 주정뱅이이자 도둑인 첼까쉬가 시골의 고상하고 훌륭한 주인들보다 더 인간적이고 좋은 점을 많이 가졌으며 착하다는 것을 보여주고 있다. 이후 30년대에 고리끼는 이 점에 대해서 이렇게 언급하고 있다 : '부랑자'들은 나에게 있어 "평범하지 않은 사람들"이다. 나는 그들이 평범한 사람들보다 물질적으로는 훨씬 가난하지만, 그들은 탐욕스럽지 않으며 서로를 억압하지도 않고, 돈을 모으는 것에 연연하지 않기 때문에 평범한 사람들 보다 감정적인 면과 자신을 자각하는 점에서 훨씬 더 나은 사람들이라고 여긴다.

이런 인물들의 대치성은 플롯의 드라마티즘과 예술적 수단의 대비, 그리고 풍경의 선명함과 플롯의 사회적 철학적 의미를 결정짓는다. 이런 까닭에 단편 소설 『첼까쉬』에서의 '우뢰'는 반드시 변해야만 하는 사회적인 폭풍우를 상징하는 것이며, 삶을 깨끗하게 해주는 수단인 것이다 : "주위에 모든 것이 긴장하여 인내심을 잃고, 어떤 재앙을 맞이할 준비를 하고 있는데, 그것은 신선한 대기 속에서 자유롭고 가볍게 호흡할 수 있도록 해주는 그런 파멸이다." 고리끼는 러시아 사회의 어두운 면을 보여주면서도 동시에 러시아와 러시아 민중의 더 나은 미래를 믿었다.

## 희곡 『밑바닥에서(На дне, 1902)』

1902년 모스크바 예술 극장에서 상연된 희곡 『밑바닥에서』는 작가에게 세계적인 명성을 가져다 주었다. 이것은 사회 철학적인 드라마로, 극의 행위는 '몰락한 사람'들이 "밑바닥"의 삶을 살고 있는 낡은 싸구려 여인숙에서 벌어진다.

희곡의 주요 등장인물은 싸구려 여인숙의 늙은 주인 꼬스뜰레프(Костылев), 그의 젊은 아내 바실리사(Василиса), 그녀의 여동생 나따샤(Наташа), 도둑 바시까 뻬뻴(Васька Пепел), 자물쇠 제작공 끌레쉬(Клещ)와 그의 죽어 가는 아내 안나(Анна), 살인자이자 사기꾼인 사찐(Сатин), 몰락한 귀족 바론(Барон), 술주정뱅이 배우(Актёр), 창녀 나스쨔(Настя), 그리고 잠시동안 이 여인숙에 머무르는 노인 루까(Лука)이다.

고리끼는 가난한 사람들, 즉 사회로부터 저 '밑바닥'으로 내던져진 '부랑자'들의 삶을 통해 극단적인 무대를 펼쳐 보이고 있다. 여기에서는 심한 중병을 앓는 안나, 자신의 몸을 파는 나스쨔, 도둑질을 하는 뻬뻴, 뻬뻴과 바람을 피우는 바실리사의 행위와 상황 등과 같은 부랑자들의 삶이 극명하게 보여지고 있다.

희곡은 싸구려 여인숙에서 일어나는 일상적 드라마와 갈등으로 구성되어 있다. 고리끼는 일상적인 생활의 재료를 통해서 부자와 가난한 사람, 삶의 지배자와 그들의 희생양들 사이의 상호 관계에서 생기는 사회적 문제들에 대한 해결책을 모색하고 있다.

이 희곡에서 가장 중요한 것은 순수하고 거짓된 휴머니즘을 가미한 아름다운 거짓과 고통스럽고 쓰라린 진리의 철학적 문제들이다. 이 사회 철학적 드라마의 중심에는 모든 주인공들이 벌이고 있는 인간에 대한 논쟁과 이런 힘든 삶에서 어떻게 희망의 출구를 찾을 것이냐에 대한 논쟁이 자리하고 있다. 이 희곡의 몇몇 주인공들은 "밑바닥"으로부터, 즉 여인숙의 삶으로부터 벗어나기를 꿈꾸고 있다. 그들은 주어진 상황에서 벗어날 수 있는 출구와 행복에 도달하려는 자신만의 '이론'을 주장한다. 끌레쉬는 정직한 노동으로 성공을 얻으려 하고, 주정뱅이 배우는 자신의 재능과 무대로의 복귀를 믿고 있으며, 도둑 뻬뻴은 나따샤를 향한 사랑이 자신을 구할 것이라고 믿고 있으며, 창녀 나스짜는 진실되고 열렬하며 순결한 사랑을 꿈꾸고 있으며, 죽어 가는 안나는 신과 천국에서의 행복한 삶을 믿고 있다. 사람들은 이런 극단적인 "밑바닥"의 삶에서조차 선과 진리와 사랑, 그리고 미와 재능과 자유로운 노동을 믿는다.

1막이 끝날 무렵에 드라마의 가장 복잡한 인물인 노인 루까가 싸구려 여인숙에 나타난다. 그는 착한 사람으로 사람들을 사랑하고 동정하며 기꺼이 그들을 돕기를 원한다. 안나에게는 그녀가 죽은 후에 천국으로 갈 것이라고 말해주고, 나스짜에게는 그녀의 사랑이 꾸며진 것이 아니라 진실한 것이라고 확신시켜 주며, 나따샤와 뻬뻴에게는 함께 새로운 삶을 찾아 시베리아로 떠나라고 충고하고, 배우에게는 알콜 중독자들을 위한 무료 병원이 있다는 것을 알려준다. 루까는 희곡의 주인공들이 가진 환상과 그들의 보다 나은 삶에 대한 믿음을 강하게 해주고 지지해 준다. 그러나 삶은 그들의 아름다운 꿈을 파괴한다. 뻬뻴은 자신의 언니 바실리사로부터 학대받는 나따샤를 보호하면서 실수로 꼬스뜨일레프를 죽이고 감옥에 갇힌다. 안나는 죽고, 그녀의 남편 끌레쉬는 자신의 연장들을 팔아 버리고 일터를 잃게 된다. 배우는 자살을 하고, 나스짜도 삶을 포기하려 한다. 모두에게 선을 행하려 했던 루까는 그들에게 불행을 안겨다 주었다. 3막에서 그는 여권이 없는 부랑인 신분이어서 체포될 위험이 있기 때문에 아무도 모르게 싸구려 여인숙을 떠난다.

희곡의 마지막 4막에서 나스짜는 감사하는 마음으로 루까를 떠올리고 사쩬은 그의 아름다운 거짓에 반대한다. 그는 인간에게는 비록 고통스럽고 받아들이기 힘들다 하더라도 진리가 필요하다고 말한다 : "거짓은 노예와 주인들의 종교이고, 진리는 자유로운 인간의 신이다."

고리끼는 사쩬의 입을 통해 작품의 중심이 되는 이념을 표현하고 있다 : "인간은 자유롭다! 인간이 곧 진리이다! 인-간! 그는 위대하다! 이것은 자랑스럽게 울리는 소리다! 인간을 존경해야만 한다!" 자유와 진리, 미와 창작의 노력 - 이것은 인간에게 자신의 행복을 찾게 도와주고, 인간과 인류에게 있는 위대한 가능성을 성취하게 해준다. 고리끼는 이 이상에 대한 투쟁을 희곡 『적(Враги)』과 장편 소설 『어머니(Мать)』에서도 보여주었다.

고리끼는 고골과 오스뜨롭스끼, 체홉의 전통을 계승하면서 사회 철학적 드라마라는 새 장르를 만들었는데, 이것의 중심에는 다른 예술적 특수성과 주인공들의 대화에서 표현된 격언, 희곡의 이미지 체계와 주제 및 구성을 결정짓는 이념적 투쟁이 자리하고 있다.

# 20세기 전반기의 러시아 문학

(Русская литература первой половины XX века)

    19세기의 러시아 작가들은 20세기 초 일상생활에서 구체화되기 시작한 혁명적인 이념들을 민중들에게 전파하기 위해 많은 노력을 기울였다. 이런 이유로 해서 20세기 초의 중요한 사건으로 세 차례의 러시아 혁명(1905-7년, 1917년 2월과 10월)이 자리하고 있다. 그것은 러시아와 세계의 모든 역사에 지대한 영향을 끼쳤으며, 또한 20세기 러시아 문학과 작가들의 운명, 그리고 그들의 작품에도 커다란 영향을 주었다.

    러시아의 혁명적 이념과 그 문학은 이미 세기 초에 많은 작가들을 흥분시켰으며, 특히 혁명기의 고리끼와 마야꼽스끼, 블록, 예세닌과 프롤레타리아 시인들의 작품들 속에서 선명하게 나타났다.

    그러나 첫 번째 러시아 혁명 이후에 진행된 혁명 이념의 실제적인 구체화 체현의 결과는 많은 러시아 작가들의 작품에서 혁명 이념의 실현에 대한 반발을 불러일으키기도 하였다. 또한 1917년 10월 혁명에서 정권을 잡은 볼셰비키의 폭력적이고 강압적인 문화정책은 러시아의 많은 작가들에게 더 강한 반발을 불러일으키는 계기를 제공하였다. 이런 이유로 수백만 명의 사람들과 수백 명의 작가들이 소비에트 정부에 반대하여 내전시기(內戰時期)에 백군에 참여하거나 지지를 하였으며 혹은 해외로 망명하였다.

    1920년대 중반이후부터는 외국에서도 훌륭한 러시아 작가들(И.Бунин, М.Горький, А.Ремизов, Д.Мережковский, Л.Андреев, А.Куприн, И.Шмелев,

Б.Зайцев, Е.Замятин, М.Осоргин, М.Алданов, А.Толстой, В.Набоков)과 시인들(В.Ходасевич, Вяч.Иванов, М.Цветаева, Г.Иванов, К.Бальмонт, З.Гиппиус, И.Северянин), 비평가들(Г.Адамович, Г.Струве, К.Мочульский, Н.Берберова), 철학자들(Н.Бердяев, С.Булгаков, Н.Лосский, И.Ильин, Ф.Степун, С.Франк, Г.Федотов, Л.Шестов)과 많은 다른 문화 활동가들이 창작활동을 하고 있었다. 소비에트 러시아 사회에는 블록(А.Блок), 마야꼽스끼(В.Маяковский), 예세닌(С.Есенин), 빠스쩨르나끄(Б.Пастернак), 아흐마또바(А.Ахматова), 브류소프(В.Брюсов), 흘레브니꼬프(В.Хлебников), 만젤쉬땀(О.Мандельштам), 불가꼬프(М.Булгаков), 쁠라또노프(А.Платонов) 등이 남아 있었다. 일시적인 망명 후에 알렉세이 똘스또이(А.Толстой)와 꾸쁘린(А.Куприн), 쯔베따예바(М.Цветаева)와 같은 작가들이 조국으로 돌아왔다.

이처럼 20세기까지 하나로 통합되어 있었던 러시아 문학은 10월 혁명이 발생한 이후에 두 부분으로 나누어졌다. 러시아에서 소비에트 시대의 러시아 문학으로 존재한 것과 다른 여러 나라에서 존재했던 해외의 러시아 문학이 바로 그것이다. 그러나 두 부분은 대략적으로 1920년대 중반까지만 해도 서로 간에 상호 연계성을 가지고 있었다. 소비에트와 해외의 작가들은 베를린에 소재한 예술의 전당에서 자유롭게 만남을 유지했으며, 일반적인 토론과 잡지들의 출판에도 서로 참가하였고, 자신들의 작품과 논문을 발표하였으며, 서로의 작품을 비평하면서, 국내외 양측에서 러시아 문학 개관들을 출판하였다.

그러나 이러한 상호 우호적인 상황은 얼마 지나지 않아 급격히 변하였다. 소비에트 러시아에서는 "공산주의식 검열"이 본격적으로 시작되었고, 그 결과로 인해 해외에서 활동 중인 수천 명의 러시아 작가들의 작품이 일반 도서관에서 자취를 감추게 되었다. 러시아 문학의 두 부분인 소비에트 문학과 해외 문학은 더 이상 교류가 불가능한 "철의 장막"으로 나뉘어졌고, 이쪽저쪽의 모두에게 손해가 되는, 서로 교류 관계가 없는 다른 두 부분으로 나뉘어 격리된 채, 러시아 문학의 두 흐름은 독자적으로 존재하는 시기가 도래하였다. 그렇지만 러시아 문학 각 부분은 제2차 세계 대전 때까지만 해도 부닌(И.Бунин)과 블록(А.Блок), 레미조프(А.Ремизов)와 빠스쩨르나끄(Б.Пастернак), 자이쩨프(Б.Зайцев)와 아흐마또바(А.Ахматова), 숄로호프(М.Шолохов), 뱌체슬라프 이바노프(Вяч.Иванов)와 쉬멜료프(И.Шмелев)와 예세닌(С.Есенин), 호다세비치(В.Ходасевич)와 나보꼬프(В.Набоков), 불가꼬프(М.Булгаков)와 쁠라또노프(А.Платонов), 메레쥐꼽스끼(Д.Мережковский)와 레오노프(Л.Леонов), 기삐우스(З.Гиппиус)와 마야꼽스끼(В.Маяковский) 등의 훌륭한 작품들을 제공하였다. 이는 그들이 같은 언어로 글을 썼으며, 그들 각각이 바로 러시아 문학의 한 부분으로 같은 문화 속에 존재했기 때문에 가능한 일이었다. 고대 러시아 문학이 자리한 이후로 언제나 하나로 존재하였던 러시아 문학은 1920년대부터 1980년대에 이르기까지 두 부분으로 나뉘어 존재하면서 다양한 방식으로 발전하였다.

# 소비에트 시기의 러시아 문학

(Русская литература советского периода)

1917-1921년 사이 소비에트 러시아에는 다양한 문학적 경향들이 존재했다. 10월 혁명 전까지 러시아에서 커다란 명성을 얻었던 고리끼(М.Горький), 블록(А.Блок), 아흐마또바(А.Ахматова), 빠스쩨르나끄(Б.Пастернак), 예세닌(С.Есенин), 마야꼽스끼(В.Маяковский), 베레사예프(В.Вересаев), 세라피모비치(А.Серафимович), 쁘리쉬빈(М.Пришвин) 등이 문학활동을 계속하였다.

비록 이 작가들의 운명은 매우 다양했고, 소비에트 정권기에 걸었던 삶과 문학의 여정이 복잡했으나, 그들은 모두 소비에트 문학을 대표하는 뛰어난 작품들을 남겼다.

내전(內戰)이 발발하여 러시아의 여러 지역에서는 "적색 정권", "백

1920년대 잡지들

색 정권", "녹색 정권", "황록 정권" 등 다양한 정권들이 생겨났다. 그리하여 각 지역마다 고유의 러시아 문학이 생겨났는데, 그 중 중요한 두 경향으로는 해외 러시아 문학과 소비에트 문학을 꼽을 수 있다.

1917년 10월 혁명 이후 초기에 소비에트 러시아에서는 혁명 이전 혹은 소비에트 시기에 이미 형성된 다양한 예술적 방법과 경향, 그리고 각 흐름과 그룹들 간의 투쟁이 진행되었다. 1920년대에는 모스크바에만 30개가 넘는 다양한 문학 그룹이 있었다. 혁명 이전까지 존재했던 미래주의자들과 상징주의자들, 아끄메이스트들을 제외하고도 구성주의자들, 프롤레타리아 문화주의자들, 표현주의 예술가들, 신(新)고전주의자들, 현대주의자들, 농민 시인들 등등의 여러 문학적 흐름들이 생겨났다. 극히 짧은 활동을 접기도 하고 급격한 성장세를 누리기도 한 이 그룹의 대표자들은 서로를 신랄하게 비판하였다.

이 조직들 중에서 가장 대중적인 문학 조직은 각각 수만 명, 수천 명의 회원으로 구성된 프롤레뜨꿀뜨(Пролеткульт, РАПП)와 농민 문학 그룹이다. 1910년대 말부터 20년대 초까지 주요한 역할을 했던 일부 그룹이 있었는데, 주지하다시피 그들 대부분은 창조적인 인텔리겐찌야를 통합한 적극적인 그룹들(Футуризм, ЛЕФ, Имажинизм, Конструктивизм, "Серапионовы братья", "Перевал")이다. 프롤레뜨꿀뜨 그룹은 프롤레타리아 계층을 계몽하거나 노동자 그룹의 문학적 역량을 결집시켰고, 러시아 및 세계의 고전주의(그들의 견해로 "귀족적"이며 "부르주아적") 문학 전통을 경시하는 태도를 보였으며, 순수한 "프롤레타리아" 문화를 창조하려고 노력했다. 그들은 예술 작품의 내용과 작가의 세계관에 특별한 주의를 기울였다. 이와는 반대로 미래주의자들, 사상파 작가들, 구성주의자들과 몇몇의 다른 문학 그룹들은 형식을 예술 작품의 기본으로 간주하였고 내용을 도외시하였다. 10월 혁명 이후 프롤레타리아 경향과 미래주의는 문화와 문학의 유일한 지도부가 되기 위해 서로 격렬한 투쟁을 벌였다.

내전 시기에 전쟁 문제에 치중했던 소비에트 러시아의 볼셰비키 지도자들은 문학에 그다지 많은 주의를 기울이지 않았다. 망명 비평가 스뜨루베(Г.Струве)조차도 초기 10년 동안에는 소비에트 문학의 발전과 존재(마야꼽스끼(В.Маяковский), 흘레브니꼬프(В.Хлебников), 볼로쉰(М.Волошин)의 시와 올레샤(Ю.Олеша)의 『질투(Зависть)』, 파제예프(А.Фадеев)의 『괴멸(Разгром)』, 숄로호프(М.Шолохов)의 『고요한 돈강(Тихий Дон)』, 페진(К.Федин)과 레오노프(Л.Леонов)의 장편 소설들)에 대해서 언급할 정도였다.

그러나 스뜨루베의 말에 따르면, 1920년대 초반부터 "공산주의 정부는 새로운 사회주의 문화 건설을 위해 수립한 계획과 함께 독자적인 소비에트 문학을 창조"하려는 노력을 배가하게 된다. 삶의 다른 영역들에서와 마찬가지로 "공산주의자들은 문학 활동에 압력을 행사하면서 이 목표를 달성하려고 노력했다. (...) 문학을 통제하려 했으며, 자신들의 "계획"을 문학에 강요하였다.

그러나 초기에는 이런 압력이 매우 신중하게 행사되었다. 러시아 공산당 중앙위원회[ЦК РКП(б)]의 "프롤레타리아 문화에 대하여(О пролеткультах)"라는 서한에는 다음과 같이 기술되어 있다 : "중앙위원회는 예술 창조의 영역에서 노동 인텔리겐찌야의 주도권을 속박하는 것을 원하는 것이 아니라, 그 반대로 예술 창작을 위해서 보다 건전하고 정상적인 상황을 조성하고, 이러한 상황이 예술 창조 활동에 효과적으로 반영될 수 있는 가능성을 부여하고자 한다." 주지하다시피 이 서한은 창조 활동에 대한 발언은 단지 소비에트 정권을 지지하는 노동 인텔리겐찌야에 대해서만 언급하고 있다. "당은 이 과업이 실제적으로 노동 인텔리겐찌야의 수중에 들어가도록 하기 위해서 가능한 모든 일을 할 것이고, 노동자의 정부는 이 과업의 실현을 위해서 노동 인텔리겐찌야에게 필요한 모든 것을 제공할 것이다." "부르주아적"인 창조적 인텔리겐찌야는 다양한 방법으로 억압당했다. 1925년 6월에 러시아 공산당 중앙위원회는 "예술 문학 영역에서의 당의 정책에 대하여"라는 결의안을 채택하였다. 여기에는 부분적으로 정권을 장악하고 있는 당이 그 어떤 문학 그룹과도 특별한 관계를 갖는 것이 아니라, 그룹들 사이의 자유로운 경쟁을 허락한다는 것을 진술하였다. (…) 그러나 이것은 단지 형식과 문체에만 국한되는 것으로, 작품의 내용과 작가의 세계관은 엄격하게 통제를 받았다. "소비에트 정권의 강령"을 지지하지 않은 작가들은 박해를 받았고, 그들의 작품은 출판이 금지되었다. 그리고 1932년에는 "문학 예술 조직의 재구성에 대하여"라는 전소연방 공산당 중앙위원회 결의가 공표되었는데, 이것은 "소비에트 정권의 강령을 지지하는 모든 작가들의 통합과 사회주의 건설과 통합된 작가 동맹에 참여하고자 하는 작가들의 그룹 해산에 관해 언급하고 있다." 소비에트 정권의 강령을 지지하지 않고, 사회주의 건설에 참여하지 않는 작가들은 출판하지 못했으며, 박해를 당했고 탄압을 받았다. 1934년에는 소비에트 작가 동맹에 의해 사회주의 사실주의 기본 노선이 만들어졌다. 이제부터 볼세비키는 내용뿐만 아니라 예술 작품의 형식까지도 통제하게 되었다.

하지만 모든 작가들이 이 강압 정책에 굴복한 것은 아니었다. 자신들의 작품에 대한 통제에 강하게 저항하는 작가(А.Ахматова, Б.Пастернак, О.Мандельштам, А.Платонов, М.Булгаков)도 있었다. 그들은 공식적으로는 출판되지 못하고 작가의 책상에 그대로 남겨지는 작품들을 저술하였다. 따라서 소비에트 러시아 문학에는 사회주의 사실주의라는 공식 문학 외에도, 언더그라운드의 비공식 문학(대부분이 필사본이거나 혹은 외국에서 출판된)과 지하 문학, 소비에트 문학 속에 존재하는 "물밑 흐름(подводное течение)", 스뜨루베의 표현에 따르면, "망명하지 않은 망명자들의 책" 혹은 소비에트 비평가들이 말하는 이른바 "내부의 망명 작가"들이 존재하였다.

그러나 이런 공산주의 검열과 당의 가혹한 통제 속에서도 20세기 러시아 문학의 훌륭한 작품들은 출간되었는데, 아흐마또바(А.Ахматова), 꾸즈민(М.Кузьмин), 쯔베따예바(М.Цветаева), 빠스쩨르나끄(Б.Пастернак), 꼬르닐로프(Б.Корнилов), 만젤쉬땀(О.Мандельштам), 자볼로쯔끼(Н.Заболоцкий)의 시집과 고리끼(М.Горький), 삘냑(Б.Пильняк), 알렉세이 똘스또이(А.Толстой), 페진(К.Федин), 벨르이(А.Белый), 베레사예프(В.Вересаев), 불가꼬프(М.Булгаков), 바벨(И.Бабель), 숄로호프(М.Шолохов), 레오노프(Л.Леонов), 파제예프(А.Фадеев), 쁠라또노프(А.Платонов), 쁘리쉬빈(М.Пришвин), 베숄리(А.Весёлый), 올레샤(Ю.Олеша) 등의 산문이 그것이다.

이 시기에는 [붉은 처녀지(Красная новь, 1921)], [시베리아의 등불(Сибирские огни, 1922)], [젊은 근위대(Молодая гвардия, 1922)], [별(Звезда, 1924)], [10월(Октябрь, 1924)], [신세계(Новый мир, 1925)], [소설-신문(Роман-газета, 1927)], [문학 신문(Литературная газета, 1929)]과 같은 비중 있는 문학잡지들이 출간되기도 하였다.

1930-40년대에 공산주의 방식의 검열과 소비에트 작가들의 자체검열은 한층 강화되었고, 스탈린 탄압은 절정에 달했다. 앞서 언급한 작가들 중 대다수가 유형을 가게 되었고, 사형을 당했으며, 내부 망명자가 되거나, 혹은 양심의 가책을 겪는 결단을 내려야만 했다. 즉 공산당에 의해 정해진 규칙에 영합해야만 하는 상황이 되었다. 이 시기의 문학에서는 많은 작가들이 혁명, 사회주의, 적군, 레닌과 스탈린을 찬양하였다. 이러한 예는 세라피모비치(А.Серафимович), 푸르마노프(Д.Фурманов), 베드늬(Д.Бедный), 오스뜨롭스끼(Н.Островский), 똘스또이(А.Толстой), 비슈넵스끼(Вс.Вишневский), 뽀고진(Н.Погодин)과 같은 작가들의 작품에서 찾아볼 수 있다. 몇몇 작가는 번역에만 종사하였

(좌) 푸르마노프
(우) 오스뜨롭스끼

고, 다른 작가들은 역사나 아동 작품만을 저술하였다.

전쟁 이전 수많은 소비에트 산문들 중에서 걸작으로는 고리끼의 『끌림 삼긴의 생애(Жизнь Клима Самгина)』, 숄로호프의 『고요한 돈강(Тихий Дон)』, 알렉세이 똘스또이의 『뾰뜨르 1세(Пётр Первый)』와 『고통을 따르는 순례(Хождение по мукам)』, 쉬쉬꼬프의 『우그륨-강(Угрюм-река)』, 일프와 뻬뜨로프의 『황금 송아지(Золотой теленок)』, 조셴꼬의 단편 소설들과 빠스쩨르나끄의 시로 쓰여 진 장편 소설 『스펙또르스끼(Спекторский)』 그리고 뜨바르돕스끼, 자볼로쯔끼와 그 외 작가들의 몇몇 작품과 시 등을 꼽을 수 있다.

제2차 세계대전 시기의 소비에트 문학은 사회주의 사실주의의 전통을 계승하면서도, 파시즘과의 투쟁에서 나타난 소비에트 민중의 영웅성을 집중적으로 다룬 일련의 진정한 예술 작품들을 창작하였다.(뜨바르돕스끼(А.Твардовский)의 『바실리 죠르낀(Василий Тёркин)』, 레오노프(Л.

Леонов)의 작품, 소비에트의 노래로 유명하게 된 이사꼽스끼(М.Исаковский)와 수르꼬프(А.Сурков)의 몇 편의 시가 그것이다.)

　소비에트 문학에서 가장 암울했던 시기는 2차 세계대전 이후의 5년이었다. 이 시기에는 스탈린을 "천재"라고 찬양하는 허구로 가득한 작품들이 매우 많이 저술되었다. 모든 소비에트 문학에 스탈린의 그림자가 드리워져 있었다. 이 당시 러시아 문학에서 가장 훌륭한 작품들은 불가꼬프, 쁠라또노프, 아흐마또바, 빠스쩨르나끄와 같은 작가들의 작품이거나 아니면 해외에서 출판된 것들이었다. 그 작품들 중 대다수는 1980년대 말이나 1990년대 초에 비로소 러시아에서 출판될 수 있었다.

# 러시아 해외 문학
(Литература русского зарубежья)

러시아의 해외 문학은 러시아 "망명 문학", "해외 문학" 혹은 "추방 문학"과 같은 다양한 전문용어들을 사용하지 않고는 쉽게 언급할 수 없다.

러시아 망명 문학(1917-1923)의 "첫 번째 흐름(Первая волна)"은 러시아 해외 문학에서 가장 훌륭한 작가들, 특히 산문 작가들을 배출하였다. "해외 문학에 포함되는 혁명전의 러시아 작가들의 명단은 양적으로나 질적으로 매우 방대하다. 사실 해외 문학에 속한 시인들이 혁명 이후에도 러시아에 계속 남아있던 블록, 아흐마또바, 구밀료프, 솔로구쁘, 꾸즈민, 빠스쩨르나끄, 만젤쉬땀 등의 명성을 압도하지는 못했다. 그러나 혁명 이전의 러시아 산문에서 가장 뛰어났던 거의 모든 작가들은 해외에 있었다. 부닌, 레미조프, 자이쩨프, 쉬멜료프, 메레쥐꼽스끼 등이 그들이다"라고 스뜨루베(Г.Струве)는 기술하고 있다.

스뜨루베는 러시아 해외문학의 초창기 역사를 1920-1924년과 1925-1939년, 두 시기로 구분하였다.

러시아 해외 문학의 중심지로는 파리, 베를린, 프라하, 베오그라드, 소피아, 바르샤바, 콘스탄티노플, 하얼빈, 그리고 리투아니아, 라트비야, 에스토니아, 베싸라비아와 루마니아 등이었다. 만약 파리가 첫 번째 러시아 해외 문학의 정치적 중심지였다면, 베를린은 1920년대 말부터 1924년까지 두 번째 해외 문학의 중심지였다.

해외에서의 러시아 문학의 기반은 수많은 출판사, 잡지사, 신문사들이었다. 이 기반들이 50년에 걸쳐 전 세계에서 5천 가지가 넘는 신문과 잡지, 책들을 러시아어로 출판할 수 있는 가능성을 제공하였던 것이다. 1918년부터 1931년까지 해외에는 1005가지의 정기 간행물이 존재하였다. 1918년부터 1968년까지 러시아 망명 문학은 1080권의 장편소설과 천 권이 넘는 러시아 시인들의 시집을 출판하였다.

러시아 해외문학의 존립에 있어서 잡지는 특히 중요한 역할을 하였다. 그 중 가장 중요한 잡지로 [동시대 수기들(Современные записки; Париж, 1920-1940)]이 있다. 이 잡지는 커다란 인기를 누린 출판물이었고, "러시아 망명 문학의 살아있는 역사"였다. 이 잡지에 쯔베따예바(M.Цветаева), 발몬뜨(К.Бальмонт), 기뻬우스(З.Гиппиус), 부닌(И.Бунин), 꾸쁘린(А.Куприн), 호다세비치(В.Ходасевич), 자이쩨프(Б.Зайцев), 메레쥐꼽스끼(Д.Мережковский), 레미조프(А.Ремизов), 안드레예프(Л.Андреев), 알렉세이 똘스또이(А.Толстой), 벨르이(А.Белый), 자먀찐(Е.Замятин), 쉬멜료프(И.Шмелев), 나보꼬프(В.Набоков), 알다노프(М.Алданов) 등이 글을 실었다.

잡지 [러시아 의지(Воля России)]는 자이쩨프, 발몬뜨, 오소르긴(М.Осоргин), 호다세비치, 쯔베따예바, 레미조프 등의 망명 작가들뿐만 아니라 빠스쩨르나끄, 아세예프(Н.Асеев), 바벨(И.Бабель), 삘냑(Б.Пильняк), 자먀찐, 레오노프(Л.Леонов), 마야꼽스끼(В.Маяковский), 벨르이(А.Белый) 등의 소비에트 작가들의 글도 실었다. 이 잡지의 출판에 대한 주장과 태도는 다음과 같다 : "우리는 지속적이고 확고하게 볼셰비키 독재와 공산주의의 왜곡에 대항하여 민주주의적 사회주의를 옹호한다. 그러나 우리는 일방적으로 볼셰비키 체제의 비판에만 치중하기를 원하지 않으며, "러시아의 얼굴"이 되고자 노력하고 있다. 말하자면 우리는 볼셰비키 체제의 전면에 흐르고 있는 과정들을 연구하고자 한다. 여기에는 해외 독자들에게 소비에트 문학에 대한 지식을 전달하는 것과 소비에트 검열관과 반혁명위원들이 문학에 행하고 있는 모든 명백하고 비밀스러운 수단들의 폭로가 들어있다." 이 잡지의 주요 비평가는 슬로님(М.Слоним)이었다.

소피아, 프라하, 베를린, 파리에서 출판된 [러시아 사상 (Русская мысль, 1921-24, 1927)]이라는 잡지는 러시아 혁명 이전의 판(版)을 계승하였다. 스뜨루베(Г.Струве)의 아버지 스뜨루베(П.Струве)가 편집한 이 잡지는 부닌, 기뻬우스, 레미조프, 치리꼬프(Е.Чириков), 쯔베따예바 등의 작품과 블록, 벨르이, 끌류예프(Н.Клюев), 예세닌(С.Есенин), 아흐마또바와 다른 소비에트 시인들에 관한 논문들을 게재하였다.

레미조프

베를린에서 출판된 잡지로는 [이정표(Версты, 1926-1928)]가 있다. 이 잡지는 소비에트와 망명 문학에서 창작된 가장 훌륭한 작품들을 출판하고자 하였다 : 쯔베따예바, 레미조프, 베르쟈예프(Н.Бердяев), 쉐스또프 (Л.Шестов), 로자노프(В.Розанов), 빠스쩨르나끄, 벨르이, 바벨, 띠냐노프(Ю.Тынянов), 베숄리(А.Весёлый)의 작품을 실었다. 또한 잡지의 편집인인 스뱌또뽈끄-미르스끼(Д.Святополк-Мирский)와 쯔베따예바의 남편인 에프론(С.Эфрон) 등의 비판적인 평론들이 여기에 실렸다.

[북극광(Сполохи, 1921-1923)]도 베를린에서 출판된 잡지이다. 망명 독자들을 위한 다양한 삽화가 들어 있는 이 잡지는 발몬뜨, 부닌, 민스끼(Н.Минский), 오쭙(Н.Оцуп), 호다세비치, 볼로쉰(М.Волошин), 끌리츠꼬프(С.Клычков), 알렉세이 똘스또이(А.Толстой)와 같은 망명 작가들과 소비에트 작가들의 글을 실었다.

[고리(Звено, 1923-1928)]는 파리에서 출판된 잡지로 처음에는 신문으로 출발하였지만, 이후에 신세대와 구세대 망명 작가들의 작품을 게재하는 잡지로 전환되었다. 러시아 해외 비평가들 중 가장 출중했다는

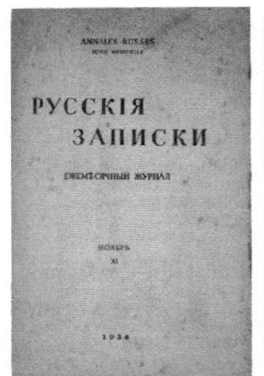  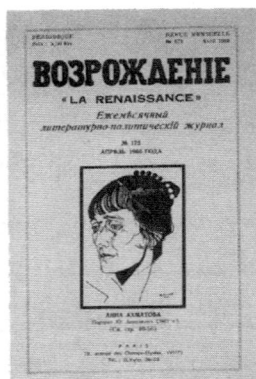

파리에서 발행된 러시아 잡지들 :
[러시아 수기] [현대 수기] [부활]

평가를 받는 아다모비치(Г.Адамович), 모출스끼(К.Мочульский), 베이들레(В.Вейдле)가 이 잡지를 통해 활동했다.

　다양한 문학적 경향과 매우 정치적인 색채를 띤 러시아 잡지와 신문들이 거의 모든 대륙의 30여 개의 나라에서 출판되었다. 파리에서 간행된 잡지로는 [러시아 연대기(Русский временник)], [숫자들(Числа)], [미래의 러시아(Грядущая Россия)], [풍자가(Сатирикон)], [러시아 수기(Русские записки)], [삽화 러시아(Иллюстрированная Россия)], [길(Путь)], [날(Дни)] 등과 신문 [최근 소식(Последние новости)], [러시아(Россия)], [부활(Возрождение)], [러시아와 슬라브족(Россия и славянство)], [공통의 일(Общее дело)] 등이 있다. 베를린에서는 [대화(Беседа)], [사회주의 통보(Социалистический вестник)], [혁명의 러시아(Революционная Россия)], [새로운 러시아의 책(Новая русская книга)], [사물(Вещь)], [장편서사(Эпопея)], [전쟁과 평화(Война и мир)] 등의 잡지와 [날(Дни)], [핸들(Руль)], [러시아의 목소리(Голос России)], [전야(Накануне)], [미래의 러시아(Грядущая Россия)], [신세계(Новый мир)] 등의 신문이 간행되었다. 프라하에서는 [러시아 학파(Русская школа)], [러시아 의지(Воля России)], 베오그라드에서는 잡지 [러시아 과학 연구소 수기(Записки русского научного института)]와 신문 [새 시대(Новое время)], 바르샤바에서는 신문 [자유를 위해(За свободу)]와 [칼(Мечь)], 콘스탄티노플에서는 잡지 [번갯불(Зарница)], 리가에서는 신문 [오늘(Сегодня)]과 [리가의 파발꾼(Рижский курьер)], 중국에서는 잡지[머나 먼 변경(Далёкая Окраина)], [경계(Рубеж)], [문(Врата)], [월요일(Понедельник)]과 신문 [하얼빈 시대(Харбинское время)], [하얼빈 일보(Харбинские вжедневные новости)], [상하이 신보(Шанхайская новая газета)] 등이 있었다. 러시아어로 해외에서 발행된 것만 해도 천 가지 이상의 신문과 약 1000여 종의 잡지가 있었다. 스뜨루베(Г.Струве)의 증언에 따르면, "러시아 신문들은 버섯처럼 도처에서 자라났다. 하지만 그들의 활동 역시 버섯처럼 짧았다. 어떤 자료에 따르면, 1920년 한 해만 해도 138개의 새로운 러시아 신문이 생겨났고, 1921년에는 112개, 1922년에는 103개의 신문이 생겨났다. 1923년 말에 이르러서는 초기에 창간되었던 것들 중 180여 개가 폐간되었으나, 100여 개 이상은 계속해서 발간되었다. 베를린 한 곳에서만 해도 다양한 시기에 걸쳐 58개의 신문과 잡지들이 생겨났다. 많은 신문들은 미국으로 건너갔다." 이러한 예들로는 [새 러시아 말(Новое русское слово)], [새 노을(Новая заря)], [진실(Правда)]이 있고, 또한 남아메리카의 부에노스-아이레스에서 [노동의 소리(Голос труда)], 상-파울로에서 [러시아의 진실(Русская правда)]이 발행되었다. 정기적인 출판물 외에 [면(Грани)], [큰 컵(Кубок)], [대패(Струги)] 등의 문예 작품집이 나왔다.

파리, 베를린, 프라하와 같은 해외 도시들에서 러시아 작가 연합이 생겨났지만, 이 연합은 곧 분열되었고, 그들 사이에는 문학 활동의 통일성이 존재하지 않았다.

다양한 정치적, 문학적 활동은 해외 러시아 문학의 특성 중 하나이다. 러시아 해외 문학의 이러한 다양성은 예술 세계에 고유한 특성을 가미하면서 발전시켜 나가는 원동력이 되었다. 이것은 러시아에 대한 사랑과 볼셰비키에 대한 증오를 토대로 한 자신들의 단일성의 다양한 모습이기도 하다.

하지만 해외의 러시아 활동가들 중에서 가장 진지한 활동을 펼친 아다모비치(Г.Адамович), 스쩨뿐(Ф.Степун), 오소르긴(М.Осоргин), 호다세비치(В.Ходасевич), 스뜨루베(Г.Струве), 슬로님(М.Слоним) 등은 점진적으로 "망명가들과 볼셰비키가 동일하게 현재의 러시아(진정한 의미에서든, 오늘날의 의미에서든)를 부정한다는 것을 점차적으로 이해하게 되었다. 전자는 과거에 대한 자신들의 회상의 이름으로, 후자는 미래에 대한 자신들의 사상의 이름으로 부정하였다. 과거와 미래 없이 진정한 러시아는 있을 수 없다. 왜냐하면 진정한 러시아는 그 자체의 과거와 미래의 통합 상태에서만이 가능하기 때문이다."6) 그들은 이러한 자세로 러시아 문학의 두 흐름에 접근하면서, 그 안에서 강한 면과 함께 약한 면도 보았다. 부분적으로 '러시아와 망명자들 그룹은 뛰어난 작가들을 각기 일부분씩 할당하여 수용하고 있었지만, 러시아 문학은 각각의 부분들만으로는 커다란 문학을 이룰 수 없었다'고 스뜨루베는 기술하고 있다. 또한 이와 동시에 러시아 문학 – 소비에트와 해외 문학 – 의 각 부분은 세계적인 수준의 위대한 작가들을 포함하고 있었다.

예술적인 영역 이외에도 러시아 망명 1세대들은 철학적 역사적 사회적 역작들을 포함하여 풍요로운 유산을 러시아 문학에 남겼다.

제2차 세계대전 시기에 러시아 해외 문학 작가들 사이에 극심한 분열이 일어났다. 그들 중 한 그룹은 소비에트 민중의 영웅적인 투쟁을 지지하면서, 프랑스 레지스탕스에 참가하였고, 이 투쟁에서 전사하였다. 다른 한 그룹은 파시스트의 도움을 받아 러시아에서 볼셰비키가

---

6) 스쩨뿐(Ф.Степун) 「만남들(Встречи)」, 뮌헨, 1962, 23쪽.

제거되기를 기대하면서 파시스트에 협조하였으며, 세 번째 그룹은 지하 활동에 들어갔고, 네 번째 그룹은 미국으로 떠났다.

전쟁후의 흐름인 두 번째 망명자들은 첫 번째 흐름과 비교하여 살펴볼 때 숫자상으로도 많지 않았으며, 러시아 문학에 뛰어난 재능을 불어넣어 주지도 못했다. 왜냐하면 이 시기에 떠나온 사람들 중에 작가는 매우 소수였기 때문이다. 옐라긴(И.Елагин), 나로꼬프(Н.Нароков), 뜨로이쯔끼(Н.Троицкий), 나르찌쏘프(Б.Нарциссов)와 그 외의 다른 몇몇이 더 있었을 뿐이다. 이들의 주요한 업적으로는 스탈린주의와 브레즈네프주의에 대한 진지한 비평을 내용으로 하는 사회-정치적 문학을 출현시킨 것이었다. 바로 이런 이유로 해서 1956년에 스뜨루베는 이렇게 기술하였다 : "러시아 문학사의 특별한 장으로서 해외 문학은 그 자체의 필연적인 결말로 가고 있다. 러시아 문학사에서 해외 문학의 가장 훌륭한 장들은 이미 기술되어졌다."

세 번째 망명 그룹은 러시아 문학에 일련의 유명한 작가들을 제공하였다. 악쇼노프(В.Аксёнов), 알레쉬꼽스끼(Ю.Алешковский), 브로드스끼(И.Бродский), 블라지모프(Г.Владимов), 보이노비치(В.Войнович), 글라질린(А.Гладилин), 도블라또프(С.Довлатов), 지노비예프(А.Зиновьев), 꼬르쟈빈(Н.Коржавин), 꼬뻴레프(Л.Копелев), 막시모프(Вл.Максимов), 네끄라소프(В.Некрасов), 시냡스끼(А.Синявский), 솔제니쯴(А.Солженицын) 등이 그들이다. 현재 그들은 20세기 통합된 러시아 문학, 즉 현대 러시아 문학의 대표자들이 되었고, 그 중 솔제니쯴과 브로드스끼는 노벨 문학상을 수상하였다.

이와 같은 형태로 스뜨루베의 다음과 같은 예언은 적중하였다 : "러시아 해외 문학은 일반적인 러시아 문학의 흐름 속으로 일시적으로 방향을 돌릴 것이고, 그곳에서 때가 되면 이 문학의 전체적인 흐름을 격동시킬 것이다." 소비에트와 해외 문학이라는 두 개의 흐름 속에 내포되어 있는 가장 훌륭한 작품들이 함께 할 때만이 20세기의 통합된 러시아 문학을 형성하게 되고, 위대한 세계 문학들 중의 한 부분을 구성하게 된다는 사실을 현실이 보여주고 있다.

# 이반 알렉산드로비치 부닌

(Иван Александрович Бунин, 1870-1953)

이반 알렉산드로비치 부닌은 20세기 러시아 문학의 문호이다. 그의 작품은 러시아 산문과 운문 그리고 예술 문화의 가장 분명한 하나의 장이 되었다.

부닌은 몰락하였지만 유서 깊은 보로네쥐(Воронеж)의 귀족 가정에서 출생하였다. 그는 열한 살 때까지 집에서 초등 교육을 받았고, 1881년 옐쯔(Елец)라는 도시에 있는 중등학교에 들어갔다. 부닌은 4년 후에 가정이 재정적인 어려움을 겪고 건강이 악화되자 집으로 돌아왔고, 형의 지도하에 교육을 계속 받았다. 그는 뿌쉬낀, 레르몬또프, 고골의 책과 철학서를 탐독하였고, 열일곱 살 때부터 시를 쓰고 발표하기 시작하였다. 부닌은 1889년에 처음으로 러시아의 다른 지역을 여행하였다. 바로 그 해 가을부터 오룔(Орёл)이라는 도시에서 생활하게 되었고, [오를로프 통보(Орловский вестник)]라는 신문사에서 일하기 시작했다. 2년 후 새내기 시인인 부닌은 작은 시집을 출간하였다. 문체상 고전주의를 따르는 부닌의 시들은 러시아 자연의 아름다움과 시골 지주의 대저택에 감도는 고요함이 가득하였다. 자연 그 자체처럼 자연스럽게 묘사하는 것 - 이것이 바로 젊은 시

부닌

부닌과 그의 아내

인의 이상이었다. 러시아 시의 고전적 테마인 자연과의 조화로운 결합은 부닌의 모든 시작품에서 울려 퍼지고 있었다.

1890년대 초에 레프 똘스또이(Лев Толстой)의 철학적 이상은 부닌에게 강한 영향을 주었다. 나중에 부닌은 똘스또이의 철학에 환멸을 느꼈지만, 그는 항상 똘스또이를 러시아 최고의 작가로 생각했다. 1895년부터 부닌은 뻬쩨르부르그와 모스크바에 살면서 체홉과 고리끼 같은 유명한 작가들과 친분을 맺었다. 그 후에 그는 수차례 여행을 떠나곤 했다. 첫 산문집 『이 세상의 끝에서(На краю света, 1897)』라는 작품과 시선집 『열린 하늘 아래에서(Под открытым небом, 1898)』라는 작품을 출판하면서 작가로서 그의 이름은 러시아 전역에 알려지게 되었다. 그는 시집 『낙엽(Листопад, 1901)』과 미국 시인 롱펠로우의 『하이어바트에 대한 노래(Песни о Гайавате)』의 번역 작품으로 과학 아카데미가 수여하는 뿌쉬낀 상을 수상하였다. 1909년에 과학 아카데미는 부닌을 명예 회원으로 선출했다.

부닌의 산문은 그의 창작 활동에서 특별한 위치를 차지하고 있다. 작가는 러시아 고전주의 문학의 사실주의적 전통을 계승하고 있었는데, 그는 자신의 초기 작품들에서 연민을 가지고 "소시민"을 묘사하였다. 후에 쓰여진 아주 훌륭한 단편 작품인 『안또노프의 사과(Антоновские яблоки)』와 『소나무(Сосны, 1900)』에서는 미래에 대한 기대와 과거에 대한 추억, 귀족 보금자리의 파산에 대한 슬픔을 묘사하고 있다. 시간과 연계되는 작가의 생각이 많은 중편 소설과 단편 소설들을 통해서 보여지고 있다.

평범한 사람들의 일상과 정신적 세계에 대한 작가의 관심이 1905년 혁명 이후에 민중들의 삶을 묘사하고 있는 뛰어난 중·단편 소설들을 창작하는데 있어서 커다란 도움을 주었다. 중편 소설 『시골(Деревня, 1910)』은 이 테마를 다룬 가장 훌륭한 작품 중 하나이다. 이 중편 소설에는 시골에 대한 작가의 복잡하고 이중적인 관심이 표현되어 있다. 또한 여기에는 고향 땅과 조국의 땅, 그리고 그곳 사람들에 대한 사랑, 러시아 농촌을 지배했던 미개성과 노예 심리에 대한 증오를 보여주고 있다. 『시골』 이후에 부닌은 지주 가정의 몰락 이야기와 그 집 하인의 운명을 다룬 중편 소설 『골짜기(Суходол, 1912)』를 발표하였다. 단편 소설 『자하르 보로비예프(Захар Воробьев, 1912)』의 주인공은 강하고 재능 있는 인간의 비극적 죽음과 의미 없는 삶을 상징하고 있다.

『샌프란시스코에서 온 신사』

부닌은 많은 중·단편 소설을 통해서 사랑과 죽음, 그리고 삶과 같은 영원한 주제를 다루고 있다. 작가의 가장 시적인 서사작품 중 하나인 『가벼운 호흡(Лёгкое дыхание, 1916)』은 거짓과 비속함의 적대적인 세계에서 죽어 가고 있는 젊고 매력적인 여인 올랴 메쉐르스까(Оля Мещерска)에 대해 이야기하고 있다. 그의 가장 유명한 단편 소설 『샌프란시스코에서 온 신사(Господин из Сан-Франциско, 1915)』에서 작가는 미국인 백만장자의 갑작스러운 죽음을 통해서 진정한 감정과 생각이 아름다운 장식들로 가려진 위선과 영혼이 없는 세상의 상징을 보여주고 있다.

1917년 혁명 전 부닌의 운문과 산문에서는 도래하고 있는 사회적 재앙에 대한 생각이 울려 퍼지고 있다. 10월 혁명 후인 1920년에 작가는 영원히 조국 러시아를 떠나 프랑스에서 망명 생활을 하였다. 볼세비키 권력에 대한 자신의 날카롭고 부정적인 태도는 작가 자신의 일기인 『저주받은 날들(Окаянные дни, 1925)』에 표현되어 있다. 망명 생활 중

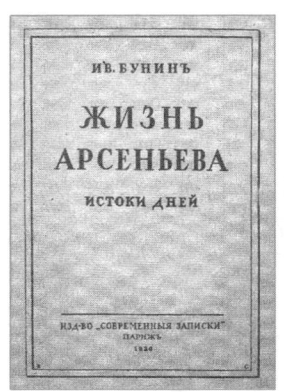

『아르세니예프의 생애』

에도 그의 문학 활동은 중단되지 않았다. 그는 다음과 같은 일련의 훌륭한 작품들을 창작하였다. 중편 소설 『미쨔의 사랑(Митина Любовь, 1925)』, 단편 소설 『일사병(Солнечный удар)』, 『이에리혼의 장미(Розы Иерихона)』가 그것이다. 작가는 자신의 관심을 보편적인 삶에 집중한 것이 아니라, 인간의 개인적인 삶과 사랑을 묘사하는데 주의를 기울였다. 부닌의 작품에서 사랑은 인간관계의 유일한 판단 기준이며 고상한 감정이다. 망명 생활 중 창작한 가장 큰 대작으로는 자전적 장편 소설 『아르세니예프의 생애(Жизнь Арсеньева, 1933)』가 있다. 이 작품 속에서 작가는 자신의 정신적 발전과 삶에서의 행복하고 비극적인 시간들에 대해 이야기하고 있다. 문학 비평가들은 이 장편 소설에 매우 높은 점수를 주었다. 1933년에는 러시아 고전주의적 산문의 계승 발전에 대한 공로로 부닌에게 노벨 문학상이 수여되었다. 부닌은 프랑스의 파시스트 점령 시기에 러시아에 대한 단편 소설 『어두운 가로수 길(Тёмные аллеи)』을 썼는데, 이 작품은 러시아 산문의 걸작으로 손꼽히고 있다. 부닌은 삶의 마지막 시기에 체홉과 똘스또이 그리고 다른 러시아 작가들에 대한 회상 작업에 매진하였다. 부닌은 1953년 11월 8일 파리에서 숨졌다.

# "은세기" 시
(Поэзия "серебряного века")

러시아 시의 전성기는 19세기, 그 중에서도 19세기 전반기이다. 이 시기는 러시아 운문의 "황금기(золотой век)"이다. 이 시기에 뿌쉬낀, 레르몬또프(Лермонтов), 주꼬프스끼(Жуковский), 바라띤스끼(Баратынский), 꼴쪼프(Кольцов), 네끄라소프(Некрасов), 쮸쩨프(Тютчев)와 페뜨(Фет) 등이 창작 활동을 하였다. 19세기 후반 러시아 문학의 중요한 자리는 산문이 차지했고, "낡고 진부한" 시는 마치 자신의 역량을 다 소진한 것처럼 쇠약해졌으며, 인기가 시들어갔다. 이 시기에는 새로이 재능 있는 시인들도 출현하지 않았다.

(좌) 안넨스끼
(중) 블록
(우) 만젤쉬땀

(좌) 솔로구쁘
(중) 꾸즈민
(우) 세베랴닌

19세기와 20세기의 경계에서 "새로운" 시가 출현하였다. 이 새로운 시는 고전주의와 낭만주의 그리고 사실주의에서 가장 훌륭한 것들을 계승하였고, 그것들의 전통을 발전시켰으며, 더 나아가 "초현실주의(сверхреализм)", 신낭만주의 그리고 심지어 신고전주의로 나아가려고 노력하였다. 그보다 훨씬 더 후에 이것을 다양한 명칭으로 칭하였다 : "데카당", "모더니즘", "아방가르디즘"이라는 용어가 그것이다. 그리고 이 결과 20세기에는 새로운 시가 창작되었다. 이것이 바로 "은세기(серебряный век)"이다. 이 시기에 가장 훌륭한 시인들로는 블록(А.Блок), 빠스쩨르나끄(Б.Пастернак), 아흐마또바(А.Ахматова), 벨르이(А.Белый), 쯔베따예바(М.Цветаева), 기삐우스(З.Гиппиус), 안넨스끼(И.Анненский), 이바노프(Вяч.Иванов), 호다세비치(В.Ходасевич), 이바노프(Г.Иванов), 만젤쉬땀(О.Мандельштам), 예세닌(С.Есенин), 구밀료프(Н.Гумилёв), 마야꼽스끼(В.Маяковский), 발몬뜨(К.Бальмонт), 브류소프(В.Брюсов), 볼로쉰(М.Волошин), 흘레브니꼬프(В.Хлебников), 꾸즈민(М.Кузьмин), 끌류예프(Н.Клюев), 솔로구쁘(Ф.Сологуб), 아다모비치(Г.Адамович), 세베랴닌(И.Северянин), 메레쥐꼽스끼(Д.Мережковский), 오쭙(Н.Оцуп) 등이 있다.

  이 시인들은 최고 수준의 교육을 받았고, 대다수가 러시아의 가장 훌륭한 대학들의 인문학부(간혹 자연과학부)를 졸업했다. 그들은 외국 여행도 많이 다녔고, 여행을 통해 많은 것을 체험하고 배웠으며, 외국어도 유창하게 구사하였다. 세계 고전 걸작선(傑作選)들을 러시아어로 번역하여 소개한 사람들도 바로 이들이었다. 이들은 러시아와 외국의 철학과 역사, 문학과 과학, 그리고 러시아와 외국의 구비 문학과 러시아 민중의 삶과 생활 등에 대해서도 정통했다.

  러시아의 유명한 역사학자 솔로비요프(С.М.Соловьёв)의 아들이자 러시아 철학자이며 시인인 솔로비요프(В.Соловьёв)와 독일의 철학자 니체, 쇼펜하우어, 슈테이너 그리고 프랑스의 상징주의 시인들이 이들에게 가장 큰 영향을 주었다.

  19세기 말부터 러시아에는 몇몇의 문학 그룹들이 생겨났다 : 상징주의자, 아끄메이스트, 미래주의자 그리고 사상파(寫像派)주의자와 그 외의 다른 그룹들을 꼽을 수 있다. 그들에게 가장 중요한 것은 반복될 수 없는 '개성'으로서 '시인의 언어'에 대한 관심이었다. 이런 성향을 보여준 시인들 모두는 상징주의 유파에 속하였고, 동시에 그들 대부분은 "상징주의를 극복한 시인"이라고 말할 수 있다.

  20세기 새로운 시의 언어는 많은 의미를 지니고 있으며, 무한한 의미를 내포하였다 : 언어-소리, 언어-음악, 언어-의미, 언어-상징, 언어-형상, 언어-신화가 그러한 예이다. 이것은 모든 세상, 즉 무엇보다도 무한한 시간의 영역과 마찬가지로 공간의 영역까지도 수용하는 시인의 영혼을 묘사하고 있다.

영혼에는 모든 것, 천상에 있는 것과 다른 많은 것들이 있다.
이 영혼에서 최초의 말이 창조되었다!
..............................
그 안에서 모든 것은 무한한 전일성(全一性)으로 결합되고,
나는 단지 영혼에게만 기도를 읊조리고,
나는 무한함 하나만을 사랑한다 -
나의 영혼을!

(발몬뜨)

이것은 '인간'의 세상이고, 그의 영혼 속에서는 신적인 것과 악마적인 것, 천상의 것과 지상의 것, 아름다운 것과 추악한 것, 선한 것과 악한 것, 영적인 것과 육체적인 것, 진리와 거짓 등등 다양한 근원들이 결합된다.

솔로비요프(В.Соловьёв)의 가르침에 따르면, 예술과 문학, 시의 목적은 시인의 영혼에 자리하고 있는 존재의 통일성을 표현하는 것이며, 신적, 자연적, 인간적인 세계의 단일성과 진선미의 단일성의 창조를 통해 전해지는 존재의 통일성을 보여주는 것이다. 운문이 우주적 신인(神人)에 합류하기를 지향하는 사람들에게 자신의 작품들로 감화를 주기 위해서는 철학과 학문, 신념을 자기 자신 속에 결합시켜야만 했다.

솔로비요프는 '전일(全一)의 사상'을 표현하였으며, 또한 상징의 도움을 받아 자신의 시에서 "세상의 영혼", "영원한 여성성", "천상의 빛", "선(善)과 진실(眞實)의 형태"로서의 미(美), 새로운 삶의 원천으로의 죽음, 그리고 시간 등과 같은 것들을 표현하였다 :

블라지미르 솔로비요프

죽음과 시간이 지상을 지배하지만,
너는 그것들을 군주들이라고 부르지 말라,
모든 것은, 순환하면서, 어둠 속으로 사라지고,
사랑의 태양만이 움직이지 않는다.

시인이자 비평가이며 인상주의자인 안넨스끼는 "은세기"의 많은 대표자들에게 커다란 영향을 주었다. 아흐마또바, 빠스쩨르나끄, 만젤쉬땀, 마야꼽스끼, 이바노프(Вяч.Иванов), 아다모비치 등이 그의 영향을 받았고, 구밀료프나 꾸즈민은 그가 교장으로 있었던 학교에서 배우기까지 하였다. 아흐마또바는 <선생님(Учитель)>이라는 시에서 다음과 같이 기술하고 있다 : 안넨스끼는 "후에 우리에게 일어났던 모든 것들의 예감이었고, 전조로서 존재하였다." 그는 자신의 시(시선집 <조용한 노래들(Тихие песни, 1904)>, <삼나무 패물함(Кипарисовый ларец, 1909)>, <사후의 시들(Посмертные стихи, 1923)>)와 논문에서 러시아 고전주의 운문의 전통을 20세기 새로운 사상들과 결합시켰다 : 인간의 이중성, 자연의 생명력, 인상주의, 신화성, 상징성, 음악성 그리고 시의 "아름다운 선명성"과 그것의 순환, 단지 운문뿐만이 아니라 삶의 평가의 중요한 기준으로서의 아름다움(美), 윤리학과 미학 그리고 선과 미의 결합이 그것이다.

"은세기" 시의 초기 이론가이자 창시자로는 "구세대 상징주의자들(старшие символисты)"인 민스끼(Н.Минский), 메레쥐꼽스끼(Д.Мережковский), 기뻐우스(З.Гиппиус), 솔로구쁘(Ф.Сологуб), 발몬뜨(К.Бальмонт)와 다른 시인들이 있다. 그들의 사상은 민스끼의 논문 <양심의 세상에서(При свете

메레쥐꼽스끼

совести, 1890)>, 메레쥐꼽스끼의 책 『동시대 러시아 문학의 쇠퇴 이유와 새로운 경향에 대하여(О причинах упадка и о новых течениях современной русской литературы, 1893)』, 그의 시선집 『상징(Символы, 1892)』, 솔로구쁘의 『시. 첫 번째 책(Стихи. Книга первая, 1895)』, 발몬뜨의 『광활함 속에서(В безбрежности, 1895)』, 브류소프의 『러시아 상징주의자(Русские символитсы, 1894-95)』, 『걸작(Шедевры, 1895)』과 『Me eumesse("Это-я(이것이 나)", 1897)』 등에 나타나 있다. 기삐우스는 상징주의 잡지 [북방통보(Северный вестник)]에 자신의 시들을 발표하였다.

그러나 그들의 서정시가 누린 절정기는 "구세대 상징주의자들"의 창작 활동이 완숙기에 이른 1900년대에 쇠퇴하기 시작하였고, 문학세계에 "신세대 상징주의자들"인 뱌체슬라프 이바노프(Вяч.Иванов)와 블록(А.Блок), 벨르이(А.Белый) 등의 또 다른 시인들이 등장하였다.

이들의 교체시기인 십 년 동안에는 기삐우스가 출판한 두 권의 시집 『시선집, 1889-1903(Собрание стихов. 1889-1903, 1904)』과 『시집. 2권. 1903-1909(Сборник стихов. Кн.2. 1903-1909, 1910)』이 중요한 역할을 하였다. 여기에는 상징주의 시인 개인의 영혼의 세계(기삐우스는 여성 이름이 아닌 남성 이름으로 썼다)를 선명하게 반영하였다 : "신처럼 자신을 사랑한다(Люблю себя, как бога)"(헌사<Посвящение>). 그녀의 많은 동시대인들은 시인의 이런 특수성을 인식하였다 : "...극한의 나... 이것은 - 세상이기도 하고 이것은 신이기도 하다."(И.Анненский) "이분법이자, 위선이다"(Р.Гуль). 이러한 모순과 대립은 하나의 연작시나 한 편의 시에서 뿐만 아니라, 하나의 연과 더한 경우에는 한 행의 시구에도 나타나 있다 : "너와 나는 가까운 방랑자와 같고,/ 우리들 각자는 외로운 존재이다(Мы с тобой как странники близки, / И каждый из нас одинок)" (<헌사>) ; "나는 궐기해야 하는지 굴복해야 하는지 알지 못한다, / 죽

(좌) 기삐우스
(우) 이바노프

을 용기도 살아갈 용기도 없다(Не ведаю, восстать иль покориться, / Нет смелости ни умереть, ни жить)"(<무력함(Бессилие)>). 그녀는 영혼의 모순적 상징으로서 "눈의 불(снеговой огонь)"(<여울목(Водоскат)>)이라는 비유적인 단어 결합을 사용하였다.

　기삐우스는 인생과 창작의 모든 과정에서 내적인 완전성을 추구("완전함과 연속성을 사랑한다"라고 그녀는 말하고 있다)하였고, 삶의 진실과 존재의 의미를 추구하였으며, 절대성에 대한 접근에 특별한 관심을 보여주었다. 이 모든 이미지들 - 신, 진실, 자유 - 은 기삐우스의 운문과 산문을 관통하고 있다. 그녀는 1893년 11월 일기에 이렇게 쓰고 있다 : "자유에 대한 생각들이 나를 내버려두지 않는다. 심지어 나는 그것에 도달하는 길을 알고 있다. 수학적 특징처럼 직접적인 진실이 없이 자유에 접근해서는 안 된다. 인간으로부터의 자유, 모든 인간적인 것과 운명과 갈망으로부터의 자유… 신처럼 자신을 사랑해야 한다. 신이든 자신이든 간에 모든 것을 평등하게 사랑하라..."

1900년대 초에 뱌체슬라프 이바노프의 두 권의 선집이 출간되었다 : 『지도자 별(Кормчие звезды, 1903)』, 『산문성(Прозаичность, 1904)』이 그것이다. 시인은 1896년에 사귀게 된 솔로비요프(В.Соловьёв)의 사상과 그가 관심을 갖게 된 니체의 "음악의 정신(дух музыки)" 사상을 기초로 이 작품을 썼다. 이 책들 속에서 시인은 두 개의 세계에 대한 자신의 전임자들의 사상, 즉 지상의 세계는 단지 보이지 않는 천상의 세계, 중요한 것으로서의 신의 세계의 반영일 뿐이라는 사상을 발전시켰다. 시인은 이 두 세계를 연결하는 가장 훌륭한 수단으로 시인의 언어가 있다고 간주하였다. 이바노프는 다양한 어휘의 문체 - 뿌쉬낀 이전의 시(제르좌빈), 슬라브주의, 고어체 - 를 자신의 시에 도입함으로써 상징주의의 어휘를 더욱 풍부하게 하였다.

벨르이

그러나 이바노프에게 있어서 중요한 것은 "집단주의" 속에서 인간의 개인성을 극복하는 것이었다. 즉 전 세계의 종교적 공통성으로 사람들을 하나로 결합시키는 것이었다. 그렇기 때문에 그는 시인으로서가 아니라, 상징주의의 이론가로서 보다 더 중요한 역할을 하였다. (논문집『별들을 따라(По звездам, 1909)』, 『고랑과 경계(Борозды и межи, 1916)』)

벨르이의 운문(시선집 『푸른빛 속의 황금(Золото в лазури, 1904)』, 「재(Пепел, 1909)」와 「항아리(Урна, 1909)」)들과 그의 이론서(『초록색의 초원(Луг зелёный, 1910)』과 『상징주의(Символизм, 1910)』)는 솔로비요프(В.Соловьёв)의 시의 종교성에 대한 사상과 쇼펜하우어와 니체의 철학적 서정시의 음악성에 대한 사상을 발전시키고 있는데, 이것은 음악이 세상의 신

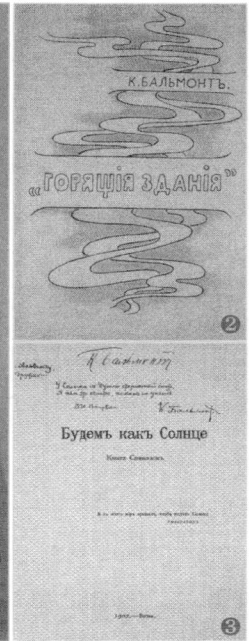

❶ 발몬뜨
❷ 불타는 건물
❸ 태양처럼 존재하자
❹ 불새

적 존재에 대한 인식의 가장 훌륭한 수단이기 때문이다 : "음악은 항성의 공간과 어느 정도의 시간을 능가한다."(『상징주의(Символизм)』). 벨르이의 초기 시적 세계는 기쁨에 넘치고 밝고 빛나는 근원(根源) (『푸른빛 속의 황금(Золото в лазури)』)을 보여주었으며, 점차적으로 조금씩 더 음울해졌지만, 훨씬 더 사실적이 되었다(『재(Пепел)』, 『항아리(Урна)』).

1900년대 발몬뜨의 예술 세계는 그의 시집 『불타는 건물. 현대 영혼의 서정시(Горящие здания. Лирика современной души, 1900)』, 『태양처럼 존재하자. 상징의 책(Будем как солнце. Книга символов, 1902)』, 『오직 사랑뿐. 7색 화단(Только любовь. Семицветник, 1903)』, 『미의 의식. 자연의 찬가(Литургия красоты. Стихийные гимны, 1905)』 등에서 가장 선명하고 밝게 잘 나타나 있다.

이 세계의 본질과 외형은 시인의 전 창작 기간(1890년대부터 1930년대까지)동안 거의 변하지 않은 채 남아 있었다. 발몬뜨는 이교적(異敎的)이고, 그리스도교적인 신화들을 통해서 우주에 대한 지식을 얻었다 : ("기독교 신앙 속에서도 나는/ 자신의 이교성을 보존한다(Я в Христовой вере / Своё язычество храню)") 즉 그는 책과 수차례의 세계 여행, 자신의 시적 영혼의 중요한 인식 그리고 세상에 대한 환상적인 관념을 통해서 해박하고 방대한 양의 지식을 축적했다.

발몬뜨의 세계관을 구성하고 있는 것은 "네 개의 전제적(專制的)인 자연재해이다 : 대지, 불, 대기, 물" (<단지 악마들, 천재들, 사람들... (Лишь демоны, да гении, да люди...)>), 이러한 자연재해들의 각각에 헌사한 특별한 연작시와 다른 많은 시들에서 시인은 이것들을 찬양하고 있다 :

> 아름다운 결합들이 빛났고,
> 초록의 유성은 매혹적이었으며,
> 그곳에서 인간은 자신의 첫 순간을 체험하였다.
> 대기에는 수많은 공기와 빛이 있고,
> 그리고 매일, 일정한 시간에,
> 지구는 루비 빛의 불로 치장되었다.
>
> <단념(Отречение)>

> 어찌 황금이 빛나는 것을 사랑하지 않으랴,
> 지구의 초현실적인 바람인 것을.
> 아, 영원하고, 고상하고, 신성한,
> 나의 부드러운 시구의 화음에 주의를 기울여라!
>
> <"태양에의 찬가(Гимн Солнцу)" -
> "아, 그래야만 하는 것처럼, 이 아침은 있었다...
> (О, как, должно быть, было это утро...)">

대양, 나의 태고적 조상,

너는 천년의 꿈을 수호하고 있다.
밝은 미명, 삶의 원천, 복수자,
수중의, 떠나가는 수평선 깊은 곳을!
  <대양에 대한 호소(Воззвание к океану)>

이러한 예를 더 인용할 수 있지만, 그러나 중요한 것은 이 모든 자연 재해들이 발몬뜨의 시학적 세계에 결합되었다는 것이다. 사람들은 이런 네 가지 재해에 대해 잊어 버렸고, 따라서 시인은 이것들을 사람들에게 상기시키고 있다 :

사람들이 태양을 좋아하지 않는데, 그들을 태양에게 되돌려야만 한다,
그들은 달빛을 잊었고, 은하수를 잃었다.

물-왕의 왕위를 빼앗았고, 불을 거부하면서,
모든 자연과 밤의 성(城)과 낮의 축제를 바꾸었다.

자신의 생각의 감옥에서, 분묘-건물, 묘지-언어의 결합에서,

수와 영원함과 혹성의 운행에 대해서도 잊었다.

그러나 천상에서 황금 저울대가 흔들거렸고,
하늘의 의미, 별의 수가, 솟구쳐 올라, 여기 단어들에서 빛난다.
  <사람들이 태양을 싫어하게 되었다...(Люди солнце разлюбили..)>

게다가 이것은 침체된 세계가 아니라 변화하는 세계이다 : "...많은 우주적인 것이 있고... 그것들이 많이 있었고... 새롭게 또 새롭게 있을 것이다 : 다시 붕괴된다."(<세계의 감옥(Мировая тюрьма)>). 시인은 무한한 것 - "새로운 깊은 공간의 무한성", "세계의 끝없는 심연" - 을 수용하려고 노력하였고, "왜 세계는 이 세상 별의 명예와 함께 / 죽음의 무도회로 질주하는가?(Зачем миры с их славой звездной, / Несутся в пляске гробовой?)"를 이해하려고 노력하였다 (<그러나 범죄의 야만적 무서움이...(Но дикий ужас преступленья...)>).

이 모든 발몬뜨적 세계의 극단성과 무한성을 신(神) – "모든 것의 창조자", "우주의 천재", "보이지 않는", "들리지 않는", "유일한", 영생의 – 이 확인해 주고 있다: "신은 있다 – 비록 사람들에게 이해되지 않더라도!(Есть Бог - хоть это людям непонятно!)" (<기쁜 유언(Радостный завет)>). 발몬뜨의 생각에 따르면, 신은 "쌍방향의 유일성" (<"인식, 힘과 토대(Сознанье, Сила и Основа)">)에 빛과 어둠, 태양과 달, 하늘과 땅, 그리스도와 악마, 선과 악을 결합시키고 있다.

"신의 대리인"으로서, 지상에 있는 "영원한 힘의 중심"에, 신인(神人)이 있고, 자기의 것으로서 "모든 영원성을 수용하는" "변하지 않는 세계관을 가진" "무한성의 자연 재해의 천재"인 시인이 있다.

나는 시간을 적시는 광활한 공간에 혼자인데,
누구도, 신을 제외한, 그 누구도 나에게 말을 걸지 않는다.
<"나는 영원히 흰색의 옷을 입는 나라에 있다...
(Я - в стране, что вечно в белое одета...)>

아! 그래, 나는 선택된 자, 나는 현명한 자, 임명된 자,
태양의 아들인 나는 – 시인이고, 이성의 아들인 나는 – 왕이다.
<선택된 자(Избранный)>

그 안에는 발몬뜨에 의해 분리되고 찬양되는 우주의 네 개의 모든 자연 재해가 혼재해 있고, 세계의 모든 모순이 있다.

나는 죽은 것들 사이에서 – 떨어지는 유성.
<불(Огонь)>

지구, 나는 지상의 것이 아니지만, 나는 너와 함께 묶였다...
...........................
초록의 지구, 나는 너의 것이나, 나는 대기의 것이다
<지구(Земля)>

나는 너, 악마를, 사랑하고, 나는 당신, 신을 사랑한다...
하지만 당신들 둘은 위대하고, 당신들은 미의 환희이다.
<신과 악마(Бог и дьявол)>

이 모든 것이 시인의 영혼 - "모든 신의 사원" - 에 함께 혼재되어 있다 : "그 안의 모든 것은 무한한 전일성으로 결합된다 ... (Всё в ней слилось в бесконечную цельность...)" (<영혼 안에는 모든 것이 있다(В душах есть все)>).

시인은 또한 단어와 시에서 삶의 순간들을 확인하고 있다 :

나는 다른 이들에게 유용한 현명함을 모른다,
나는 단지 시행에서 찰라들을 포착할 뿐이다.

각각의 찰라에서 나는 세계를 보고,
변화하는 무지개의 완벽한 놀이를 본다.
<나는 다른 이들에게 유용한 현명함을 모른다
(Я не знаю мудрости, годной для других...)>

발몬뜨는 이런 순간("나는 1년을 순간이라고 생각한다(год я считаю за миг)")으로부터 자신의 시적인 세계, 현실 세계와 유사하지만, 그것과는 구별되는 세계를 창조한다. 시인의 예술 세계에는 "세 개의 척도가 아니라, 염원이 있는 만큼의 꿈이 있다(не три измерения, / А столько же, сколько есть снов у мечты)"(<그래 맞아 그리고 아니야(И да и нет)>) :

나는 강력한 매듭의 실을 묶어서, -
선과 아름다움(美), 사랑과 악의 힘을,
구원과 죄악, 변심과 영원함을
나의 빛나는 덧없음 속에 넣어둔다.

<매듭(Узел)>

발몬뜨는 <태양에의 찬가(Гимн Солнцу)>를 노래하였고, "인간에게는 악마보다는, 그리스도와 더 많은 공통점(У Человека больше сходства // С Христом, чем Дьяволом)"을 가지고 있으며, "화창한 부활절 축일에는 // 모든 세상이 무한의 세계로 들어갈 것!(В яркий праздник Воскресенья // Весь мир войдёт в безмерный Свет!)"을 믿었다 (<결론들 중의 하나(Один из итогов)>).

브류소프(В.Брюсов)의 시 세계는 1900년대의 블록, 뱌체슬라프 이바노프, 벨르이의 시와는 확실히 구분될 정도로 이성적이다.(시선집『세 번째 경비병(Tertia Vigilia, 1900)』,『도시와 세계에게(Urbi et Orbi, 1903)』,『화관(Stephanos, 1906)』과『모든 것은 노래되었다(Все напевы, 1909)』). 그의 시 세계는 신비스러움과는 거리가 멀었다. 그의 시는 솔로비요프의 전통에 의존하는 것이 아니라, 뿌쉬낀, 쮸쩨프와 벨기에 시인 베르하른의 전통에 기반을 두었다. 그는 고대 그리스 시풍을 따르는 도시적인 사랑의 서정시에서 강한 인물들을 묘사하였는데, 이것은 1900년대에 활동하던 시인들과는 대비되는 특징이었다. 이 시기에 그는 시의 대가로서 인정받았다.

1910년대에 실제 현실의 영향으로 인해 예술 방식과 문학적 경향으로서의 토대를 갖추었던 상징주의는 자신의 역량을 다 소진해 버린다. 어떤 상징주의자들은 자체적인 반복을 시작하였다. 발몬뜨는 자신의 시선집『새벽 노을(Зарево зорь, 1912)』,『물푸레 나무. 나무의 환상(Ясень. Видение дерева, 1916)』,『태양과 하늘과 달의 소네트(Сонеты Солнца,

Неба и Луны, 1917)』등에서 이미 독자들에게 잘 알려진 이미지들을 계속해서 사용하였다. 동시에 그의 시에서는 자신의 창작의 근원이었던 태양이 아니라 달의 모티브인 슬픔과 고통, 죽음의 모티브가 점차 강화되었다. 자신의 창작의 절정기에 도달한 브류소프도 역시 이전의 모티브들을 다시 노래하였으며, 고독의 테마를 강화시켰다 : 시선집 『그늘의 거울(Зеркало теней, 1912)』, 『일곱 색깔 무지개(Семь цветов радуги, 1916)』, 『아홉번째 돌(Девятая камена, 1916-1917)』이 그 예이다. 뱌체슬라프 이바노프는 두 권의 선집 『Cor ardens[7], 1911-1912, 제1-2부』와 시집 『부드러운 비밀(Нежная тайна, 1913)』을 저술하였는데, 여기에는 그의 "집단주의" 사상의 발전이 보여진다. 이 상징주의 경향의 다른 시인들은 산문과 비평의 길을 걷게 된다(메레쥐꼽스끼, 기뻬우스, 벨르이 등이 그들이다).

이 문학 그룹으로 새로이 들어온 작가들은 자신의 창작의 태도를 바꾸고, 새로운 경향 - 즉 아끄메이즘을 만들었는데, 이 경향은 시의 "가장 아름다운 선명성"과 신사실주의와 신고전주의를 지향하였다. 아끄메이즘의 가장 유명한 대표자로는 구밀료프(Н.Гумилёв), 아흐마또바(А.Ахматова), 만젤쉬땀(О.Мандельштам), 호다세비치(В.Ходасевич), 이바노프(Г.Иванов), 볼로쉰(М.Волошин), 꾸즈민(М.

브류소프

『뜨거운 심장 (Cor ardens)』

『도시와 세계에게』

---

7) Cor ardens = горячее сердце, (뜨거운 심장/ 가슴).

(좌) 『돌(Камень, 1913)』
(중) 만젤쉬땀
(우) 호다세비치

Кузьмин), 아다모비치(Г.Адамович) 등이 있다. 새로운 경향의 기본적인 사상은 구밀료프의 논문 <상징주의와 아끄메이즘의 유산(Наследие символизма и акмеизма, 1913)>, 고로제쯔끼(С.Городецкий)의 <현대 러시아 시의 몇 가지 흐름(Некоторые течения в современной русской поэзии, 1913)>, 그리고 아끄메이스트들의 성명서와 창조 활동을 분석하여 비평한 쥐르문스끼(В.Жирмунский)의 <상징주의의 극복(Преодолевшие символизм, 1916)> 등에 분명하게 드러나 있다.

무엇보다도 영적이고 이념적이고 "천상"의 세계에 많은 관심을 기울였던 상징주의와는 달리, 아끄메이즘은 물질적이고 지상적인 세계를 묘사하였다. 상징주의자들에게 있어서 보다 중요한 것이 시의 음성적이고 음악적인 면이었다면, 아끄메이스트들에게 있어서 중요한 것은 묘사적인 면이었으며, 마법적인 것이 아니라 시인이라는 직업 그 자체였다. 아끄메이스트들은 상징의 시학적 세계에 사실주의적 흐름을 도입하였고, 그것을 지상으로 내려놓았으며, 그 흐름의 일상적인 아름다움과 평범함을 추구하였다.

아흐마또바(『저녁(Вечер, 1912)』, 『염주(Четки, 1914)』), 구밀료프(『낯선 하늘(Чужое небо, 1912)』, 『화살통(Колчан, 1916)』, 『모닥불(Костёр, 1918)』), 만젤쉬땀(『돌(Камень, 1913)』), 이바노프(『헛간(Горница, 1914)』, 『히드(진달래과 식물 : Вереск, 1914)』, 『정원들(Сады, 1921)』), 호다세비치(『행복한 오두막집(Счастливый домик, 1914)』, 『종자의 수단으로(Путём зерна, 1920)』, 『무거운 하프(Тяжёлая лира, 1922)』), 아다모비치(『구름(Облака, 1916)』, 『연옥(Чистилище, 1922)』), 꾸즈민(『가을의 호수들(Осенние озера, 1912)』, 『길안내자(Вожатый, 1918)』) 등이 매우 훌륭한 작품집들을 출판하였다. 이런 작품에서 시인들은 인간의 세상과 함께 하는 물질의 세계를 묘사하고 있다 :

『낯선 하늘(Чужое небо)』

>    나는 차가운 심장에
>    평범하고 견고한 사원을 세운다…
>    주의해 보세요: 찻잔 위의 증기를!
>    이 얼마나 아름다운 향(香)인가!
>                    (호다세비치. <앨범에서(В альбом)>)

>    감사하라 신들에게, 공주에게,
>    하늘의 선명함에 대해, 물의 푸르름에 대해,
>    태양이 매일매일
>    자신의 주기를 완성하는 것에…
>                    (호다세비치. <유언(Завет)>)

>    그렇게 모든 것인 자연은,
>    영혼이 자신을 인정하지 않자,
>    달콤한 꿀 향기를 가진 빛이
>    향기로써 소택을 휘젓는다…
>                    (구밀료프. <자연(Природа)>)

화해하라, 심장에 대해 투덜대지 마라:
순종적인 돌은 애써 알려하지 않는다,
투석기로부터 그가 어디로 날아가는지를,
그리고 봄날의 눈도 생각 없이 태평하게 녹는다.
화살촉은 묻지 않는다. 왜 그를 독으로
취하게 하지 않는지를;
나의 심장에게는 숨겨져 있다
나의 바람인지, 너의 바람인지도.
　　　　　(꾸즈민. <화해하라, 심장에 대해 투덜대지 마라
　　　　　　　　(Смирись, о сердце, не ропщи)>)

아끄메이즘과 동시에 흘레브니꼬프(В.Хлебников), 마야꼽스끼(В.Маяковский), 빠스쩨르나끄(Б.Пастернак), 세베랴닌(И.Северянин), 쉐르쉐네비치(В.Шершеневич) 등과 같은 가장 뛰어난 시인들이 주도하는 네

(좌) 흘레브니꼬프
(우) 마야꼽스끼

번째 그룹인 미래주의가 러시아 문단에 출현하였다. 미래주의는 단어와 단어의 깊이에 각별한 주의를 기울였다. 만약 미래주의가 소리에 대한 초이성적인 단어의 분해에까지 도달했고, 바로 그 초이성어로 시를 이끌었다면, 흘레브니꼬프, 마야꼽스끼, 빠스쩨르나끄는 이것을 통해서 새로운 예술적 개방과 성과물로써 러시아와 세계의 운문을 더욱 풍부하게 하였다.

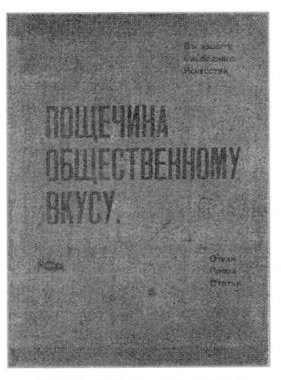

<대중의 취향에 따귀 때리기>

미래주의자들의 최초의 이론적 작업으로는 집단적 공동 선언서인 <대중의 취향에 따귀 때리기(Пощёчина общественному вкусу, 1912)>와 흘레브니꼬프와 끄루쵸늑(А.Кручёный)의 공동 선언서 <말 그 자체(Слово как таковое, 1913)>, 끄루쵸늑의 논문 <말의 새로운 여정(Новые пути слова, 1913)>과 <우리의 토대(Наша основа, 1919)>, <동시대 시에 대하여(О современной поэзии, 1920)> 그리고 마야꼽스끼의 <가장 최근의 러시아 시에 대하여(О новейшей русской поэзии)> 등이 있다. 여기에서는 시와 시학적 언어, 즉 "자존적인 언어"에 대한 새로운 접근이 선언되었다. 미래주의자들은 언어의 심연에 스며들려고 노력하였고, 그것의 깊이와 무한함을 이해하려고 애썼으며, 그 첫 번째 복안으로 내면적인 언어의 형태와 그것의 음성, 형태론, 어원, 신화학을 사용하였다 : "우리는 단어들에 그것이 가진 형태적 음성적 특성에 따라 내용을 첨가하게 되었다." 그리하여 흘레브니꼬프는 "웃음(смех)"이라는 하나의 어간에 모두 14개의 접두사를 붙여서 웃음을 야기하는 완벽한 시 <웃음의 맹세(Заклятие смехом)>를 창작하였다.

О, рассмейтесь, смехачи!
О, засмейтесь, смехачи!
Что смеются смехами, что смеянствуют смеяльно,
О, засмейтесь усмеяльно!
О, рассмешищь надсмеяльных-смех усмейных смехачей!

О, **ис**смейся **рас**смеяльно смех **над**смейных смеячей!
Смейво, смейво,
У**с**мей, **о**смей, смешики, смешики,
Смеюнчики, смеюнчики.
О, **рас**смейтесь, смехачи!
О, **за**смкйтесь, смехачи!    (접두사 부분의 진한 글씨는 편저자)

마야꼽스끼는 다음과 같이 쓰고 있다 : "홀레브니꼬프에게 있어서 단어는 감정과 사고의 물질을 조성해 내는 독자적인 힘이다. 명칭이 사물과 상응할 때, 여기에서 어근으로, 단어의 원천으로, 시간으로의 심오한 고찰이 이루어진다... 홀레브니꼬프는 단어의 완전한 '순환적인 체계'를 완성하였다. 충분히 발전되지 않고 이해되지 않는 형태를 가진 단어를 취하여, 그것을 충분히 발전된 단어와 대조하면서, 그는 새로운 단어 출현의 필연성과 불가피성을 증명하였다."

흘레브니꼬프는 신조어를 만들었을 뿐만 아니라 러시아와 다른 슬라브 언어들의 모든 풍성함을 폭넓게 이용하였고, 어근 영역을 뒤섞지 않으면서, "모든 슬라브 단어들에서 하나에 다른 하나를 변형시키는 마술 같은 보석을 찾기를 원했다 - 자유롭게 슬라브 단어들을 녹이고 싶어했다..." 이런 점에서 흘레브니꼬프는 1907년 다음과 같은 글을 쓴 뱌체슬라프 이바노프와 일치한다 : "현대 언어의 깊은 곳을 지나서, 우리의 언어이자 시의 언어는 반드시 성장해야만 하는데, 이것은 모든 슬라브 언어의 성량이 풍부한 숲을 울리기 위한 하층 민중어의 하층 어근으로부터 이미 자라고 있다." 그러나 홀레브니꼬프는 여기서 멈추지 않았다. 그는 가장 보편적인 "별의 언어"를 만들기를 원했다.

시인은 단어의 심오한 의미가 그 첫 소리로 결정된다고 생각했다. 예를 들면 "만약 첫 번째 소리가 'ч'로 시작하는 모든 단어(чаша, череп, чан, чулок 등)를 모으면, 나머지 다른 모든 소리는 서로 서로를 단절시키게 되고, 이들 단어가 가지고 있는 일반적 의미는, 'ч'의 의미로서만 존재한다는 것이다. 이 단어들을 'ч'와 비교하면서, 우리는 그것들이 다른 껍데기 안에 들어있는 하나의 몸체를 의미한다는 것을 보고 있다 ; 'ч'는 껍데기를 의미한다." 이와 같이 단어 이미지뿐만이 아니라, 소리 이미지와 문자 이미지를 생성시키고 있다.

미래주의자들은 소리, 단어, 이미지, 시행의 결합과 시의 전반적인 통사론에 중요한 의미를 부여하였다. 흘레브니꼬프의 시에서는 신조어와 고어가 결합되고, 언어의 유희가 사용된다 : "Легли, развиты, шкурой мамонта - // Шкуро и Мамонтов8)." 시인의 시의 몇몇 행들은 처음과 같이 끝에서도 동일하게 읽을 수 있다9)(아래 인용된 시처럼) - 의미도 또한 마찬가지이다.

흘레브니꼬프

    Кони, топот, инок,
      Но не речь, а черен он.

흘레브니꼬프는 모든 언어와 단어의 풍부함을 삶과 시간, 그리고 공간 법칙의 심오한 본질을 표현하는데 사용하였으며, 그것의 과거와 현재, 미래의 일치상태에서 전 우주의 심오한 존재를 표현하기 위해 사용하였다. 그의 철학적 시학 체계의 단어는 유의미한 미학적 체계의 의미들 속에서 단순히 문화적 전통을 전달하는 수단이 되는 것을 거부하였다. 따라서 그의 시어는 고유의 의

---

8) 러시아인의 성(性)
9) 이런 시를 회문(回文, палиндром)이라 한다. 회문은 유희적 언어예술의 형태로서 'топот', 'казак', 'шалаш' 등과 같은 단어의 형태로 잘 알려져 왔다. 따라서 진지한 의미나 사상을 함유하는 시를 회문의 형태로 구성하는 것은 매우 힘든 작업이다.

미와 자기 가치의 감정적 사실 또는 사물이 되며, 그로 인한 결과는 우주 공간의 한 부분이 되기도 한다. 바로 이런 방식으로, 언어에 의해 고정되고, 공간적인 부분 안에서 변형된 시간을 통해서 "시간과 공간"이라는 미지의 철학적 일치가 실현된다.

흘레브니꼬프는 우주의 무한함을 반영하는 자신의 복잡한 예술 세계를 창조하기 위해 단어, 구비문학, 다양한 민족들의 신화 등을 사용하였고, 또한 수(數)와 자연과학(수학, 천문학, 물리학) 등을 사용하였으며, "인류의 실마리를 해명"하기 위해 노력하면서, 과거뿐만 아니라 미래의 "시간의 법칙"을 밝히려고 시도하였다(그렇게 나는 시간의 법칙을 밝히는 세기(世紀)로 떠날 것이다). 시인은 상징주의자들이 했던 것처럼 다양한 민족들의 신화를 이용했을 뿐만 아니라 피타고라스, 라이프니찌, 로바쳅스끼, 표도로프 등의 교리에 기초하여 자신의 신화학, 우주학, 미래학을 창조하였다. 그는 인류의 원시적인 전일성으로부터 벗어나, 유물론 철학과 마찬가지로 종교 철학을 비판하였다. 흘레브니꼬프는 자연과 함께 하는 종교의 유일성으로부터도 벗어나려 하면서, 이런 믿음들을 대신하는 "수(число)"(신앙을 대체하는 수가 작동하고 있다)에 기초해서 "인류 속에서 믿음을 갖는 인류에 관한" 새로운 가르침을 창조하였고, 자신의 창조 활동으로서 파괴된 세계의 조화의 법칙을 새로이 복구하여 사람들에게 도움이 되기를 원했다 : "운명의 빛들이 노출되는 것에 따라서 국가와 민중들의 개념은 사라지게 되고, 유일한 인류만이 남게 되며, 인류의 모든 점들은 합법적으로 연계된다." 시인의 모든 창작은 표도로프(Н.Федоров) 사상의 영향을 받아 죽음에 대한 인간의 승리라는 생각이 전반적으로 두드러지게 되었다. 먼 훗날 죽은 이들의 부활에 관한 표도로프의 이런 사상은 마야꼽스끼의 작품 속에도 반영되었다(서사시 <이것에 대해서(Про это)>). 러시아에서는 1905년부터 시작하여, 대략 매 12년마다 한 번씩 나라의 근본적인 변화를 이

끄는 중요한 사건들이 일어나고 있다고 시인은 말했는데, 1917년, 1941년, 1953년 등을 예로서 열거하였다.

세계의 전일성에 대한 흘레브니꼬프의 이념은 단편들 – 혼히 말하기를 미완성의 다변이형적인 – 로 구성된 그의 수많은 형태의 창작과 서사시, 희곡 그리고 지금까지도 한데 묶여진 적이 없는 메모들에 정의되어 있다. 그의 모든 작품은 시학적 이미지와 구체적이며 동시에 다양한 "이미지들의 연쇄 반응"의 관념적 결합의 방법으로 진행되고 있는 예술적 인식의 중단 없는 흐름이다.

마야꼽스끼, 빠스쩨르나끄, 만젤쉬땀, 쯔베따예바, 예세닌, 자볼로쯔끼 등은 자신들이 흘레브니꼬프의 영향을 크게 받았음을 감지했다.

자볼로쯔끼

1919년에 새로운 문학 흐름인 이미지주의(사상파, Имажинизм)가 출현하였다.(예세닌(С.Есенин), 마리엔고프(А.Мариенгоф), 쉬르쉬네비치(В.Шершеневич), 이브네프(Р.Ивнев) 등등이 그들이다. 그들은 하나의 완전한 시학적 이미지에 상징주의자들(상징)과 아끄메이스트들(물질), 미래주의자들(단어)의 성과들을 통합시키려고 노력했다. 이미지주의의 중요한 이론적 연구서로는 예세닌의 저작 『마리야의 열쇠(Ключи Марии, 1918)』와 『일상과 예술(Быт и искусство, 1921)』과 마리엔고프의 『부얀-섬, 이미지주의(Буян-остров. Имажинизм, 1920)』, 쉬르쉬네비치의 『2×2=5(1920)』 등이 있다. 하지만 10월 혁명과 그 뒤를 따랐던 사건들은 이 힘들었던 시기에 다른 많은 분야에서처럼 이와 같이 다양한 문학의 흐름에도 발전의 기회를 제공하지 않았다.

# 1917년 10월 이후 문학

(Литература после октября 1917 года)

러시아 문학을 소비에트와 해외 문학으로 나누는 발단이 되었던 1917년 10월 혁명은 "은세기(серебряный век)" 시에 있어서 커다란 파국이었다. 이후 내전과 망명이 이 분열을 더욱 강화시켰다. 이 시기 이후 모든 러시아 시에 있어서 "러시아와 혁명(Россия и революция)"은 가장 중요한 테마가 되었다.

### 러시아 해외(망명) 문학

외국으로 망명한 후 시인들은 혁명의 첫 날부터 자신들의 시와 논문, 일기와 편지들 속에서 볼셰비키들과 그들에 의해 조국에서 실행된 혁명을 신랄하게 저주하였다 :

> 거리의 험오스러운 미끄러움처럼,
> 얼마나 수치스런 것인가!
> 이렇게 믿기 어려운 날들을
> 산다는 것이 얼마나 치욕스러운가!
>
> (기뻐우스. <지금(Сейчас)>)

기뻐우스는 1917년 11월 9일 뻬쩨르부르그에서 이렇게 적었다. 1918년 4월 17일 모스크바에서 쯔베따예바는 그녀에게 답하듯이 이렇게 말했다 : "우리 시대를 사는 누구도 – 인간이 아니다(Не человек - кто в наши дни - живёт)."

혁명은 필요하지 않다!
그것의 산만한 전투
어떤 자에게는 상으로 포상을 한다.
어떤 자는 자유를 거래하려 한다.
　　　　　(호다세비치. <유혹(Искушение, 1921)>)

자유의 모티브는 "은세기" 거의 모든 러시아 시인들의 시를 통해 나타났다. 하지만 그들은 자유를 각기 다르게 이해했고, 여러 가지 유형의 자유를 보았다. 쯔베따예바는 1917년 5월에도 여전히 두 가지의 자유에 대해 말하고 있다:

쯔베따예바

- 자유! - 후작과 러시아 공작들의
아름다운 귀부인.
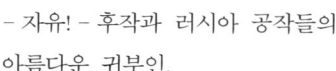
- 자유! - 광기 어린 병사의 가슴 위를
걸어 다니는 소녀!
<낡고 멋진 사원으로부터(Из старого, стройного храма...)>

첫 번째 것은 아름답고 추상적인 인텔리겐찌야의 자유에 대한 기대이고, 두 번째는 (뿌쉬낀이 『대위의 딸』에서 언급한 단어인) "무의미하고 가차 없이 잔혹한 러시아 폭동"에 따른 피의 살육 현장이다:

<블록에게 바치는 시들>

가장 엄한 명령이 민중에게 내려졌는데,
누구도 감히 불평할 수 없는 그런 것이었다.
모두 다 삽을 들어라! 자유를 위해!
비난하는 자에게는 총살형이 있을 것이다.

이것은 1919년에 기뻐우스가 쓴 <가을에(혁명으로의 구축)(Осенью (сгон на революцию))>라는 시의 일부이다. 그녀는 이보다 더 이른 시기인 1917년 10월 19일에 분노와 악의의 폭발을 강하게 내뿜기라도 하듯 소리 높여 외쳤다 : "성소(聖所)를 존중하지 않는 민중인, / 너희는 곧 몽둥이에 의해 낡은 마구간에 갇히게 될 것이다(Скоро в старый хлев ты будешь загнан палкой, / Народ, не уважающий святынь)" (<명랑함(Веселье)>). 쯔베따예바 역시 볼셰비키를 "붉은 짐승"이라고 명명하였고, 비록 자신을 "누더기"에 편입시켰을지라도, 민중을 "검은색의 천민"이라고 불렀다 (<부유한 자에 대한 칭송(Хвала богатым)>). 그러나 그녀는 볼셰비키들에게 현혹된 민중들의 방종을 보았다 :

짜르여, 신이시여! 용서하소서, 작은 자 -
약한 자 - 어리석은 자 - 죄를 지은 자 - 광기 있는 자를
무서운 폭탄 구덩이에 빠뜨려진 자,
유혹당한 자와 기만당한 자를...
    <10월 혁명 1주년 기념일(1-я годовщина Октября)>

쯔베따예바와 에프론

쯔베따예바의 남편 에프론(С.Я.Эфрон)은 백군의 장교였으며, 그녀가 그를 사랑했기 때문에("너는 사랑스런 이! 사랑스런 이! 사랑스런 이! 사랑스런 이!" - "나는 석판 칠판에 적었다..."), 소비에트 러시아에 머무르는 한 그녀는 항상 그의 운명을 걱정하지 않을 수 없었다. 시인은 1917-1920년에 훌륭한 연작시 <백조의 몸통(Лебединый стан)>을 썼다. "백군의 행진, 너는 자신의 연대기 편자를 찾았다(Белый поход - ты нашёл своего летописца)" (<나는 넓은 돈강의 물에게 물어볼 것이다...(Буду выспрашивать воды широкого Дона...)>)라고 쯔베따예바는 강조했었다. 그러나 그녀는 내전에서의 죽음은 백군이든 적군이든 모두에게 동등하다고 생각했다 :

모두가 나란히 누워 있다 -
경계를 나누지 말아라.
둘러보자 : 병사다.
어디가 아군이고, 어디가 적군인가?

백군이 있었고 - 적군이 되었다:
피가 진홍빛으로 물들었다.
적군이 있었고 - 백군이 되었다:
죽음이 승리하였다.
<아, 너는 나의 버섯, 작은 버섯, 백색 버섯
(Ох, грибок ты мой, грибочек, белый груздь!...)>

아다모비치는 『주석(Комментарии, Washington, 1967)』이라는 책에서 1917년 러시아 혁명을 고찰하면서 다음과 같이 적고 있다 : "150년 전에 까람진은 프랑스 혁명의 직접적인 인상을 가지고서 지금까지도 우리 앞에 제기되고 있는 문제에 대해 깊이 반성하도록 하고 있다 : 어떻게 역사에서 이념과 유익한 원칙들이 전대미문의 두려움을 야기시키는 일이 일어날 수 있는가? 무엇이 문제인가? 이것이 우연일까? 비평가는 이 문제에 답하면서, 1917년 2월 혁명이 자유의 깃발 아래에서 진행되었다면, 10월 혁명은 평등이라는 슬로건("약탈당한 것을 강탈하라!") 아래에서 이루어졌다고 생각했다. 여기에서 비로소 두 혁명은 구별된다. 아다모비치는 계속해서 자유와 평등은 단지 힘으로만 획득할 수 있는 것이고, 그렇기 때문에 자유와 평등을 향한 노력은 불가피하게 행위와 행동, 더 나아가서는 각각의 분리된 개인들의 생각에 대해서도 통제를 하는 것이라고 고찰하였다. 바로 이런 이유 때문에 인텔리겐찌야와 모든 민중에 대한 볼셰비키의 탄압이 시작되었다고 그는 간주했다.

1920년대 초 기삐우스와 메레쥐꼽스끼(1920), 발몬뜨(1920), 쯔베따예바(1922), 호다세비치(1922), 게오르기 이바노프(1922), 아다모비치(1924), 뱌체슬라프 이바노프(1924) 등과 그 외의 지명도가 상대적으로 낮은 몇몇 시인들이 해외로 망명하였다. 그들 모두는 해외에서 자유롭게 창작할 수 있는 가능성을 찾았지만, 물질적 삶은 힘들었고 조국에 대한 그리움이 그들을 괴롭혔다.

기삐우스는 이전처럼 볼셰비키를 증오했으나, 여전히 러시아를 생각했고("나의 고향 땅이여, 무엇을 위해서 너를 파멸시켰을까?(Родная моя земля, За что тебя погубили?)") - (<무엇을 위해?(За что?, 1936)>), 그리고 조국에서 살기를 염원했다.

> 하느님, 볼 수 있게 해주세요!
> 나는 한 밤중에 기도합니다.
> 나의 조국 러시아를 한 번 더
> 볼 수 있게 해주세요.
> <하느님, 볼 수 있게 해주세요!..(Господи, дай увидеть!)>

"생기 없는 환영들 사이에서 조국을 잃어버린(Лишенный родины, меж призраков бездушных)"(<북(Набат)>) 발몬뜨는 러시아를 그리워했다. 망명 시기에 출판되었던 모든 시집에는 조국에 대한 시인의 사랑이 넘쳐나 있다 : "파리에서는 나에게 아무것도 필요하지 않다, // 나에게 오직 한 단어만이 필요하다 : 모스크바(И мне в Париже ничего не надо, // Одно лишь слово нужно мне : Москва)"(<단지(Только)>) ; "나는 조국의 국경으로 // 뛰어가고 싶지만, 하지만 적대적인 마법을 끊지는 않는다(И я к родному краю // Рвусь, но не порвать враждебных чар)" (<자정을 알린다. 온 세상에 나 혼자이다(Полночь бьёт. Один я в целом мире...)>); "모두가 해양의 길을 통과하고, // 모든 육로가 번성한 날에, // 나는 다시는 더 부드러운 것을 찾지 않으리, // 러시아라는 이름으로 불려지는 것 보다.(И все пройдя пути морские, // И все земные царства дней, // Я снова не найду нежней, // Чем имя звучное, Россия)" (<그녀(Она)>); "그러나 나는 단 하나를 위해 모든 것을 받아들일 준비가 되었다, - 나의 누이이자 어머니! 나의 아내! 러시아여!(Но только за одну я все принять готов, - Сестра моя и мать! Жена моя! Россия!)" (<나(Я)>); "안녕, 나의 사랑, 러시아!.. 나는 너의 노예이다, 러시아여!(Привет тебе, моя любовь, Россия!.. я твой раб, Россия!)" (<나의 사랑(Моя любовь)>).

평론으로 활동무대를 옮긴 호다세비치는 해외에서 많은 시를 쓰지는 않았지만, 마치 조국을 전혀 그리워하지 않는 것처럼 하면서도 조국에 대한 독창적인 시를 남겼다:

  러시아에게는 - 의붓자식, 그러면 폴란드에게는 -
  나 자신도 모른다, 내가 폴란드에게 누구인지.
  그러나 : 8권, 더 이상은 안 된다, -
  그 여덟 권 속에 모든 나의 조국이 있다.

  당신에게 - 속박 아래 목을 내어놓거나
  아니면 유형이나, 그리움 속에서 살 것이다.
  그리고 나는 나와함께 자신의 러시아를
  여행용 가방에 담아 가져간다.
     <나는 모스크바에서 태어났다. 나는 연기...
    (Я родился в Москве. Я дыма..., 1923)>

많은 망명자들이 이 시의 마지막 행들을 반복했다.

뱌체슬라프 이바노프는 이탈리아에서 『로마의 소네트들(Римские сонеты, 1925)』, 『로마의 일기(Римский дневник, 1943-1944)』라는 두 권의 시집을 출간하였으나 보다 많은 시간을 학문 활동에 할애하였다.

게오르기 이바노프(Г.Иванов)의 재능이 완벽하게 발휘된 것은 그가 자신의 가장 훌륭한 시집들을 외국에서 출판하면서부터였다 : 『장미(Розы, 1931)』, 『찌쩨루 섬으로의 출항(Отплытие на остров Цитеру, 1937)』, 『닮지 않은 초상화(Портрет без сходства, 1950)』, 『1943-1958 :

뱌체슬라프 이바노프의 ≪탑≫

시들(Стихи, 1958)』과 연작시 : <일기(Дневник, 1953-1957)>, <사후의 일기(Посмертный дневник, 1958-1961)> 등을 꼽을 수 있다. 그는 러시아 최고의 망명 시인이라고 불리웠다. 그의 가장 훌륭한 시들은 20세기 러시아의 가장 훌륭한 시들 중의 하나가 되었다.

시인은 작품을 통해 러시아와 자신이 살고 있으며, 많은 망명자들이 죽은 외국에 대한 자신의 모순적인 관심을 표현하였고, 러시아의 복잡한 이미지를 창조하였다. 시인은 시집 『장미들(Розы)』에서 다음과 같이 적고 있다.

> 러시아, "노동자-농민"의 러시아 -
> 어떻게 절망하지 않을 수 있으랴! -
> 너의 집시와 같은 행복이 시작되자마자,
> 보다시피 벌써 끝이 나는구나.

배고픈 마을들, 결실 없는 초원들...
너의 빙산은 녹아 움직이기 시작한다 -
너의 차가운 태양이 떠오르자마자,
보다시피 이미 고개를 숙이고 있다.
<러시아, "노동자-농민"의 러시아...
(Россия, Россия "рабоче-крестьянская."..)>

몇 년 후 시집 『찌쩨루 섬으로의 출항(Отплытие на остров Цитеру)』에서 조국은 그에게 머나 먼 신기루가 되어 버렸다: "러시아는 행복. 러시아는 빛. // 어쩌면 러시아는 아주 없는 것이다(Россия счастье. Россия свет. // А может быть, Россия вовсе нет)." "썩은 자유의 대기 안에서(затхлом воздухе свободы)" (<그렇게 사소한 일들에 매달리면서...(Так, занимаясь пустяками...)>) 살았었고, "내세의 왈츠 박자를 // 망명의 무도회에서(в вальсе загробном // На эмигрантском балу)" (<언젠가 당신이 예리했던 것처럼...(Как вы когда-то разборчивы были...)>) 타고 돌았다. 이바노프(Г.Иванов)는 연작시 <일기(Дневник)>에서 자신의 "믿을 수 없는 나라"와 파리를 이미 다른 식으로 바라보고 있다:

나는, 나는 언젠가 러시아와 작별을 고했었다
한 밤중에, 극지방의 노을을 맞이하면서,
둘러보지도 않았고, 성호를 긋지도 않았는데,
어떻게 이 황량한 유럽의 시골에
갑자기 나타나게 되었는지 눈치 채지도 못했다.
<백마가 마차 없이 어슬렁거린다...
(Белая лошадь бредёт без упряжки...)>

그의 시들은 좀 더 독살스러워졌으며 악의적이 되었다. 그의 대가(大家)로서의 재능도 성장하였으며, 리듬은 고전적인 음향을 극복하였

고, 서정시는 천재적이라 할 만큼 간결해졌다 :

좋다, 짜르가 없다는 것은,
좋다, 러시아가 없다는 것은,
좋다, 신이 없다는 것은.

오직 황금빛 노을만이,
오직 얼음의 별들만이,
오직 백 만년의 세월만이.

좋다 - 아무도 없다는 것이,
좋다 - 아무 것도 없다는 것이,
그렇게 검게, 그렇게 죽은 듯이,
더 죽은 듯이는 할 수 없고,
더 검게는 될 수 없다,

어느 누구도 우리를 도울 수 없고
도와줄 필요도 없다.

서정시는 풍자와 결합하였고, 그의 삶과 죽음에 대한 견해는 두려울 정도로까지 대담해졌고 진지해졌다 :

행복은 없고, 그리고 우리는 아이들이 아니다.
바로 이제는 선택을 해야만 한다 -
세상의 모든 이들처럼 살 것인지,
아니면 죽을 것인지.
&lt;열정? 만약에 열정이 없다면?...
(Страсть? А если нет и страсти?...)&gt;

시인은 지구상에 - 그에게 있어 현대의 러시아와 마찬가지로, 서구에도 - 생각하는 사람을 위한 행복이 존재하지 않는다고 생각했다. "...어디인가 - 아마도 은하계에서 - // 음, 우리는 행복할 것이다(Где-то - быть может, на звездах - // М Будем счастливы мы)"(<천국의 문은 무엇을 위한 것인가...(Для чего, как на двери небесного рая...)>). 게오르기 이바노프(Г.Иванов)의 서정시는 이전보다 훨씬 더 철학적이고 명상적이 되었다 :

> 러시아도 없고, 세계도 없으며,
> 사랑도 없고, 미움도 없으며 -
> 에테르(천상)의 푸른빛 왕국을 따라서
> 자유의 심장이 날고 있다.
> <순간에 눈을 감는다...(Закрываешь глаза на мгновенье...)>

그의 시는 매우 빈번하게 영원성과 지상, 별들의 하늘, 삶과 죽음, 사랑과 증오, 자유와 행복, 선과 악, 서정적 주인공 - 시인과 인간의 이미지들을 보여주고 있다 : "시인으로서 나는 죽지 않는다고 가정해보자, // 그에 반해서 인간으로서 나는 죽는다(Допустим, как поэт, я не умру, // Зато, как человек, я умираю)"(<운명의 장난. 선과 악의 장난...(Игра судьбы. Игра добра и зла...)>). "우리는 그때 다른 행성에서 살았다...(Мы жили тогда на планете другой...)"(<장미빛 바다 위에 달이 떠올랐다(Над розовым морем вставала луна...)>).

그의 작품 연구자 중 한 사람의 견해에 의하면, 이바노프는 말년의 시들에서, "그런 명백함을 가지고서 가장 극단적인 경계에 있는 인간의 상황을 우리에게 묘사해 주었고, 무(небытие)가 뒤이어 시작되는 그 지방의 풍경화를 그려 보여주고 있다" :

별의 영원성이 도래하고,
화강암은 먼지로 사방에 흩뿌려지며,
무한함, 하나의 무한함이
얼어붙는 세상에서 소리를 울린다.
..............................

이 음악이 세상에 용서를 구하며
그 삶은 결코 용서하지 않을 것이고,
이 음악은 죽어 가는 행복이
날아가는 길을 밝힐 것이다.

<이 달은 에테르를 따라 흘러간다
(Это месяц плывёт по Эфиру...)>

조국이 아닌 외국에서 창작활동을 해야만 했던 러시아 망명 시인들의 운명은 드라마틱했다. 그러나 가장 비극적이었던 것은 쯔베따예바의 운명이었다.

쯔베따예바

그녀는 어느 누구와도 유사하지 않았다. 인생과 창작에 있어서 그녀는 독립적이었으며 고독했다 : "혼자이다 - 모두로부터 - 모두를 위해 - 모두에 반대하여(Одна - из всех - за всех - противу всех)." 그녀는 독일, 프랑스, 체코 등에서 살았으며, 그녀가 살았던 모든 곳에서 그녀의 삶은 힘겨웠다. 망명자들은 그녀를 받아들이지 않았다. 이전처럼 그녀는 항상 혼자였다. 쯔베따예바는 이바스끄(Ю.Иваск)에게 이렇게 기술하고 있다, - "나는 1922년에 외국으로 떠나지만, 나의 독자들은 러시아에 남아있다. 나의 시들(1922-1933년)은 어느 곳으로도 가지 않는다. 망명 초기에는 흥분한 상태에서 작품을 출판할 수 있었으나, 이후 정신을 차린 뒤에 그들은 자신들의 것이 아님을 느끼고서 발행에서 제외하였다..."(1933).

외국에서 그녀는 주로 서사시(1914년부터 1936년까지 그녀는 전부해서 20여 편의 서사시를 썼다)와 시로 쓰여 진 희곡을 썼고, 1930년대에는 산문을 썼다(평론으로는 <시인과 시대(Поэт и время)>, <양심의 세계에서의 예술(Искусство при свете совести)>, <현대 러시아 서사시와 서정시(Эпос и лирика современной России)>, <역사와 함께 하는 시인과 역사를 도외시하는 시인들(Поэты с историей и поэты без истории)> 등이 있다). 해외 망명지에서 그녀의 시집도 출판되었다 : <프쉬케. 낭만주의(Психея. Романтика, 1923)>, <직업(Ремесло, 1923)>, <러시아 이후. 1922-1925(После России. 1922-1925), (1928)>가 그것이다. 쯔베따예바 서정시의 주요 테마는 사랑과 시, 러시아였다. 러시아 작가 사전은 그녀의 고유한 시적 이미지를 다음과 같이 정의하고 있다 : "표현성과 철학적 심오함, 심리주의와 신화학, 수없이 반복된 비극과 고독감의 예민성은 이 시기 쯔베따예바 시의 구별되는 주요한 특성이 되었다. 그녀가 그렇게 창조했던 작품들 대부분은 출판되지 않은 채로 남아있다."

남편과 딸의 뒤를 따라 1939년 쯔베따예바는 자신을 냉담하게 받아들이는 조국으로 아들과 함께 돌아왔다. 곧이어 전쟁이 시작되었고 남편과 딸이 체포되었다. 쯔베따예바는 자신에게 닥친 모든 불행들을 견딜 수가 없었다("나를 - 용서하세요, 견딜 수가 없어요(А меня - простите - не вынесла)"). 그리고 1941년 8월 31일 그녀는 목을 매고 죽었다. 죽음에 앞서 그녀는 아들에게 다음과 같이 썼다 : "나를 용서해라. 더 나빠질 수도 있다. 나는 너무나 아파서, 이미 내가 아니다. 나는 너를 미친 듯이 사랑한다. 내가 더 이상 살 수가 없는 것을 이해해라. 만약에 만나게 되면, 아버지와 알랴에게, 내가 그들을 마지막 순간까지 사랑했다고 전하고, 내가 궁지에 몰렸다는 것을 설명해라."

러시아 해외 문학의 "은세기" 시인들 중에서는 게오르기 이바노프와 아다모비치가 가장 오랫동안 시 창작활동을 하였다. 후자의 경우 실제로는 시를 많이 쓰지 않았다.

## 소비에트 러시아 문학

1917년 10월 혁명 후 소비에트 시기의 시에서는 "은세기" 시인들인 블록(1921년까지), 구밀료프(1921), 흘레브니꼬프(1922), 브류소프(1924), 예세닌(1925), 솔로구쁘(1927), 마야꼽스끼(1930), 볼로쉰(1932), 벨르이(1934), 꾸즈민(1936), 끌류예프(1937), 만젤쉬땀(1938), 쯔베따예바(1939-1941), 빠스쩨르나끄(1960), 아흐마또바(1966) 등이 계속해서 창작 활동을 하였다. 1917년 혁명 후 "은세기"에 러시아 시의 기반이자 가장 훌륭한 재능을 가진 시인들이 소비에트 러시아에 남아 있었다. 그들 모두 각자의 방식으로 다양하게 10월 혁명을 받아들였지만, 내전의 공포는 심지어 그들의 시적 상상력에도 커다란 충격을 주었다.

볼로쉰에 의해서 이들 사이의 내전이 솔직하면서도 객관적으로 기술되었다. 그는 1925년『자서전(Автобиография)』에 다음과 같이 기술하고 있다 : "나는 1917년 봄에 크림(Крым)으로 돌아가서, 더 이상 그곳을 떠나지 않았으며, 어느 누구로부터도 구원받지 못하였고, 어디로도 망명을 가지 않았다. 그리고 내전의 모든 파도와 정권 교체는 내 머리 위에서 이루어졌다." 그는 중립성을 자신의 중요한 장점이라고 여겼다("당의 정신은 나에게 혐오스러웠다") : "나는 공평하게 혁명과 반동과 공산주의와 독재를 환영하였다…"라고 적고 있다. 볼로쉰은, 자신이 정치인이 아니라 시인이라고 강조했다 : "나에게 시는 실현되어진 사건들에 대한 생각을 표현하

볼로쉰

는 유일한 가능성으로 남아 있었다... ." 볼로쉰이 생각했던 것처럼, 그러한 태도가 시인 자신이 관찰했던 사건들을 시를 통해서 객관적으로 조명하는 가능성을 제공해 주었다 : "나에게는 백군과 적군이 똑같이 좋아할 만한 혁명에 관한 시가 있다... 극도로 무질서한 순간에 가장 논란이 되는 것과 현대에 대하여 언급하면서, 나는 이쪽도 저쪽도 받아들일 수 있는 그런 단어와 그런 전망을 찾는 작업에 성공하였던 것이다."

시인은 1917년 사건을 러시아 역사의 최고 정점으로 평가했다. 그는 <십자가에 못 박힌 러시아(Россия распятая, 1918-1920)>라는 자신의 강연에서 이 나라에서 독재는 민중의 군대보다 훨씬 더 혁명적이었다고 언급하고 있다. 모든 혁명적 전환과 개혁은 위로부터 진행되었다. 통치자들(이반 뇌제, 뾰뜨르 대제 등)은 "행정적인 방식으로 러시아를 몇 백 년 앞으로 급속히 이동시키려고 노력"하였으며, 이를 위해 가장 잔인한 강제적 수단들을 사용하였다. 바로 이것이 서사시 <러시아(Россия)>에서 뾰뜨르 대제의 모습이 볼셰비키의 이미지로 그려졌던 이유이다.

> 러시아를 급속히 발전시키려는 생각을 가졌던,
> 뾰뜨르 대제는 최초의 볼셰비키로,
> 변화와 풍습을 거스르면서,
> 수백 년을 지나 러시아의 먼 미래로 갔다.
> 그도, 우리처럼, 다른 길을 알지 못했다,
> 명령과 처형과 고문실 이 외에도
> 땅 위의 진실을 실행하는 수단이 있다는 것을.

1917년 10월 혁명에 대해 말하면서, 볼로쉰은 볼셰비키가 그와 같은 방식으로 행동하였다는 사실을 강조하였다 : "하지만 그들의 의지와는 반대로, 볼셰비키는 자신들의 고유한 이념과 프로그램에 반대된다 하더라도 창조적인 작업에 대해서만은 수용하였고, 그들의 진보는 독재가 남겨 놓은 흔적들과 부합하였으며, 그들이 세워놓은 새로운 장벽들 역시 전복된 제정 시대의 파괴된 장벽들과 함께 할 때만 합치되었다.

> 대표자들 속에는 - 독재의 영혼이,
> 혁명의 폭발들은 - 짜르들 속에.
> <북동(Северовосток, 1920)>

볼셰비키에게 있어서 혁명적인 방식들은, 독재자들이 사용했던 수단인 강제, 폭력, 테러와 동일한 것들을 사용하는 것이었다.

볼로쉰은 내전의 시기에 적군과 백군 사이에 차이를 두지 않은 시 <내란(Усобица)>(테러에 관한 연작시)을 썼다.

> 이 사람들과 다른 사람들에게서 전쟁은
> 분노와 탐욕과 음울한 방탕의 격분을 일게 하였다.
> ..........................
> 대열들 사이의 여기저기에서
> 바로 하나의 같은 그 목소리가 울린다:
> "우리를 지지하지 않는 자는, 우리를 반대하는 자이다!
> 어디에도 속하지 않은 자는 없다! 진실은 - 우리와 함께 한다!"
> <내전(Гражданская война, 1919)>

시인은 동족상잔의 무시무시한 피비릿내 가득한 정경을 묘사하고 있다: "겨울에 길을 따라 시체들이 뒹굴고 있다 / 사람과 말들 그리고 개의 무리들 / 그것들의 배는 먹혀졌거나, 고기들이 찢겨져 있다 … (Зимою вдоль дорог валялись трупы / Людей и лошадей, и сати псов / Въедались им в живот и рвали мясо...)" (<붉은 부활절(Красная пасха, 1921)>).

> 땅으로부터 빵이 나오고, 사람들로부터 기아가 오고:
> 총살당한 자들로 종자가 뿌려졌다; 싹들은
> 묘지의 십자가들에 의해서 자랐다:
> 땅의 다른 새싹들은 자라지 않았다.
> ..............................
> 양고기가 팔렸다 - 300에
> 그리고 인육은 40정도에.
> 영혼은 오래 전에 이미 고기보다 싸졌다.
> 아이를 참살하는 어머니들,
> 저장용으로 절이고 있다. "자기가 낳아서 -
> 자신이 먹는다. 아직도 다른 아이들을 낳는다."
>
> <기아(Голод, 1923)>

볼로쉰은 최고의 방식과 노력으로 "적군과 백군이 러시아를 ... 폭파시킨다"고 생각했다(<러시아(Россия)>). 적군과 백군이 형제이고, 한 어머니에게서 태어난 아이들인 만큼, 시인은 강연에서 종교적-역사적인 원인들로 그들의 반목을 설명했다: "형제애에 대한 가장 최초의 기본적인 표시 - 그것은 카인과 아벨의 형제애이다. 형제 살해는 형제애의 본질 속에 놓여 있는데, 신에 대한 질투와 자신의 진실에 대한 선망의 결과로 나타난 것이다." 적군과 백군에게 있어서 러시아-어머니는 신이자 진리였다. 볼로쉰은 이렇게 생각했다: "내전 시기에 시인의 기도는 백군을 위한 것일 수도 적군을 위한 것일 수도 있다. 같은 어머니의 아이들이 서로가 서로를 죽이려 할 때, 형제들 중의 한 명과 함께 있는 것이 아니라 어머니와 함께 있어야 할 필요가 있다. 소비에트 러시아나 망명지나 할 것 없이 많은 러시아 시인들은 여러 해가 지난 뒤에서야 이 진리를 깨달았다. 내전의 잔혹한 피투성이 시기에 그들 중

어떤 이들은 적군과 함께 했고, 다른 이들은 백군과 함께 했으며, 아주 극소수만이 어머니-러시아와 함께 했다. 볼로쉰은 이렇게 소리치고 있다 :

얼마나 거짓들이 필요했을까
이 저주스러운 시기에,
군대와 계급과 민중의 칼을 들고
일어서고 격분시키기 위해서!
<전문어(Терминология, 1921)>

"러시아"라는 서사시에서 그는 이 거짓을 해독했다 :
마르또브랴(Мартобря)까지는 (고골이 예견하였다)
러시아에는 부르주아도 없었고,
프롤레타리아 계급도 없었다...

............................

한 부류는 그가 부르주아라고 믿었고,
다른 부류는 프롤레타리아로 자신을 인식했고,
그리고 피투성이의 게임이 시작되었다...

시인은 내전 시기의 동족 상잔을 조사하고, 자신의 조국의 과거를 깊이 연구하면서("세계에 이 보다 무서운 역사는 없다, // 러시아의 역사보다 더 광기의 것은(И в мире нет истории страшней, // Безумней, чем история России)"), 미래에 대해서도 생각하였다 : "진정 내가 죽은 이들에 대해서 슬퍼하는 것인가? // 오래 사는 사람들에 대해서 슬퍼하는 것인가 (Разве я плачу о тех, кто умер? // Плачу о тех, кому долго жить)" (<학살(Бойня)>). 러시아의 가장 힘든 시기에 그 역사와 함께 남아서("죽는다는 것 그렇게 너와 함께 죽는다는 것은, // 너와 함께, 나사로(Лазарь)[10])처럼,

---

10) 예수가 부활시켰던 죽은 사람.

관에서 일어서는 것이다!(Умирать так умирать с тобой, // И с тобой, как Лазарь, встать из гроба!)" – (<지옥의 밑바닥에서(На дне преисподней, 1922)>), 적군과 백군이 추구하는 목적의 고상함을 이해하였지만, 이런 목적들을 실현하는 수단이 피를 부르는 것을 비판하면서, 볼로쉰은 자기 민중에게 올바르고 완전한 미래와 – "신의 도시"로 향해 가는 길을 기원하였다. 그러나 시인은 "이 길이 시련과 고통의 길"이라는 것을 알았다.

볼로쉰은 언급된 작품들 이외에도 혁명 후에 시집 『이베르니(Иверни, 1918)』, 『귀머거리 악령들(Демоны глухонемые, 1919)』, 『테러에 대한 시(Стихи о терроре, 1923)』 등을 출판하였고, 철학 서사시 <카인의 길로써(Путями Каина, 1921-1923)>를 창작하였다.

구밀료프

1921년에는 블록과 구밀료프가 삶의 여정을 끝마쳤다. 마지막 몇 년 동안 블록은 상징주의를 떠났었고, 구밀료프는 상징주의로 돌아왔었다. 스뜨루베는 다음과 같이 기술하고 있다 : "자신의 창작의 마지막 여정에 들어선 구밀료프는 가장 일반적이고 고차원적인 의미 속에서 이해되는 상징주의로 되돌아왔다. (...) 가장 새로운 러시아 시의 역사에서 구밀료프와 블록은 상호작용을 통해 서로가 서로를 채워 주었던 만큼 커다란 차이가 있었다. (...) 그리고 그들 두 시인은 각자 자기 방식대로 "러시아 시의 태양"인 "뿌쉬낀에게" 주의를 기울였다.

> 바로 그 날, 새로운 세상 위로
> 신이 자신의 얼굴을 숙이던, 그때
> 태양을 말씀으로서 멈추게 했고,
> 도시들을 말씀으로서 무너뜨렸다.
> ..............................

우리는 지상의 불안 가운데에서도
오직 말씀만이 빛난다는 것을 잊었고,
요한의 복음서에는
말씀이 곧 신이다라고 쓰여져 있다.

(구밀료프, <말(Слово)>)

구밀료프는 혁명 이후 시선집 『모닥불(Костёр, 1918)』과 『불타는 기둥(Огненный столп, 1921)』을 통해 독자들에게 재능 있고 성숙한 시인으로 인정받았다. 하지만 그의 삶은 35세라는 너무 이른 나이에 꺾이게 되었다. 그는 반혁명 음모에 증거도 없이 유죄가 선고되어 1921년에 총살당했다.

흘레브니꼬프는 1년 후에 병사하였다. 1917년부터 1921년까지 그는 만족스러울 정도로 많은 작품들을 썼다 : 서사시 <쥐덫 안의 전쟁(Война в мышеловке)>, <가르쉰(Гаршин)> (반이 쇠로 된 오두막(Полужелезная изба)), <라도미르(Ладомир)>, <참호 속에서의 밤(Ночь в окопе)>, <숲의 그리움(Лесная тоска)>, <세 자매(Три сестры)>, <시인(Поэт)>, <아즤 이즈 우즤(Азы из узы)>, <나팔 굴-물리(Труба Гуль-муллы)>, <뜨거운 들판(Горячее поле)>, <현재(Настоящее)>, <소비에트 전야의 밤(Ночь перед Советами)>, <한 밤의 수색(Ночной обыск)>과 드라마 『잔게지(Зангези)』, 시집들, 산문 「네바 강에서의 10월(Октябрь на Неве)」 그리고 논문들과 역사에 대한 수학적 연구 작업 <운명의 칠판(Доски судьбы)> 등을 꼽을 수 있다. 쯔베따예바처럼 그는 시인의 일상적인 삶과 존재 밖의 인간의 생활에 적응하지 못한 채, 집 없이 영원토록 방랑을 하였음에도 불구하고 이 모든 것을 이루었다.

혁명과 특히 내전의 잔혹함을 보면서, 흘레브니꼬프는 "자유의 새로운 날들의 첫 표제 글자는 그렇게 죽음의 잉크로 쓰여 졌다"는 것을 이해하였는데, 조만간에 10월 혁명이 구세계의 우주적 개혁의 근원으로서 "라도미르"에 가는 것이라고 여겼다.

    Это шествуют творяне,
    Заменивши Д на Т,
    Ладомира соборяне
    С Трудомиром на шесте!

    이것은 'Т'를 'Д'로 바꾼 채,
    귀족들이 걷는 것이다,
    라도미르의 동포들은
    장대 위의 노동세계와 함께 한다!

# 알렉산드르 알렉산드로비치 블록
(Александр Александрович Блок, 1880-1921)

(상) 블록의 서사시 <열둘>
(하) 블록

블록은 19세기와 20세기, 이 두 세기를 자신의 작품으로 결합시킨 최초의 시인이다 :

철의 19세기는
참으로 잔인한 세기이다!
별이 없는 밤의 암흑으로 너와 함께,
근심 없는 인간이 던져졌다!

............................

그 세기는 많이도 저주받았고
저주하는 것이 피곤하지도 않을 것이다.
어떻게 그의 슬픔을 면할까?
그것은 부드럽게 펼쳐져 있고 - 깊이 잠이 든다...
20세기 - 아직은 집이 없으나,
어둠이 아직은 삶보다 덜 두렵다...

............................

검은 지상의 피는
우리에게 약속하고 있다, 정맥들을 부풀리고,
모든 경계들을 허물면서,
들어 본적도 없는 변화들과,
보이지 않는 폭동들을.

<두 세기(Два века)>

블록은 인텔리겐찌야 집안에서 태어났다. 그는 일찍부터 시를 쓰기 시작했다. 그는 뻬쩨르부르그 대학 법학부와 어문학부 (1898-1906)에서 공부했다. 주꼬프스끼의 낭만주의적 시와 솔로비요프(В.Соловьёв)의 이념 철학과 시는 그에게 커다란 영향을 끼쳤다. 블록의 첫 번째 책『아름다운 귀부인에 대한 시(Стихи о Прекрасной Даме, 1904-1905)』에서 러시아의 유명한 학자 멘젤레예프(Д.Менделеев)의 딸이자 그의 부

블록과 그의 아내 류보비 드미뜨리예브나

인인 류보비 드미뜨리예브나(Любовь Дмитриевна)의 이미지는 하늘에서 내려와 세상을 구하는 영원한 미와 여성성의 상징이 되었다.

인간의 내부 세계를 반영하고 있는 이후의 시집들과 서정적 드라마, 평론들에서 블록은 러시아의 복잡한 이미지를 창조하였다.

  러시아, 극빈의 러시아여,
  너의 회색의 농가들은 나에게,
  너의 바람의 노래들은 나에게, -
  첫 사랑의 눈물 같구나!

<러시아(Россия)>

시인은 러시아에서 살고 있는 다양한 사람들의 힘든 운명에 대해서 썼다 : "우리는 러시아의 무서운 시대의 아이들이다(Мы дети страшных лет России)." 그렇게 시 <철길 위에서(На железной дороге)>는 젊은 아가씨의 죽음의 그림을 그리고 있다.

제방 아래, 허물어지지 않은 참호 속에서
살아 있는 듯 누워서 바라보며,
색깔 있는 손수건을 댕기머리에 걸치고 있는,
그녀는 젊고 아름답구나.

그녀는 러시아의 깊은 시골 작은 역에서의 힘들고 단조로운 삶을 견디지 못했다 :

그렇게 무익한 젊음이 질주했고,
공허한 바람들 속에서 지쳐버렸으며...
여행자의 단단한 애수가
심장을 찢으며, 휘파람 소리를 냈다...

블록은 그녀의 죽음에 대한 구체적인 이유를 밝혀 보여주지 않는다.

질문을 갖고 그녀에게 다가가지 마시오,
당신에게는 모든 것이 매한가지이고, 그녀는 만족스럽다 :
사랑으로든, 추행으로든 또는 바퀴로든
그녀는 짓눌려졌고 - 모두가 아프다.

아가씨의 이미지 - 이것은 러시아의 상징이다.

시인 자신이 "삶의 힘겨운 꿈에 질식되고 있으며", 자신의 영혼을 알코올로써 "몽롱하게 하면서", 그는 이 삶의 분위기 속에서 점점 질식되어 가고 있다. "내 영혼의 모든 굴곡들을 // 떫은 술이 관통하였다 (И все души моей излучины // Пронзило терпкое вино)" (<미지의 여인(Незнакомка)>).

블록은 자신을 둘러싸고 있는 - 폭력과 착취 그리고 적개심의 세계 - "무서운 세상(Страшный мир)"(1909-1916년 자신의 연작시를 이렇게 명명하였다)을 그리고 있다. 하지만 이 모든 것이 자신의 조국이자 그의 삶 자체였다. 그는 미래의 러시아를 꿈꾸면서, 러시아의 실재 그대로를 사랑하였다.("그래, 그런 것이 나의 러시아다, // 너는 나에게 있어 모든 구석이 다 소중하다(Да, и такой, моя Россия, // Ты всех краев дороже мне)") :

바라보며, 적의를 측량한다,
증오하며, 저주하며, 그리고 사랑하며 :
고통의 뒤를, 죽음의 뒤를 - 나는 안다 -
모두가 공평하다 : 너를 받아들인다!
<오, 봄은 끝도 경계도 없다...
(О, весна без конца и без краю...)>

블록은 조국을 여인 - 신부와 아내 - 의 이미지로 그리면서, 자기 조국의 과거(따따르 몽고의 압제)로부터 미래로의 힘들고 긴 여정을 추적한다 :

오, 나의 루시! 나의 아내! 고통스러울 정도로
우리에게는 기나긴 여정이 명확하다!
우리의 여정은 - 고대 따따르들의 의지의 화살로써
우리의 가슴을 관통하였다.
우리의 여정은 - 초원의 길이며, 우리의 길은 - 끝없는 그리움의 길,
너의 우수 속에, 아, 루시여!
<꿀리꼬보 평원에서(На поле Куликовом)>

여성 - 시인의 연인과 아내 - 의 이미지는 그의 많은 작품들에 걸쳐 나타난다 : 처음에 이 이미지는 아름다운 부인이었고, 이후에는 낯선 여인("영혼과 안개를 숨쉬며, / 그녀는 창가에 앉는다(Дыша духами и туманами, / Она садится у окна)")이었다. 하지만 곧이어 연인이 시인을 배신하였다:

하지만 시간이 되었고, 너는 집에서 떠났다.
............................
이미 온유함과 명예를 기원하지 않는다.
모든 것은 순간적이었고, 젊음도 지나가 버렸다!
평범한 틀 안에 있는 너의 얼굴을
나는 자신의 손으로 책상에서 치웠다.
<용기와 업적, 명예에 관하여...
(О доблестях, о подвигах, о славе...)>

1905-1907년 혁명의 시기 블록의 시 작품들에는 "혁명-여인"의 모습이 출현하였고, 이 후에는 시인의 "러시아-신부, 아내, 어머니"의 모습이 보여졌다.

블록은 러시아의 현실적 곤궁함에도 불구하고, 위대한 대국의 강력함을 가진 러시아의 행복한 미래를 믿었다 :

초원의 길 - 끝도 없고, 시작도 없는,
스텝, 바람, 바람 - 갑자기
공장의 여러 층 건물,
노동자들의 오두막으로 이루어진 도시들 ...
텅 빈 공간에, 미개한 상태로
너는 그렇게 있었다. 거기가 아닌 곳은,
나에게 새로운 모습으로 돌아왔다,
그러자 다른 염원이 생겨났다...
검은 구석 - 지하의 메시아,
검은 구석 - 여기 짜르와 신랑감이 있다,
하지만 두려워하지 마라, 신부, 러시아여,
너의 돌 같은 노래의 목소리를!
<새로운 아메리카(Новая Америка)>

그러나 이러한 시인의 목적 달성을 위해서는 사람들이 많이 그리고 또 끊임없이 일을 해야만 했다 :

일해라, 일해라, 일해라!
너는 불구의 혹을 가지고 있다
길고 힘든 작업을 위해,
길고 정직한 노동을 위해
..............................
아, 달콤한, 달콤한 만큼 그렇게 달콤하게,
동이 틀 때까지 일해야 한다…
<일해라, 일해라, 일해라…
(Работай, работай, работай…)>

좋다, 넓고 둥근 숲에서
열정적인 슬라브족의 원무를 추며 지나가는 것은….
..............................
이른 아침에 무거운 보습을 가지러,
신선한 이슬 속을 가는 것은 훨씬 더 가치가 있다!
<백야와 함께 하는 잔인한 오월!..
(Май жестокий с белыми ночами!..)>

만약 네가 수확하지 않으려거든 뿌리지도 말아라,
만약 네가 "단지 그런 인간"이라면,
네가 그것을 알겠느냐? 네가 어떻게 감히
이 정신나간 세기를 심판하겠느냐?
<그래, 그렇게 영감이 나에게 명령한다…
(Да, так велит мне вдохновенье…)>

1915년 블록은 힘든 노동에 종사하는 주인공을 묘사한 서사시 <꾀꼬리 정원(Соловьиный сад)>을 저술하였다. 그 주인공은 바닷가 근처에서 돌멩이를 가늘게 부수어 당나귀에 싣고 장미꽃과 꾀꼬리들이 많이 있는 행복이 넘치는 정원을 지나간다. 아름다운 처녀가 그에게 이 아름다운 정원에서 휴식을 취하도록 부른다.

> 매일 저녁 해지는 안개 속을
> 나는 이 대문 옆을 지나간다,
> 싹싹한 그녀는 나를 손짓하여 부르고
> 빙글빙글 돌면서 노래로 부른다.

주인공은 오랜 망설임 후에 꾀꼬리 정원의 처녀에게로 갔고, 그곳에서 행복했으며, "돌의 여정과 자기의 가엾은 동료에 대해서 잊어 버렸다(забыл о пути каменистом, / О товарище бедном своём)." 하지만 이런 축제의 생활은 곧 주인공을 싫증나게 했고, 그는 과거로 돌아왔다 : "나는 텅 비어 있는 강기슭으로 들어간다, 나의 집과 당나귀가 있었던 곳(Я вступаю на берег пустынный, / Где остался мой дом и осёл)." 그러나 이미 집도 당나귀도 없었다 :

> 내가 밟아 다진 오솔길에,
> 예전에 초가집이 있었던 그곳을,
> 낯선 당나귀를 몰아대면서,
> 노동자가 곡괭이로 파고 있다.

이렇게 삶은 자신을 배신했던 자에게 복수를 하고 있다.

블록은 1917년 2월과 10월 혁명을 기꺼이 즐겁게 받아들였다. 그는 이렇게 적고 있다 : "거짓되고 더럽고 지루하고 추한 우리의 삶이 공정하고 순수하고 즐겁고 아름다운 삶이 되기 위해서, 그리고 모두가 새로워지기 위해서는 그렇게 만들 필요가 있다"(<인텔리겐찌야와 혁명

(좌) 블록의 시 <열둘> 삽화
(중) 블록의 시 <열둘> 삽화
(우) 서사시 <열둘>의 내용으로 쓴 플래카드

(Интеллигенция и Революция)>). 그는 삶이 아름다운 것이기 때문에 이르든 늦든 모든 것은 새롭게 될 것이라는 사실을 믿었다.

    나는 이 두려운 세상을 사랑한다.
    내게는 그 뒤의 다른 세상이 희미하게 보인다,
    약속되고 아름다운,
    인간적이고 평범한...

1918년 1월에 블록은 1917년 10월 혁명을 다룬 서사시 <열둘(Двенадцать)>을 끝마쳤다. 서사시의 줄거리는 혁명 순찰대(열 두 명의 적군)가 뻬뜨로그라드를 따라 걸어가고 있는 것에 대해 이야기하는 것이다("바람이 이리저리 불고, 눈발이 휘날린다. // 열두 사람이 걸어가고 있다(Гуляет ветер, порхает снег. // Идут двенадцать человек)"):

    ...그렇게 힘찬 발걸음으로 걷는다.
    뒤에서는 - 배고픈 강아지,
    앞에서는 - 피 묻은 깃발을 가지고서,
    눈보라의 뒤는 보이지 않는다,

총알로 인해 상처입지 않은 채,
눈보라 위를 부드러운 걸음걸이로 걸으며,
눈빛의 진주를 흩뿌리면서,
장미로 만들어진 백색의 관을 쓴 -
예수 그리스도가 앞에서 가고 있다.

블록은 열 두 명의 적군 이미지를 제외하고도, 서사시에 이전 세계의 상징-이미지(숫캐와 암캐)와 그것을 지키는 수호자들의 형상들 - 작가, 성직자, 귀족, - 그리스도와 창녀와 노파들의 형상들을 창조했다. 시인의 모든 작품이 그러하듯이 이 작품에서도 바람, 눈보라, 화재, 깃발, 검고 흰 색채, 칼과 선조총 등의 상징들이 중요한 자리를 차지하고 있다. 블록은 혁명을 자연에서와 마찬가지로 평범한 사람들의 영혼 속에서 일어나는 자연재해의 이미지로 묘사하고 있다.

블록의 모든 작품은 하나의 예술 세계이고, 그것은 시인이 실제적이고 상상할 수 있는 현실을 상징적으로 반영하는 세계이다.

블록의 장례식

블록의 시학적 세계의 중심에는 그의 서정적 주인공과 "배우"-인간, 예술가, 시인, 20세기 러시아인의 복잡한 이미지가 있다. 그는 길고 험난했던 혁명과 전쟁의 소용돌이 속에서 생활했다.

블록은 자신의 작품을 공상적인 조화로부터 사랑으로 - 카오스와 현실세계의 비극으로 - 그리고 새로운 러시아와 미(美)의 이념의 구체화로 향하는 시인의 여정에 대해 이야기하는 "서정적 3부작"이라고 불렀다.

그는 1921년에 죽었고, 시인은 뻬쩨르부르그에 안장되었다.

# 세르게이 알렉산드로비치 예세닌
(Сергей Александрович Есенин, 1885-1925)

세르게이 알렉산드로비치 예세닌은 농민 가정에서 태어났고, 7학년을 마친 열일곱 살까지 시골에서 살았으며, 모스크바 민중 대학에서 공부했다.

그는 일찍부터 시를 쓰기 시작했고, 1916년에 첫 번째 책을 출판했다. 러시아 민중의 구전시 작품과 고전주의 문학이 그의 시에 커다란 영향을 주었다. 시인은 많은 작품을 러시아 자연, 동물, 식물에 헌사했으며, 그것들 속에 영혼을 불어넣어 주었고 의인화하였다(<개에 대한 노래(Песнь о собаке)>, <암소(Корова)>, <여우(Лисица)> 등이 있다).

예세닌

자, 짐, 나에게 행복을 위한 발을 주어라,
나는 그런 발은 태어나서 한 번도 보지 못했다.
너와 함께 달빛 아래에서 짖자구나
조용하고 소음 없는 날에.
  <자, 짐, 나에게 행복을 위한 발을 주어라…
   (Дай, Джим, на счастье лапу мне…)>

황금 숲이 그만두라고 하였다
자작나무 밝은 언어를 가지고,
그래서 학들이 슬프게 날면서

이미 누구에 대해서도 더 이상 불평하지 않는다.
<황금 숲이 그만두라고 하였다(Отговорила роща золотая...)>

그는 사람과 동물, 식물, 혹성 그리고 사물들이 어머니-자연의 아이들이고, 인간은 "우주적인 독립체들의 운명의 상징"이라고 여겼다. 그 안에서 식물적, 동물적, 우주적, 신적, 악마적인 근원들이 결합되었다.

예세닌의 작품에서 농부의 오두막 – "살아있는 존재" – 은 우주의 상징이다 : "오두막-노파는 문지방의 턱으로 // 적막의 말랑말랑한 빵조각을 씹는다(Изба-старуха челюстью порога // Жует пахучий мякиш тишины)." 땅위의 오두막은 인간의 거처이고, 하늘의 오두막("천국의 망루(райский терем)")은 신의 거처이다. 오두막은 길의 도움을 받아 다른 집들과 연계되고 지상의 천국인 마을로 변하고, 마을은 "푸른 루시", 은하수로 에워싸인 예세닌적인 우주의 마을로 변한다. 하늘과 땅은 순간적 이미지이자 상징인 신화적 세계수(世界樹)로 결합된다. 예세닌의 시에서 나무는 사람, 가족, 천국, 사회주의이고 예술 세계이며, "영원하며 확고부동한 나무이다. 그 나무의 가지들에는 이상과 형상들의 열매들이 자라고 있다"(논문 「마리야의 열쇠들(Ключи Марии)」). 이 천상의 나무 가지들에는 여러 가지 "열매"들이 자란다 : 태양, 달, 별, 낮과 밤, 생각, 형상과 단어가 그것이다.

예세닌은 첫 번째 시를 출판할 수 있도록 도와준 블록의 영향을 받아, 그는 러시아에 대해 많은 시를 남겼다("나의 서정시는 하나의 커다란 사랑, 조국에 대한 사랑으로 살아있다. 조국애는 나의 창작의 근저에 있다"라고 그는 적고 있다) :

오, 루시 – 검붉은 평원은,
강으로 떨어지는 청색이어라 –
기쁨과 고통까지도 나는 사랑한다

너의 호수의 그리움을.

<쪼개진 나뭇대들이 노래한다...(Запели тесаные дроги...)>

예세닌의 루시는 다양한 형태를 보여주고 있다 : "깊이 생각하고 부드러운", 진정되고 사나운, 가난하고 즐거운, "가난해지는 축제일"을 행하는 형상이다. 그것은 우리에게 동물(<암송아지-루시(телица-Русь)> "더 이상 좋고 아름다운 것은 없다 // 너 소의 눈들보다(телица-Русь : Нет лучше, нет красивей // Твоих коровьих глаз)")과 인간의 모습에서 보여진다 : 처녀들, 여성들 (<잠자는 황녀(царевна сонная)>), "아가씨들", 어머니들 - 인간의 혹은 신의 형상이 그것이다(<오 조국이여!(О родина!)>).

그의 작품에서 조국의 이미지는 그가 1916년 예언했던 혁명의 테마와 밀접하게 관련을 맺고 있으며, 1917-1918년에 "농민의 취향을 가지고 자기 방식"으로 그것을 이해하면서 "작은 서사시들"에서 예찬하였다.

1919-1920년 예세닌은 시골에서 볼셰비키에 의해 이루어진 개혁들을 수용하지 않았으며, 이런 생각들을 "생생하고" "강철같이 확고한" 이미지들의 충돌 속에서 표현하였다.

푸른 들판의 오솔길로
곧 철의 손님이 걸어 나온다.
..........................
살아 있지 않은 낯선 손바닥들,
이런 노래들은 당신에게서 살지 않는다!
..........................
곧, 이제 곧 시골의 시계가
나의 12시를 쉰 소리로 말할 것이다.

<나는 시골의 마지막 시인이다...(Я последний поэт деревни...)>

또한 봄-삶은 가을과 겨울-죽음으로의 교체기이다 :

나뭇잎들이 없으면 나는 추워지고,
별의 소리로서 귀를 채운다.
<가을마다 부엉이가 부엉부엉 운다(По-осеннему кычет сова...)>

곧 그 부락과 이 숲들을
석회로 냉동하여 희게 칠한다.
당신은 죽음에서 어디로도 숨지 않고,
적으로부터 어디로도 떠나지 않는다.
<사후 40일간의 기도(Сорокоуст)>

1921년부터 신 경제정책(НЭП, 1921-1927년의 소련 경제정책)의 도입과 함께, 시인은 러시아에서 행해졌던 사건들에서 자기 주인공들의 모순적인 시각들을 대비하기 시작했다(서사시 <무뢰한의 나라(Страна негозяев)>에서 서정적 서사적 주인공들인 노마흐(Номах) 갱과 라스스베또프(Рассветов)의 위원들이 그 예이다).

1924-1925년 예세닌은 러시아와 세계 역사에서 조국과 자신의 서정적 주인공의 여정을 다르게 이해하면서 새로이 혁명을 찬미한다 :

내게는 이제 다른 영혼이 흐른다.
나는 달의 조잡한 빛에서
돌 같고 강철 같은
조국의 지배력을 본다.
..........................
나에게 무슨 일이 생길지 모르지만...
아마 새로운 삶은 쓸모없을 것이다,
그러나 어쨌든 나는 견고하고

가난한 극빈의 루시를 보고 싶어한다.

<음울하고 흐릿한 달...(Неуютная жидкая лунность...)>

이 시는 블록의 <새로운 아메리카(Новая Америка)>의 내용과 공통점을 가지고 있다.

예세닌은 자기 조국의 미래의 강력함과 위대함을 기원하면서, 소비에트 러시아에서 사람들의 삶이 매우 힘듦에도 불구하고, 현재의 가난하고 극빈한 루시를 사랑한다 :

알고 있다. 우리 모두에게 그런 운명이 있다는 것을,
그리고, 부탁하건데, 모두에게 물어 보아라 -
기뻐하고, 격노하며, 괴로워하면서,
러시아에서 사는 것은 좋다.

<절름발이가 잔다. 귀중한 평원...
(Спит ковыль. Равнина дорогая...)>

1924-1925년의 시기 예세닌의 많은 시와 서사시들 속에서 서로가 밀접하게 연관된 조국과 혁명을 관통하는 이미지들이 보여지고 있다 : <떠나가는 루시(Русь уходящая)>, <조국으로의 회귀(Возвращение на родину)>, <소비에트 루시(Русь советская)>, <위대한 행군에 대한 노래(Песнь о великом походе)>, <36에 대한 서사시(Поэма о 36)>, <"26에 대한 발라드(Баллада о двадцати шести)>, <안나 스네기나(Анна Снегина)> 등이 있다. 심지어 페르시아에 대하여 이야기하는 연작시 <페르시아 모티브(Персидские мотивы)>에서 조차도 시인은 루시를 찬양하고 있다 :

쉬라스가 아름다웠던 적이 없었던 것처럼,

그는 랴잔의 자유보다 더 좋지는 않다.
    <너는 나의 샤가네, 샤가네여!(Шаганэ ты моя, Шаганэ!)>

루시로 돌아갈 시간이 되었다.
페르시아여! 내가 너를 버릴 것인가?
내가 너와 영원히 헤어져
사랑을 버리고 조국으로 가야한단 말인가?
              <호로싼에는 그런 문들이 있다…
              (В Хороссане есть такие двери…)>

예세닌은 서정적인 서사시 <안나 스네기나(Анна Снегина)>에서 1917년 러시아 혁명의 이미지를 특별히 상세하게 밝히고 있다. 시인은 <작은 서사시(Маленькая поэма)>와 <소비에트 루시(Русь советская)>에서 새로운 러시아와 함께 자신의 서정적 주인공의 복잡한 관계를 보여주고 있다 :

바로 그 나라다!
내가 태어나 민중과 친해졌던,
시속에서 목청껏 노래했던 그곳인가?
이곳에서 나의 시는 더 이상 필요하지 않다,
그렇다, 아마, 나 역시 이곳에서는 아무 쓸모가 없다.

1925년 중반부터 예세닌은 삶과의 작별을 다루기 시작했고, 죽음의 이미지는 그의 작품의 중요한 테마가 되었다 :

안녕, 나의 친구, 안녕.
나의 연인이여, 너는 나의 가슴속에 있다.
이미 예정되어진 이별은
앞날의 만남을 약속하고 있다.

안녕, 나의 친구, 손도 없고, 언어도 없고,
슬퍼하지 말아라, 눈썹의 슬픔도 아니다, -
이 세상에서 죽는다는 것은 새로운 것이 아니다,
그러나 산다는 것 역시 새로운 것이 아니다.

<안녕, 나의 친구여, 안녕...
(До свиданья, друг мой, до свиданья...)>

1925년 12월 27일과 28일 밤 사이에 예세닌은 생을 마감하였다.

예세닌과 이사도라 던컨

# 블라지미르 블라지미로비치 마야꼽스끼
(Владимир Владимирович Маяковский, 1883-1930)

마야꼽스끼

마야꼽스끼는 가장 혁명적인 러시아 시인이었다. 그는 까프까즈에서 태어났고, 그곳의 자연 - 높은 산, 짙푸른 숲, 소란스러운 강들 - 은 시인의 창작에 커다란 영향을 주었다.

그의 가족은 1906년 모스크바로 이사했다. 마야꼽스끼는 중등학교에 다니면서 1905-1907년 혁명에 참가했고, 러시아 공산당(РСДРП(б)) 당원이 되었다. 그는 몇 차례나 체포되어 투옥되었다.

1910년부터 마야꼽스끼는 회화공부를 하였으며, 시를 창작하였고, 미래의 혁명 문학을 창조하려 했던 미래주의 문학 그룹에 가입하였다.

1913-1917년 기간 동안의 시인의 주요 작품으로는 비극『블라지미르 마야꼽스끼(Владимир Маяковский)』, 서사시 <바지를 입은 구름(Облако в штанах)>, <전쟁과 세계(Война и мир)>, <인간(Человек)> 등이 있다. 이 작품들에서 마야꼽스끼는 1차 세계대전과 러시아 철학자 표도로프(Н.Федоров)의 우주 이데아의 영향을 받아 거대한 예술적 세계를 그렸다. 그의 시학적 우주의 중심에는 "열세 번째 사도(тринадцатый апостол)"가 있는데, 그는 혁명을 향한 "거대한 사랑"과 낡은 세계에 대한 "거대한 증오심"으로 괴로워하는 거인-인간이다["당

(좌) 마야꼬프스끼의 러시아 통신사　　　(우) 러시아 혁명과 관련된 포스터

마야꼬프스끼의 『미스쩨리야-부프』

신의 사랑을 없애라!(Долой вашу любовь!)", "당신의 예술을 없애라!(Долой ваше искусство!)", "당신의 종교를 없애라!(Долой вашу религию!)", "당신의 제도를 없애라!(Долой ваш строй!)"] : "에이, 당신! // 하늘이여! // 모자를 벗으시오! // 내가 갑니다!...(Эй, вы! // Небо! // Снимите шляпу! // Я иду!...)", "세상은 목소리의 위력으로 거대하다, // 내가 갑니다 - 아름다운 22살짜리가(Мир огромив мощью голоса, // иду - красивый, двадцатидвухлетний)."

마야꼽스끼는 1917년의 두 혁명을 환호하면서 맞이하였다. 특히 10월 혁명에 대해서는 다음과 같이 썼다 : "나의 혁명. 스몰리늬(1917년 10월 혁명본부)로 갔다. 일을 하였다. 모든 것이 진행되었다(Моя революция. Пошел в Смольный. Работал. Все, что приходилось)"(자서전 『나 자신(Я сам)』). 시인은 자신의 시와 현수막들 <러시아 전보 통신사의 창문(Окна РОСТА)>, 서사시 <1억 5천(150,000,000)>, <블라지미르 일리치 레닌(Владимир Ильич Ленин)>, <좋아!(Хорошо!)>, <목청껏(Во весь голос)>, 희곡 『미스쩨리야-부프(Мистерия-буфф)』, 『빈대(Клоп)』, 『목욕탕(Баня)』에서 시인은 "자신들의 시대를 영웅적이고 장중하고 풍자적으로 묘사"하였고, "시대와 자신에 대하여" 이야기하고 있다. <혁명의 송시(Ода революции)>에서 그는 소리 높여 말하고 있다 : "오, 네 배 더 찬양하라, 축복받은 나라여!(О, четырежды славься, благословенная!)." 시인은 다른 작품들에서 혁명적인 투쟁이 평화로운 노동과 사랑의 영역 - "심장과 영혼의 바리케이트"들 - 에서도 계속되고 있음을 말하고 있다. 그가 어떤 것에 대해 쓰지 않고 남겨둔 게 있을까 - 그는 혁명에 대해서 모든 것을 노래했다.

시의 테마는 그의 창작에서 가장 중심적인 것들 중의 하나이다. 즉 그는 공산주의 이념에 대한 혁명적 투쟁에서 "노동자의 대열 속에 있는 시인의 자리에 대해서" 창작하였고, 단편 시 <시인은 노동자이다(Поэт рабочий)>, <평범하지 않는 사건...(Необычайное приключение...)>, <세르게이 예세닌에게(Сергею Есенину)>, <시에 대한 재무감독관과의 대화(Разговор с Фининспектором о поэзии)>와 서사시 <목청껏>을 썼다. 마야꼽스끼의 견해에 따르면, 시인의 창작인 시 작품은 노동자와 장인 그리고 엔지니어의 노동과 동일하다. 그는 시인을 "행복을 제조"하는 공장과 동일시하였다. 시는 복잡하고 어려운 노동이지만, 기쁘고 필요한 작업이다.

　　시 -
　　　　그것은 라듐의 채취이다.
　　그램의 채취는,
　　　　일 년의 노동이다.
　　하나의 단어를 위해서
　　　　수천 톤의
　　언어의 광석을
　　　　너는 소비한다.
　　　　　　<시에 대한 재무 감독관과의 대화
　　　　　　(Разговор о фининспектром о поэзии)>

이런 이유로 그러한 시학적 "단어는 - 인간 역량의 사령관이다(слово - полководец человечьей силы)"(<세르게이 예세닌에게(Сергею Есенину)>) : "이 단어들은 운동으로 이끈다 // 수 천년동안 수백만의 심장을(эти слова приводят в движение // тысячи лет миллионов сердца)"(<시에 대한 재무 감독관과의 대화(Разговор с фининспектором...)>).

새로운 러시아를 찬양하면서, 시인은 그것의 혁명적 과거와 가능한 미래를 묘사하였다 : "나는 조국을 찬양한다, 있는 그대로의 조국을 // 하지만 세 번 있을 것이다(Отечество славлю, которое есть, // но трижды - которое будет)" (<좋다(Хорошо)>).

마야꼽스끼의 시에서 새로운 특징은 풍자와 서정시의 결합이다. 그는 자본주의를 비판했을 뿐만 아니라 소비에트 러시아에서 "무엇이 좋은 것이고 무엇이 나쁜 것인가"라고 이야기하면서 사회주의의 부정적인 면들도 비판했다.(『빈대(Клоп)』, 『목욕탕(Баня)』, <쓰레기에 대해서(О дряни)>, <회의광(Прозаседавшиеся)> 등이 그것이다). 시인은 회의하기를 좋아하는 관료주의에 젖은 관리들과 비겁한 사람들, 기회주의자들과 속물들을 조소하고 있다. 마야꼽스끼는 그런 "인위적인 사람들"을 향한 자신의 "거대한 증오"를 표현하고 있다.

시인의 서정적인 주인공은 자신의 "거대한 사랑"을 혁명과 새로운 세상, 인류와 우주의 관계로 연계시켜 보여주었을 뿐만 아니라, 여성에 대한 내밀한 감정의 표현을 통해서도 보여주고 있다. 그는 이것에 대해서 서사시 <바지를 입은 구름(Облако в штанах)>, <등골의 플루트(Флейта позвоночник)>, <나는 사랑한다(Люблю)>, <이것에 대하여(Про это)>와 단편 시 <사랑의 본질에 대해 파리에서 꼬스뜨로프에게 보내는 편지(Письмо товарищу Кострову из Парижа о сущности любви)>, <리리츠까에게(Личке)>, <따찌야나 야꼬블레바에게 보내는 편지(Письмо Татьяне Яковлевой)> 등에서 언급하고 있다. 마야꼽스끼에게 있어서 사랑은 '모든 것의 심장'이자 발동기이며, 그의 시학적 창작의 원동력인 '발전기'이다. 그는 "전 세계에 사랑이 흐르기를 바랐다(чтобы всей вселенной шла любовь)"(<이것에 대하여(Про это)>).

그러나 마야꼽스끼 자신의 개인적인 삶은 실패작이었고, 20년대 말에는 소비에트 권력과의 관계는 매우 복잡해졌다. 그는 아홉 차례나 외국에 다녀왔었으나, 1929년 말 파리에 살고 있는 따찌야나 야꼬블레바와의 관계를 정식으로 인정받기 위해 프랑스로 가고자 했던 그에게 비자는 주어지지 않았다.

마야꼽스끼는 1930년 4월에 죽었고, 모스크바에 안장되었다.

마야꼽스끼 장례식

# 안나 안드레예브나 아흐마또바

(Анна Андреевна Ахматова, 1889-1966)

(좌) 아흐마또바
(우) 『저녁(Вечер)』

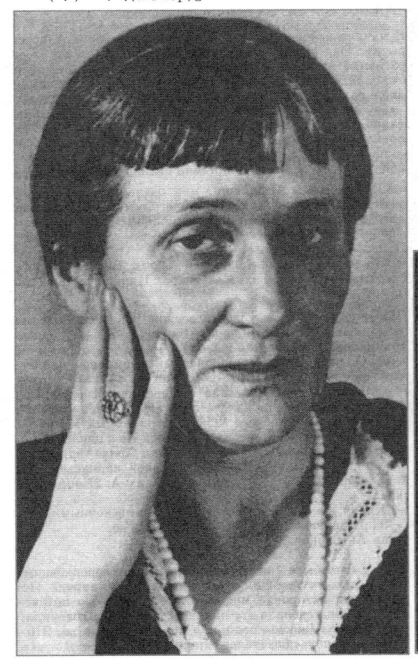

안나 안드레예브나 아흐마또바(실제 성-고렌꼬(Горенко))는 힘들고도 긴 인생을 살았다. 그녀는 오데사(Одесса) 근교에서 태어나 여러 지역 - 흑해와 발틱해 연안, 끼예프, 뻬쩨르부르그, 타쉬켄트, 모스크바 - 으로 이주다니면서 생활하였다. 1907년에 중등학교를 졸업하였고, 1910년에는 시인 구밀료프(Н.Гумилёв)의 아내가 되었다. 그와 함께 프랑스와 이탈리아 등 외국을 여행하였으며, 외동아들 레프 구밀료프를 낳았다.

1904년부터 시를 쓰기 시작하였고, 1910년에는 시들을 출간하였다. 그녀의 첫 번째 시집 『저녁(Вечер)』은 그녀에게 명성을 가져다 주었다. 1910년대 그녀는 여러 시인들과 사귀었고 친분을 맺었다 : 블록(А.Блок), 빠스쩨르나끄(Б.Пастернак), 꾸즈민(М.Кузьмин), 솔로구쁘(Ф.Сологуб), 마야꼽스끼(В.Маяковский), 로진스끼(М.Лозинский) 등이 그들이며, 구밀료프, 고로제쯔끼(С.Городецкий), 만젤쉬땀(О.Мандельштам) 등과 함께 아끄메이스트 문학 그룹에서 활동하였다.

1923년까지 그녀의 시집 5권이 출판되었다 : 『저녁(Вечер)』, 『염주(Чётки, 1914)』, 『하얀 무리(Белая стая, 1917)』, 『질경이(Подорожник, 1921)』, 『Anno Domini. MCMXXI(신의 여름에, 1921, 1922)』가 그것이다. 이 당시에 이미 아흐마또바는 사후에 러시아 최고의 시인으로 간주되었던 블록과 비교될 정도로 재능이 뛰어났고 인기가 있었다. 그녀의 창작 활동에 프랑스 및 러시아의 상징주의자들(특히 블록)과 안넨스끼, 뿌쉬낀, 그리고 도스또옙스끼와 똘스또이의 심리소설들, 민중의 창작들이 커다란 영향을 주었다.

(좌) 아흐마또바와 빠스쩨르나끄

시인은 자신의 작품들 속에서 "여성적" 예술 세계를 묘사했는데, 그곳의 주요한 "주민들은 그와 그녀"이며, 그들은 사랑의 관계로 얽혀있다. 사랑의 테마는 그녀가 쓴 시의 근간이다. 이것은 소년, 정혼자, 남편, 친구를 향한 아흐마또바의 서정적 주인공의 사랑이었다. 이 남성 이미지들의 모델은 아흐마또바의 많은 친구들이었는데, 1913년에 자살한 젊은 시인 끄냐제프(Вс.Князев), 그리고 1915년부터는 안레쁘(B.Анреп)가 그 모델이었다. 후자는 1917년에 외국으로 망명했으며, 그들의 마지막 만남은 48년이 지난 후 파리에서 이루어졌다. 1913년부터 1919년 그가 죽을 때까지 그녀는 시인 네도브로보(Н.Недоброво)와 깊은 사랑에 빠졌었다. 1918년 그녀는 구밀료프와 이혼하였고, 1918-1921년까지 동방학자 쉴레이꼬(В.Шлейко)와 결혼했다. 1921년 구밀료프는 볼셰비키에 의해 사형을 당했다. 아흐마또바는 1922년 작곡가 루리에(А.Лурье)와 우정을 나누었으며, 그가 외국으로 떠나기 전까지 지속되었다. 1924년부터 1938년까지 시인은 예술학자 뿌닌(Н.Пунин, 그의 체포와 유형 전까지)과 함께 생활하면서 지냈고, 1934-1944년에는 의학 박사인 가르쉬늬(В.Гаршиный)와 친교를 맺었다. 1945년 시인은 레닌그라드에서 영국인 문학연구가 베를린(И.Берлин)과 만났으나, 그들의 친교는 오래가지(1945-1946년) 못했다. 그가 10년 뒤 다시 러시아에 왔을 때, 아흐마또바는 그와의 만남을 거절했다.

시인은 친구들과 연인들의 이미지를 자신의 서정시의 주인공으로 창조하여 이들 모두에게 자신의 작품을 헌사하였다. 아흐마또바의 창작 활동 초기에 이 주인공은 소년의 이미지였다.

> 소년이 내게 말했다 : "이 얼마나 아픈가!"
> ..............................
> 나는 알고 있다 : 그가 자신의 아픔에 유의하지 않는다는 것을,
> 첫 사랑의 쓰라린 아픔조차도.
> 의지할 데 없기에, 탐욕스럽고 열렬하게 어루만진다
> 나의 차가운 손들을.
>            <소년이 내게 말했다 : "이 얼마나 아픈가!...
>        (Мальчик сказал мне : "Как это больно!..")>

이미 세상의 삶에 대한 경험이 많은 부인을 사랑하게 된 이 소년의 이미지는 그녀의 친구인 끄냐제프(Вс.Князев)의 삶과 죽음을 다루고 있을 가능성이 많다 : "나를 용서해라, 명랑한 소년아, / 내가 너에게 죽음을 가져 왔구나(Прости меня, мальчик весёлый, / Что я принесла тебе смерть)" (<솥의 높은 아치들...(Высокие своды костела...)>). 여주인공은 그를 향한 자신의 '증오'를 저주하면서 오랫동안 그를 회상할 것이다 <"사랑의 추억이여! 너는 힘이 들겠구나...(Тяжела ты, любовная память!..)"> : "입맞춤을 하지 않는 입술, 미소 짓지 않는 눈 / 나에게 결코 되돌아오지 않는다(Губ нецелованных, глаз неулыбчивых / Мне не вернуть никогда)." (<"현명함 대신에 - 경험은 재미없는 것...(Вместо мудрости - опытность, пресное...)">). 아흐마또바는 이 소년과 함께 겪었던 첫사랑의 달콤한 쓰라림 그리고 그의 요절(夭折)에 대해서 자신의 첫 번째 서사시 <바닷가 끝에서(У самого моря, 1914)>에 썼다. 이 작품의 여주인공은 왕자를 기다리지만, 머스캣 향의 하얀 장미를 들고 온 평범한 소년 - ["키가 큰 소년은 회색의 눈이었고, / 나보다 반년정도 어렸다(Сероглаза был высокий мальчик, / На полгода меня моложе)"] - 이 그녀에게 다가와서 이렇게 말한다 : "나는 당신을 사랑하고 있습니다... 나는 당신과 결혼하고 싶습니다(Я в тебя влюбился... Я хочу на тебе жениться)." 하지만 그녀는 "왕비"가 되기를 꿈꾸면서 자신의 "왕자"를 기다린다.

작별을 하지 않은 채 소년은 떠났다,
머스캣 장미들도 가져갔다,
나는 그를 놓아주었고,
말하지 않았다 : "나와 함께 있어줘"라고.
이별의 비밀스런 아픔은
흰 갈매기로 하여금 신음케 했다...

시간이 흘렀고, 그는 돌아와서 그녀의 팔에 안겨 죽었다 :

나는 오랫동안 자신을 감히 믿을 수 없었다,
정신을 차리기 위해 손가락을 깨물었다 :
나의 부드럽고 거무스름한 왕자는
조용히 누워 하늘을 바라보았다.
이 눈들은, 바다보다 더 푸르고
우리 삼나무보다 더 어둡다 -
나는 보았다, 어떻게 그것들이 꺼져 가는지를...

그러나 곧 다른 연인이 주인공에게로 왔고, "사랑의 고통"은 계속되었다. 아흐마또바는 자신의 창작활동 전 기간에 걸쳐서 이런 다양한 감정과 "정신적인 흥분"을 묘사하였다 : "사랑은 거짓으로 순종하게 하고", 마음을 끌리게 하며, 행복과 기쁨, 애수와 고통, 불안과 불면증, "쇠와 불에 의한 시련"을 가져온다 :

사랑과 열정으로 변화시키지 못하는 -
귀중한 경계는 사람들의 친밀함 속에 있고,
무서운 정적 속에 입술이 하나로 합쳐지고
심장은 사랑 때문에 갈기갈기 찢어진다.

여기에서 우정은 힘이 없고,
높게 불타오르는 행복의 시간들이다,
영혼이 자유롭고 낯설 때는
쾌락의 완만한 피로 속에서이다.

그녀에게 접근하려는 사람들은 이성을 잃었고,
그녀를 얻은 사람들은 - 애수로 아파한다...
이제 너는 알았을 것이다, 무엇 때문에 나의 심장이
너의 손안에서 뛰지 않는지를.

아흐마또바는 비둘기와 뱀(<사랑(Любовь)>), 매와 "묘지의 돌"(<당황(Смятение)>), 계절과 사랑을 함께 비교하고 있다.

아흐마또바의 사랑에 관한 시들은 하나의 완전함 - 시적 일기와 서정적 장편 소설 - 을 만드는데, 그 속에 두 주인공 "그녀"와 "그"가 있다.

자신의 "왕자"와 "소년"을 장례 치르고 나서, 이 소설의 주인공은 다른 이를 사랑하게 되고, 곧 그들은 "신부"와 "신랑"이 된다. 시인은 그들의 복잡한 관계를 서술한다 : "나는 추측한다 : 누가 거기에 있나요?

- 약혼자가 아닌가요, / 이 사람이 나의 약혼자가 아닌가요?..(Я гадаю: кто там? - не жених ли, / Не жених ли это мой?..)"(<파란 저녁. 바람이 잠깐 멎었다...(Синий вечер. Ветры кротко стихли...)>) ; "너는 어디에 있는가, 정다운 약혼자여?(Где ты, ласковый жених?)"(<집안이 곧 조용 해졌다(Сразу стало тихо в доме...)> ; "나의 목소리는 중단되었고 잠잠 해졌다. / 미소를 지으며 내 앞에 약혼자가 서 있다(Мой голос оборвался и затих - / С улыбкой предо мной стоял жених)"(<공연히 그를 수년간 기 다렸다...(Ждала его напрасно много лет...)>).

후에 아흐마또바 서정시의 시세계 속에 남편의 이미지가 나타난다 - 남편과 아내를 묶어주는 관계 : 열정, 변심, 고통이 그것이다. 그에게 다른 여인이 나타나고, 그녀에게는 아들과 딸, 그리고 새로운 남자 친 구가 생긴다 :

나에게 작은 행복은 필요치 않다,
나는 남편을 연인에게 보내고서,
만족스럽고 피곤해 하는
아이를 재우기 위해 눕힌다.

      <나에게 작은 행복은 필요치 않다...
       (Мне не надо счастья малого...)>

아! 또 다시 너로구나. 사랑에 빠진 소년이 아니다,
그러나 뻔뻔하며 난폭하고 강직한 남편이 되어서
이 집으로 들어온 너는 나를 바라본다.
폭풍 전의 고요가 나의 영혼에게는 두렵다.
너는 내가 너와 무엇을 했는지 묻는다.
삶은 나에게 사랑과 운명으로 맡겨진 것.
나는 너를 배신했다...

      <아! 또 다시 너로구나...(А! Это снова ты...)>

그녀는 이런 변심에 대해서 시 <회색 눈의 왕(Сероглазый король)>에서 남편에게 말하고 있다 - 남편은 서정시의 주인공에게 회색 눈을 가진 왕의 죽음에 대해 알리고, 그녀는 깊이 생각한다 :

나는 지금 나의 딸을 깨워,
그녀의 회색 눈을 바라본다.

창문 뒤 백양나무들이 사각거린다 :
"지상에 너의 왕이 없다…"

여주인공은 "가볍고 짧은 사랑"이 아니라 "위대한 지상의 사랑"을 원하고, 심지어 "천상의 비밀스러운 사랑"을 원한다. 그녀는 자기 주위에서 평범한 사랑, 사랑과 연민, 사랑과 우정을 바라보고 있다. 이런 것들은 인간들에 의해 만들어진 것이고, 인간의 마음속에서 해를 거듭할수록 죽어 가는 사랑이다 :

어떤 나태한 사람이 저술하였다,
사랑은 지상에 있다고,

게으름 때문에 혹은 권태로
모두가 그렇게 믿고 살고 있다 :
만남을 기다리고, 이별을 두려워하면서
사랑의 노래를 부른다.
<21일. 밤. 월요일…(Двадцать первое. Ночь. Понедельник)>

사람들은 '산책하고 입맞추고 나이 들어가는 것'과 '있을 수 없는 사랑'에 대해 노래하기를 좋아한다. 아흐마또바 서정시의 '죄 많고 태만한' 여주인공은 '하얗게 보일 정도로 달구어진 열정 속에서' 살기를

원하며, 가정적인 삶을 버거워하면서(<어째서 어떻게 해서 너는 // 나의 남편보다 더 나은 거야?(Отчего же, отчего же ты // Лучше, чем избранник мой?)>), 연인에게 소리친다 : "네가 떠나면, 나는 죽을 거야(Уйдешь, я умру)." 그녀는 다른 시에서도 소리친다 ; "아, 나는 확신했었다, // 네가 되돌아올 것이라는 사실을(О, я была уверена, // Что ты придешь назад)" (<백야에(Белой ночью)>).

그러나 남편도 연인도 그녀를 남겨두고 떠났다. 그녀는 절망에 빠져 묻는다 : "무엇 때문에 신은 나를 벌하였나 // 매일 그리고 매 시간?(Отчего же Бог меня наказывал // Каждый день и каждый час?)" (<가난한 자, 상실한 자에 대하여 기도하라...(Помолись о нищей, о потерянной...)>) 자신의 운명이 그렇다고 생각하면서, 여주인공은 살고 싶어하지 않는다 : "심장은 조속한 죽음을 요청한다, // 운명의 느림을 저주한다(И сердце только скорой смерти просит, // Кляня медлительность судьбы)" (<너는 이제 힘들고 음울하다...(А ты теперь тяжелый и унылый...)>). 시인의 시들 속에서 사랑과 죽음 – 이것은 한 핏줄의 자매이며 영원한 동반자다. 아흐마또바는 시적 형태로 그것을 표현하면서 "버려진 여인"의 상황을 묘사한다 : "항상 얼마나 연인에게 애원을 했었던가! // 사랑이 식어버린 연인에게 애원은 있을 수 없다(Столько просьб у любимой всегда! // У разлюбленной просьб не бывает)."

그러나 시인은 또다시 새로운 사람에게서 강한 감정을 느낀다 :

　　너는 많은 시간을 늦었다,
　　하지만 어쨌든 나는 네가 반갑다.
　　..........................
　　용서해라, 내가 슬프게 살았음을
　　그리고 태양을 그다지 반가워하지 않았음을.

용서해라, 용서해, 너를 위해서였으니

&lt;저녁의 빛은 노랗게 널리 퍼지고...
(Широко и желт вечерний свет...)&gt;

이와 같은 사랑의 밀물과 썰물은 아흐마또바의 시학적 세계에서 가장 마지막 시들에서까지 반복되었으며, 그녀의 여주인공은 몇 번이나 "새로운 사랑에 빠진다 // 거울 속으로 들어가는 것처럼(в новую любовь // Входить, как в зеркало)", 그리고 이런 이유로는 "매일 새롭게 걱정을 하게 되면(Каждый день по-новому тревожен)", "행복으로 인한 고통"이 연장되었기 때문이다. 자신의 젊은 시절을 회상하면서, 시인은 시 &lt;여름 정원(Летний сад)&gt;에 이렇게 적고 있다 : "그곳에서는 나의 백야들이 속삭인다 // 누군가의 고상하고 비밀스러운 사랑에 대해서(Там шепчутся белые ночи мои // О чьей-то высокой и тайной любви)." 그녀는 미리 결과들을 결산하고 동시에 자신의 미래를 예언하면서 이렇게 말한다 : "이 모든 것을 영원한 사랑이라 부를 것이다(И это все любовью // Бессмертной назовут)" (&lt;첫 번째 노래(Первая песенка)&gt;).

아흐마또바는 자신의 서정시 여주인공의 사랑에 대해 알려 주면서 우리 모두가 겪으면서도, 그렇게 명쾌하고 선명하게 표현할 수 없는 우리들의 사랑에 대한 감정을 적절하게 잘 표현하였다 :

이 세상에서 사랑의 고통을
각자 체험해야만 한다.

&lt;뮤즈에게(Музе)&gt;

내 인생에 사랑이
무덤의 돌처럼 잠들게 하라.

&lt;당황(Смятение)&gt;

아흐마또바 작품에서 사랑의 테마는 시의 테마와 연관되어 있다. 비록 서정시의 여주인공이 사랑하는 연인의 생각에 따르면, "여자가 시인이 되는 것은 어리석은 짓"이지만, 시인은 자신의 시에서 자기의 감정을 표현하고 있다["나는 태양이 뜨는 일출에 // 사랑에 대해 노래한다(Я на солнечном восходе // Про любовь пою)"]. 그녀는 이렇게 그에게 대답한다 : "나에게 사랑도 안정도 주지 마오, // 나에게 쓰라린 영광으로 보상을 해주오(Мне любви и покоя не дай, // Подари меня горькою славой)."

너의 흰 집과 조용한 정원을 남겨 놓는다.
삶이 공허하다해도 빛나게 하라.
나의 시에서는 너를, 너를 찬양할 것이다,
비록 여성이 찬양할 수 없다하더라도.
그리고 너는 사랑하는 여자 친구를 기억하는가
그녀의 시선을 위해 네가 창조한 천국에서,
나는 진귀한 상품을 거래할 것이다 -
너의 사랑과 온화함을 팔 것이다.

아흐마또바는 그녀의 "하얀 무리"나 "영원한 사랑"과 같은 시행에서 예언에 관해 언급하면서, 이제 더 이상 그녀의 입술에 입 맞추지 않을 것이라고 말한다. 이것은 이미 그녀에게 "직업"이다. 이런 재능에 대해서 집시여자가 아주 어린 시절 그녀에게 이렇게 지적하여 주었다 : "너의 아름다움도 너의 사랑도 아닌 - / 노래 한 곡으로 손님들을 유혹할 것이다(Ни красотой твоей, ни любовью- / Песеней одною гостя приманишь)" (<바닷가 끝에서(У самого моря)>).

1910년대 아흐마또바의 시에서 서정시의 여주인공은 이렇게 단언했다 : "나의 모든 연인들에게 / 나는 행복을 가져다 주었다"(<지상의 영예는 연기처럼...(Земная слава как дым...)>). 이미 1921년 말, 끄냐제프,

네도브로보(В.Недоброво), 블록이 죽고, 그리고 구밀료프가 총살당한 후, 그녀는 사랑을 다른 방식으로 생각하기 시작한다 :

나는 사랑하는 이의 죽음을 불러왔다,
그래서 한 사람에 이어 다른 사람이 죽었다.
아, 나에게 고통을! 이런 묘지들이
나의 말로써 예견되었다.

아흐마또바의 예언적인 재능과 그녀의 시의 마술적인 힘은 특별했다. 따라서 새 연인에게 주의를 기울이며 여주인공은 이렇게 말한다 :

너와 함께 있는 것이 내게는 달콤하고 정열적이다,
너는 가슴 속 심장처럼 가깝다.
팔을 나에게 주고, 조용히 들어라.
나는 너에게 부탁한다 : 떠나라.
네가 어디 있는지, 내가 모르도록,
오 뮤즈여, 그를 부르지 마소서,
나의 사랑을 모른 체
평범하게 살도록 하소서.

그러나 아흐마또바가 사랑했던 사람들은 사랑에 빠져 행복한 몇 년을 보낸 후, 이전처럼 힘겨운 운명의 공격을 받게된다(뿌닌(Н.Пунин), 가르쉰(В.Гаршин), 그녀의 아들 레프 구밀료프(Л.Гумилёв) 등이 그들이다).
시인은 자신의 창작의 천부적 재능을 평범한 단어인 "직업(ремесло)"이라고 칭했고, 그것에 자신의 많은 시들과 자신의 마지막 책 『시간의 질주(Бег времени)』에 들어있는 연작시 <직업의 비밀들(Тайны ремесла)>에 헌사하였다 : "어떤 잡스러운 것으로부터, 시가 창조되는 지를 당신이 알게 된다면 // 부끄러움도 알지 못할 것이다...(Когда б

вы знали, из какого сора // Растут стихи, не ведая стыда...)" 아흐마 또바는 어떻게 시 작품들이 평범한 삶, 자연의 현상, 소리, 정적, 공허함, 어둠, 불면증으로부터 태어나는지 이야기하고 있다 :

그렇게 존재해왔다 : 그런 어떤 피로함도 있다;
귀에는 시계 소리가 그치지 않는다;
멀리서 잦아드는 우뢰 소리가 들려온다.
이해되지 않고 포착된 소리들의
푸념과 신음이 나에게 낯설게 들리는 듯 하고,
어떤 비밀의 주기가 판단을 내리지만,
이 끝없는 심연에서 속삭임과 소리들의
모든 것에 승리한 소리 하나가 일어선다.
주위는 돌이킬 수 없을 만큼 그렇게 조용해,
숲 속에서 풀들이 어떻게 자라나는지 들릴 정도이고,
지표를 따라 배낭을 메고 씩씩하게 걸어오는 것 같다.
그러나 이미 들려왔다 단어들과
경쾌한 운(韻)의 신호하는 소리들이 -
그때 나는 기억하기 시작한다,
단지 받아 쓰여 진 행들이
눈처럼 하얀 노트에 쓰여지고 있다는 것을.

<창작(Творчество)>

1914-1918년의 전쟁과 1917년의 혁명은 아흐마또바의 시에 새로운 테마를 가져다주었다 - 이것은 "위대한 조국"과 혁명, 투쟁과 민중의 고통의 테마이다. 사랑의 주제는 더 확대·심화되었으며, 비밀스런 감정뿐만 아니라 국민적인 감정이 되었다. 시인은 예언적 재능을 가지고서 힘든 시기를 이렇게 예견한다 :

무서운 시기가 가까워지고 있다. 곧

새로운 묘지들이 빼곡하게 될 것이다.
기다려라 굶주림과 지진과 페스트를,
그리고 하늘이 흐려지는 상태를,
                    <석탄재 냄새가 난다. 4주...
                    (Пахнет гарью. Четыре недели...)>(1914년 6월)

아흐마또바는 10월 혁명을 두 가지 감정을 가지고서 받아들였다("찬양되는 10월이, / 황금색 낙엽들처럼, 인간의 삶들을 쓸어내었다(Прославленный Октябрь, / Как листья желтые, сметал людские жизни)" - "나는 너의 이름으로 입을 더럽히지 않는다...(Я именем твоим не оскверняю уст...)"):

모두가 탈취 당하고, 배신당하고, 배신한다,
검은 죽음의 날개가 번쩍거린다,
허기진 그리움이 모든 것을 깨물었다.
어째서 우리는 밝아지게 되는가?

시인에게도 힘든 시기가 도래하였다: "20년대 중반부터 나의 새로운 시들의 출판은 거의 중단되었지만, 낡은 시들은 재출판 되었다" - 라고 <자신에 대한 촌평(Коротко о себе)>이라는 수기에서 그녀는 이렇게 적었다. 이런 상황은 10년이 넘게 지속되었다["...나는 노래하기를 원하지 않는다 / 감옥의 열쇠 소리 아래서는(...мне петь не хочется / Под звон тюремных ключей)" - "그리고 나는 결코 여자 예언자가 아니다... (И вовсе я не пророчица...)"]. 러시아에서는 이단자들에 대한 탄압과 박해가 시작되었고, 나라 전체가 이중적인 삶을 살았다:

여기에서 매우 아름다운 아가씨들이 싸우고 있다
사형집행인의 아내가 되는 명예를 얻기 위해서.
이곳에서는 정직한 사람들이 밤마다 고생을 하는데

길들여지지 않은 배고픔으로 죽어간다.

<경구(Эпиграмма)>

아흐마또바는 비록 자신의 시들이 출판되지 않았지만, 계속해서 시를 썼다. 가장 무서운 탄압의 시기인 30년대 중반에 그녀의 아들 레프 구밀료프(Л.Гумилёв)와 남편(Н.Пунин)이 체포되어 유배를 당했지만, 그녀의 시 창작의 적극성은 눈부실 정도로 증가하였다. 아흐마또바 서정시의 가장 중요한 테마는 형을 선고받은 사람들과 죽은 사람들의 아픔, 그리고 모욕당하고 "비참해진 조국"과 "불행한 민중"에 대한 아픔이었다 :

외동아들과 헤어지게 하였고,
감옥에서는 친구들을 괴롭혔고,
보이지 않는 울타리로 둘러싸
자신의 잘 조정된 감시를 강화했다.
침묵으로 나에게 상을 주었고,
온 세계를 심히 저주하면서,
나를 엄청나게 중상했고,
나에게 독을 마시게 했다...

<모두가 떠났고, 어느 누구도 돌아오지 않았다...
(Все ушли, и никто не вернулся...)>

아흐마또바의 많은 작품들에서는 아들의 모습이 보여지곤 하는데, 시인은 그에게 서사시 <레퀴엠(Реквием, 1935-1940)>을 헌사 하였다. 이 서사시는 "헌사", "서두" 그리고 열 개의 크지 않은 장과 "에필로그"로 구성되어 있다. 시인은 이 작품에서 30년대 피로 물든 온 나라와 자신의 아들 레프 구밀료프 험난한 운명을 언급하고 있다 :

(좌) 구밀료프와 아흐마또바 그리고 아들 레프
(우) 아흐마또바와 아들

이 고통 앞에 산들이 허리를 굽히고,
거대한 강은 흐르지도 않는다,
그러나 교도소 빗장들은 더 견고해지고,
그것들 뒤로는 "고역의 굴"과
죽음의 고통이 따를 뿐이다.

"언젠가 미소 지을 때도 있었지만 // 단지 죽음만이 기쁨으로 평안하게 하고… 그리고 고통으로 분별력을 잃었을 때, // 이미 형을 선고받은 수많은 사람들이 걸어갔다…(Это было, когда улыбался // Только мертвый, спокойствию рад… И когда, обезумев от муки, // Шли уже осужденных полки…)":

죽음의 별들이 우리 위에 있었고,
죄 없는 루시는 경련을 일으켰다
피투성이 장화 아래서
그리고 검은 마루시(марусь)[11]차의 고무 타이어 아래에서.

---

11) 범인 검거 또는 죄수 호송용 지프형 자동차.

서사시에서는 어떻게 아들이 체포되었고 ["새벽녘에 너를 끌고 갔었다...(Уводили тебя на рассвете)"], 체포를 당한 수천 명의 어머니들, 아내들, 자매들과 함께 어떻게 시인이 감옥 앞의 긴 대열 속에 서 있었으며, 아들의 소식을 기다렸는지에 대한 기술이 계속되고 있다 :

> 나는 17개월을 소리치며,
> 너를 집으로 부르면서,
> 형리(刑吏)의 발에 매달렸다,
> 너는 나의 아들이자 공포이다.
> 모든 시대가 뒤범벅이 되었고,
> 그리고 내게는 이해되지도 않았다.
> 이제 누가 짐승이고, 누가 사람인지,
> 그러면서 오랫동안 사형을 기다리고 있다.

판결을 알게 되고 – "영혼이 굳어지면서", 죽고 싶어 하지만, "다시 사는 것을 배워야만 한다."

시인은 그리스도가 십자가에 못박혀 천상의 아버지에게 어떻게 호소했던가에 대한, 그 책형의 무대를 회상한다. "어머니가 말없이 서 있는 저곳을, / 감히 누구도 그렇게 바라보지 못하였다(А туда, где молча Мать стояла, / Так никто взглянуть и не посмел)." 아흐마또바는 이 서사시에서 아들의 모습과 함께, 러시아와 민중, 영원한 삶의 상징으로서 어머니의 이미지를 창조하였다 :

> 남편은 무덤 속에, 아들은 감옥에,
> 나에 대해 기도하소서.
> ............................
> 그리고 내 자신만을 위해 기도하지 말고,
> 나와 함께 그곳에 있었던 모두를 위해 기도하소서.

그녀는 자신의 입을 통해 수 억 명의 민중이 소리치고 있다고 썼다. 1941년 러시아에 새로운 재앙인 전쟁이 도래하였다. 아흐마또바는 하나의 고통으로부터 회복되지 않은 채(아들과 남편의 유형), 민중과 함께 자신의 어깨를 짓누르는 새로운 고통인 전쟁을 받아들였다. 그녀는 조국과 민중, 투쟁에 대한 시를 썼다 : "우리는 아이들과 묘지에 대고 맹세한다, // 어느 누구도 우리를 복종하도록 강요하지 못한다!(Мы детям клянемся, клянемся могилам, // Что нас покориться никто не заставит!)" (<맹세(Клятва)>). 러시아 민중과 역사의 이름으로 시인은 "위대한 러시아 말"을 수호한다고 맹세하고 있다 : "너를 자유롭고 깨끗하게 보존할 것이다, // 손자들에게 전해주고, 구속에서 구해주기 위해서 // 영원히 (Свободным и чистым тебя пронесем, // И внукам дадим, и от плена спасем // Навеки)" (<용기(Мужество)>). 아흐마또바는 러시아에서 진행된 혁명의 혼란스러움과 가족의 불행한 운명을 겪으면서 체험했던 모든 것을 상기하면서 이렇게 말한다 : "나는 그때 나의 민중들과 함께 했다. // 나의 민중들이 있던 그곳, 불행했던 그 곳에 있었다(Я была тогда с моим народом, // Там, где мой народ, к несчастью, был)" (<우리 모두가 쓸데없이 빈곤했던 것은 아니다...(Так не зря мы вместе бедовали...)>).

하지만 이것으로도 그녀의 온갖 불행이 끝난 것은 아니었다. 1946년 볼셰비키 당 중앙 위원회(ЦК)의 법령이 채택되었다. 이 법령에서 아흐마또바의 모든 작품은 격렬한 비판을 받았다["사형에 처해진 시의 무리(стихов казненных стая)"]. 여기에다 시인은 문학 작가 동맹 활동에서 10년 동안 제명되었고, 그녀의 시는 출판되지 않았다. 그녀는 번역작업에 매달렸고 <영웅 없는 서사시(Поэма без героя, 1940-1965)>를 썼다.

20세기 후반에 아흐마또바의 시적 목소리는 새롭게 러시아 문학과 세계 문학 흐름 속에서 울려 퍼지기 시작했다. 아흐마또바가 20년대부터 60년대까지 썼던 시들 중에서 시인이 선집한 마지막 시선집 『시간의 질주(Бег времени)』는 그녀의 창작활동의 총 결산이다["언젠가 시간의 질주라고 명명되었던 공포로부터 누가 우리를 보호할 것인가? (кто нас защитит от ужаса, который // Был бегом времени когда-то наречен?)"]. 이 선집 속에 포함된 이 시들은 시인 자신의 일기였으며, 동시에 혁명, 전쟁과 탄압, 그리고 시인의 사랑과 증오가 담겨있는 시대의 연대기였다. 이 시집에는 <고대의 페이지(Античная страничка)>, <시들어버린 화관(Венок мёртвым)>, 그리고 시 <유언의 노트로부터(Из заветной тетради)>, <직업의 비밀(Тайны ремесла)>과 <최근 시들(Стихи последних лет)>과 같은 연작시들이 수록되어 있다.

이 책의 가장 중요한 테마들은 끝없는 "평화의 여정", 조국의 이미지, "인간의 여정" ["어디로 가는지 길은 말하지 않을 것이다...(Дорога не скажу куда...)"], 불멸을 향해가고 있는 시인의 이미지이다 : "영원의 소리가 부른다 // 억누를 수 없는 신비로움과 함께(И голос вечности зовет // С неодолимостью нездешней)" (<연해주 소네트(Приморский сонет)>).

1961년에 시 <조국(Родная земля)>에서 아흐마또바는 이렇게 말하고 있다 :

> 우리는 가슴에 귀중한 부적들을 지니지 않았고,
> 그것에 대해 시들은 목 놓아 우는 것을 쓰지 않았으며,
> 그것은 우리의 쓰라린 꿈을 자극하지도 않고,
> 약속된 천국으로도 여기지 않는다.
> 우리는 자신의 영혼 속에서 그것을 만들지 않는다
> 사고 파는 물건으로서.
> 그것에 대해 아파하고 고통당하고 침묵하면서,
> 그것에 대해서는 기억조차 하지 않는다.
> ..........................

하지만 우리는 그것에 속하고, 그것이 되고,
그것 때문에 그렇게 자유롭게 부른다 - 자신의 것이라고.

1917년 10월 혁명 직후 시인은 이렇게 썼다 :

나에게 소리가 있었다. 그는 즐겁게 부르면서,
그가 말했다 : "여기로 오라,
너의 귀먹고 죄 많은 조국변경을 남겨두어라,
러시아를 영원히 남겨두어라.

이 목소리는 여러 해 동안 많은 사람들을 불렀고, 그래서 그들은 러시아를 떠났다. 아흐마또바는 1922년에 "화재로 꽉 막힌 냄새 속에서 // 젊음의 흔적을 없애면서(в глухом чаду пожара // Остаток юности губя)", 망명자들을 비난했고, 자신을 그들과 분리시켰지만, 그들에 대한 동정심은 잃지 않았다.

나는 찢겨진 조국을 적들에게 버린
그런 사람들과는 함께 하지 않는다.
그들의 조잡한 아첨에 주의를 기울이지 않을 것이고,
나는 그들에게 내 노래를 들려주지도 않을 것이다.

그러나 나에게 있어 추방자는 영원히 가엾다,
감금된 사람처럼, 환자처럼,
방랑자인 너의 길은 어둡고,
낯선 빵은 쑥 냄새를 풍긴다.

1922년 그녀는 이렇게 적고 있지만, 이후의 생활에서 힘겨운 여정이 남아 있던 시기, 즉 자신의 세속적인 삶의 최후 시간에 "그 여정을 따라 나는 피 속으로 들어갔고(По которой ползла я в крови)" (<길

(Дорога)>), 그 앞에는 "여왕 자신의 죽음"만이 놓여 있었다. 아흐마또바는 비록 신을 향해 이렇게 외치지만 "신이시여 당신은 내 피곤한 모습을 보고 있습니다 // 부활하라, 죽어라, 살아라"(<마지막 장미(Последняя роза)>), 그녀는 러시아에 남아 있음을 애석해 하지 않는다["나는 사막에서 사는 것이 아니다. // 나와 함께 밤이 있고 영원한 루시가 있다(Я живу не в пустыне. // Ночь со мной и всегдашняя Русь)"] - "너는 쓸데없이 내 발 밑에서 염원하고 있다...(Ты напрасно мне под ноги мечешь...)."

아흐마또바의 묘지

시인은 "세상에 시인의 말보다 더 예언적이고, 두렵고 위협적인 권력이 없기 때문에(в мире нет власти грозней и страшней, // Чем вещее слово поэта)", 인간적인 감정과 비유적인 단어의 영원함을 믿었다.

금은 녹슬고, 철은 썩어 버리며,
대리석은 부스러진다 - 모두가 죽을 준비를 하고 있다.
지상에서의 슬픔은 무엇보다 견고하고
오래 지속된다 - 존엄한 말씀.
　　　　　<언젠가 사람들이 누군가를 불렀다...
　　　　　(Кого когда-то называли люди...)>

# 보리스 레오니도비치 빠스쩨르나끄
(Борис Леонидович Пастернак, 1890-1960)

빠스쩨르나끄는 1890년 모스크바에서 태어났다. 그의 아버지는 유명한 화가였고, 어머니는 피아니스트였다. 그의 부모님의 집에 레프 똘스또이(Л.Толстой), 작곡가 스끄랴빈(А.Скрябин)과 라흐마니노프(С. Рахмани-нов) 등이 자주 방문하곤 하였다.

그는 모스크바 대학 역사-철학부에서 공부하였고(1908-1913), 독일에서 철학을 공부했다. 처음에 그는 음악가를, 그리고 나중에는 철학자가 되기를 원했으나, 결국에는 20세기 러시아의 뛰어난 시인이 되었다. 그러나 그가 섭렵했던 회화, 음악, 철학 그리고 문학이 빠스쩨르나끄의 작품에 커다란 영향을 주었다.

빠스쩨르나끄

1909년부터 그는 시를 쓰기 시작해, 1913년에 출판하였다. 그는 문학 활동 50년 동안 30권 이상의 시집을 내놓았다. 서정시와 서사시 선집, 작품선, 3편의 서사시와 시로 쓰여진 장편 소설 등이 그것이다.

1929년 빠스쩨르나끄는 연작시『초보의 시기(Начальная пора)』에 자신의 초기 시들을 모았고, 첫 번째 두 시선집(『먹구름 속의 쌍둥이(Близнец в тучах, 1914)』와『장애물 위로(Поверх барьеров, 1917)』)을 개작하였다. 이후로도 시인은 몇 권의 시선집들을 더 내놓았다 :『나의 누이 - 나의 인생(Сестра моя - Жизнь, 1922)』,『주제와 변주(Темы и вариации,

1922)』, 『장애물 위로 : 여러 해의 시들(Поверх барьеров: Стихи разных лет, 1929)』, 『두 번째 탄생(Второе рождение, 1932)』, 『새벽 열차에서(На ранних поездах, 1943)』, 『지상의 공간(Земной простор, 1945)』 그리고 『날씨가 맑아졌을 때(Когда разгуляется, 1956-1959)』 등이 그것이다.

『나의 누이 - 나의 인생』

빠스쩨르나끄의 예술 세계는 실제 현실과 동등한 현상으로서 자연, 일상생활, 예술, 역사, 시인과 모든 세계의 삶이 하나로 결합된 것을 내포하고 있다 : "사람들은 자연 현상들과 함께 탄생하고, / 자연 현상은 사람들과 함께 이웃하고(Где люди в родстве со стихиями, / Стихии в соседстве с людьми)" (<풀과 돌들(Трава и камни)>), "사람과 사물은 동등한 위치에 있다(Люди и вещи на равной ноге)." (<얼키고 설킨 왈츠(Вальс с чертовщиной)>) 시인의 시들에는 이상하게도 가장 상이한 현상들이 서로 얽혀 있다. 다음은 1917년에 쓰여 진 <이 시들에 대하여(Про эти стихи)>의 첫 부분이다 :

나는 보도들에서 잘게 빻는다
유리와 태양과 함께 2등분되었다.
나는 겨울에 천장을 열어
축축한 구석에서 읽게 한다…

그의 시들은 자연의 법칙에 따라 살아 있으며, 자연은 창작의 법칙에 따라 살고 있다. 그렇기 때문에, 예를 들어, 만개한 보리수의 향기는 "책의 제목과 내용, // 공원과 꽃밭은 책의 표지(Предмет и содержанье книги, // А парк и клумбы - переплет)"를 구성한다 (<보리수 가로수길 (Липовая аллея)>). "시에서 누구와의 만남이 정해졌는가? 오솔길은 시행의 울타리로 통한다(С кем в стихе назначено свиданье? Изгородью строк ведет тропа)"고 시인은 믿고 있다.

> 호밀과 밀이 심어진 들판으로
> 단지 타작 시기에만 부르지는 않는다,
> 하지만 언젠가 이 장을
> 너의 조상이 너에 대해서 채워 넣었다.
> 그것이 무엇이든, 그의 말이 있다...
>
> <빵(Хлеб, 1956)>

그리고 "어쩌면, 한해 또 한해가 // 눈이 내리듯이 뒤따를 것이다, // 아니면 서사시에서 단어들처럼?(Может быть, за годом год // Следуют, как снег идет, // Или как слова в поэме?)"(<눈이 내린다(Снег идёт, 1957)>). 빠스쩨르나끄는 <모든 것에서 나는 도달하기를 바란다...(Во всем мне хочется дойти..., 1956)>라는 시에서 마치 세계관의 요소들로 만들어진 자기 시의 창작 원리를 펼쳐 보이고 있다 :

> 나는 정원처럼 시를 꾸몄다.
> 모든 재능의 떨림으로
> 그곳에 보리수들이 연이어 꽃을 피웠다,
> 일렬로, 뒤쪽에도.
>
> 나는 시에 장미의 호흡,
> 박하의 호흡,
> 숲, 띠, 풀베기,
> 뇌우의 굉음을 가져왔다.
>
> 언젠가 쇼팽이 그렇게
> 장원, 공원, 수풀, 묘지들의
> 생생한 기적을
> 자기의 습작에 넣었다.

시인은 자연 속에 용해되었다 : "나에게 세상이 열려졌고, 나는 세상에 알려졌다(Мне мир открыт, я миру ведом)"(<4월 지상의 아름다움 앞에…(Перед красой земли в апреле…, 1958)>). 그는 이 모든 다양한 "재료"들로부터, 마치 신처럼 자신의 세계와 예술 세계를 창조하였다 : "신의 세계는 단지 시작되었을 뿐이다. // 회상 속에서 그것은 존재하지 않는다(Мир божий только начался. // Его в помине не бывало)" (<삶의 감정(Чувство жизни, 1957)>).

시간과 공간 속에서 이 세계는 영원하다. 하지만 시인은 어느 한 순간 우주의 모든 무한성을 포옹하고, 그 속에서 용해된다 : "동행하는 별들의 동향인으로서 // 나는 언젠가 그리고 영원히 떠날 것이다(Сородичем попутных звезд // Уйду однажды и навеки)" (<선미의 쌍둥이(Близнец в корме, 1913)>). "안녕. 내버려둬라! 나는 기적에 몸을 바친다. // 시간을 뒤섞어 놓아라. 몇 세기 이후로 갈 것이다(Прощайте. Пусть! Я посвящаюсь чуду. // Тасуйте дни я за века зайду)" (<엘레지 3(Элегия 3, 1912)>). 창작 과정의 초기에도 그러했고 후기 역시 그러했다 : "나와 함께 오늘 모든 영원함이 있다. // 덮개 없는 세기는 아주 먼 곳이다(Со мной сегодня вечность вся. // Вся даль веков без покрывала)" (<삶의 감정(Чувство жизни, 1957)>). 특히 세상 및 수많은 세상의 주민들과 시인이 합일되는 선명한 장면은 시 <여명(Рассвет, 1947)>에서 그려졌다 :

나는 그것의 뒤에 있는 모든 것을 느낀다,
마치 그것의 신체 속에 있었던 것처럼,
나는 눈이 녹는 것처럼 자신을 녹인다,
나는 아침처럼 자신의 눈썹을 찡그린다.

나와 함께하는 사람들은 이름 없는,
나무들, 아이들, 안방 샌님들이다.

나는 그들 모두에게 승리했는데,
나의 승리는 단지 그것 뿐이다.

빠스쩨르나끄의 시 세계에는 그의 모든 작품을 통해 형성되고 고정된 이미지와 모티브, 테마들이 있는데, 그것은 자연이고, 시이며, 사랑이다.

빠스쩨르나끄는 통합된 총체로서 자연을 표현하면서("자연, 세계, 우주의 비밀장소"), 또한 동시에 개별적인 자연의 세계를 그리고 있다 : 인간의 세계, 시의 세계, 또한 "보다 울창한 식물 세계, // 보다 강한 맹수의 세계(Дремучее царство растений, // Могучее царство зверей)"가 그것이다 (<빵(Хлеб)>).

바로 이 작품이 그의 식물 세계의 시적 묘사들 중의 하나이다 :

오직 당신을 위한 나무들
당신의 아름다운 눈을 위해서,
나는 처음으로 세상에 살고 있다,
당신과 당신의 매력을 보면서.

나는 자주 생각한다 - 신이
붓으로 자신의 색조를
나의 가슴으로부터 뽑아냈고
당신의 잎들에 퍼뜨렸다.

만약 나에게 세상에 당신처럼 친밀한,
그 어떤 사람이 있다면,
그 안에는 또한 풀의 단순함,
나뭇잎과 산(山) 정상의 생소함이 있다.

빠스쩨르나끄는 많은 시행들을 "힘센 맹수의 세계"와 새 그리고 동물의 세계 – 말과 꾀꼬리, 수탉과 암소에게 헌사하였다.

눈이 시들어 녹으면서 빈혈로 아파하며
파란 나뭇가지들에서 힘없이 살고 있다.
그러나 삶은 암소의 외양간에서 연기를 내며 타고 있고,
갈퀴 갈고리의 이들이 건강하게 빛난다.
............................
마구간과 소 외양간을 모두 활짝 열어 젖혔고,
비둘기들은 눈 속에서 귀리를 쪼고 있으며,
모든 활기를 불어넣고 원인을 제공하는,
거름이 신선한 공기로 냄새를 풍긴다.

<3월(Март)>

이 작품에는 식물과 함께 공존하는 동물의 세계가 유일하게 나타나고 있다.

그러나 빠스쩨르나끄의 시에는, 특히 자연현상 – 태양, 비와 눈, 겨울과 봄, 천둥과 바람에 헌사된 많은 시행들이 있다. 이러한 풍경들은 시 <날씨가 맑아졌을 때(Когда разгуляется, 1956)>와 <유일한 날들 (Единственные дни, 1959)> 등에서 선명하게 그려지고 있다.

빠스쩨르나끄의 정의에 따르면, 시인은 "감성 측정을 위한 도구"이다(<극지의 여자 재봉사(Полярная швея)>). 바로 이런 이유 때문에 빠스쩨르나끄에 의해 표현된 인간 감정의 세계는 그의 견해와 함께 무엇보다도 충만하고 선명하게 표현되어졌다 :

정원, 연못, 담장들이,
하얀 호흡 속에서 끓어 넘치고
우주는 인간 마음에 의해 축적된

열정의 방전일 뿐

                <창작의 정의(Определение творчества, 1917)>

새로운 삶을 위해 진동과 격변만이
길을 깨끗이 하는 것은 아니다,
뜻밖의 발견과 폭풍우, 풍부한 선물들은
누군가의 고무된 영혼이다.

                <뇌우 후에(После грозы, 1958)>

사랑을 관통하는 모티브는 빠스쩨르나끄의 모든 이미지 시스템에 스며들어 있다. 왜냐하면 "사랑은 불러일으켰지만 // 비존재성은 우주적이며 // 삶들은 새로운 것(Любовь внушена // Вселенной небывалость // И жизни новизна)"이기 때문이다 (<열려진 하늘 아래에서(Под открытым небом, 1953)>). 시인은 사랑에 대해서 단지 우주적 현상으로서 뿐만 아니라 사랑에 빠진 두 연인의 비밀스러운 친밀한 관계에 대한 것으로서도 적고 있다(<겨울 밤(Зимняя ночь, 1946)>, <나는 모두에게 도달하기를 원한다(Во всем мне хочется дойти..., 1956)>).

일상생활에서 신경질적이고 기질이 온화한 사람인
너는 지금 모든 불이고, 모든 연소이다.
나는 너의 아름다움을 가두어 둘 것이다
시의 어두운 윗 층에.

……………………

말은 사랑에 포함되었고, 네가 옳았다.
나는 다른 이름을 궁리하고 있다.
너를 위해서라면 나는 전 세계이고 모든 단어이다,
만약 네가 이름 바꾸기를 원한다면.

                <무제(Без названия, 1956)>

그리고 나머지 것들을 모두 결합시키는 빠스쩨르나끄 서정시의 또 다른 중요한 테마가 하나 더 있다. 그것은 자연에 필적하는 시 "언어로 표현되는 세상의 이미지, 창작과 기적창조(Образ мира, в слове явленный, // И творчество, и чудотворство)"이다 (<8월(Август)>).

    이것은 - 심하게 영글은 휘파람이고,
    이것은 - 꽉 눌려진 얼음덩어리의 튕김이며,
    이것은 - 잎이 얼어붙은 밤이고,
    이것은 - 두 꾀꼬리들의 논쟁이다.

    이것은 - 달콤하게 시든 완두콩이고,
    이것은 - 완두콩 꼬투리 속 우주의 눈물이다...
        <시의 정의(Определение поэзии, 1917)>

시인에게 있어서 시의 창작은 현실 세계의 창조이다.

    아, 내가 알았더라면, 그렇게 존재하곤 한다는 것을,
    내가 처음 무대에 섰을 때,
    피로 쓴 행들이 - 사람을 죽일 수 있는데,
    목으로 밀려들어 죽일 수 있다는 것을!
    ..........................
    감정이 시행을 구술할 때,
    감정은 무대로 노예를 보내고,
    그리고 거기에서 예술은 끝난다,
        <아, 내가 알았더라면, 그렇게 존재한다는 것을...,
        (О, знал бы я, что так бывает...) 1931>

빠스쩨르나끄가 시에 대해서 말하는 것으로는 <추하게 유명해지는 것...(Быть знаменитым некрасиво..., 1956)>과 <밤(Ночь)>과 같은 시들이 있고, 여기에서 시인은 자신의 시를 노동자에게 헌사하고 있다:

밤중에, 꿈에서도 잊지 못한 채,
날이 밝아오자 소파에서 벌떡 일어나,
온 세상을 한 페이지 위에 기록하고,
연의 경계들 사이에 완전히 들어간다.
&lt;눈보라 후에(После вьюги, 1957)&gt;

시인은 - "영원의 인질이고 // 시간의 포로(вечности заложник // У времени в плену)"이며 (&lt;밤(Ночь)&gt;), 그는 이렇게 살아야만 한다. "결국에 // 공간의 사랑을 자신에게 끌어당기기 위해서, // 미래의 외침을 듣는다(чтобы в конце концов // Привлечь к себе любовь пространства, // Услышать будущего зов)" (&lt;추하게 유명해지는 것(Быть знаменитым некрасиво...)&gt;). 빠스쩨르나끄는 그렇게 될 것이라고 믿고 있다.

천둥처럼 여정은
삶과 사건, 죽음과 열정을 얼싸안고,
너는 이성과 대지를 지나간다,
전설처럼 영원 속으로 들어가기 위해

너의 행진은 지형을 바꾼다.
너의 제철의 선철 아래에서
과묵함을 씻어 흘러 보내며,
언어의 파도들을 세차게 내뿜을 것이다.

도시들의 귀중한 지붕들,
각각의 오두막 현관 계단,
문지방 옆 모든 백양나무가,
너의 얼굴을 알아볼 것이다.

&lt;그가 일어서다. 세기. 겔라띄...
(Он встает. Века. Гелаты..., 1936)&gt;

20년대 중반부터 빠스쩨르나끄는 서사시를 쓰기 시작한다 : 서사시 <고상한 병12)(Высокая болезнь, 1923, 1928)>, <9백 5년(Девятьсот пятый год, 1925-1926), <슈미트 중위(Лейтенант Шмидт, 1926-1927)>, 운문소설 『스뻭또르스끼(Спекторский, 1925-1930)』를 썼고, 그 후 산문을 썼다. 이러한 예들로는 자서전적 중편 소설 『안전 통행증(Охранная грамота, 1930)』, 『인간과 상황(Люди и положения, 1957)』이 있다. 그러나 그의 서정시가 서사적이고 포괄적이었던 것처럼, 그의 서사시도 시적이고 형상적이었다.

30년대 초반부터 빠스쩨르나끄는 셰익스피어, 괴테, 릴케 그리고 그루지야 시인들의 작품을 번역하였다.

1941년부터 1944년까지 시인은 러시아 민중의 용감성과 애국심 그리고 러시아 민족의 운명에 대한 연작시 <전쟁에 대한 시(Стихи о войне)>를 썼다 :

> 러시아의 운명은 광대하여,
> 무엇으로든 꿈에 보일 수 있고,
> 이전처럼 영원히 남아있다,
> 새로운 것이 존재하지 않은 상태에서.
>
> <아득함(Неоглядность, 1944)>

1957년 해외에서 빠스쩨르나끄의 『닥터 지바고(Доктор Живаго)』가 출간되었다. 이 책이 출판된 후 그는 노벨상 수상자로 지명되었다. 이로 인해 작가는 비난을 받게 되고, 작가 동맹에서 제명되었으며, 상을 거부할 것을 강요받았다.

『닥터 지바고』에 대한 삽화

---

12) 극장 공연 등에서 높은 예술성을 상징하는 표현.

나는 가축우리의 짐승처럼 사라졌다.
어딘가에 사람들, 자유, 빛이 있고,
내 뒤로 추적의 소음,
내게는 밖을 향한 출구가 없다.
..............................

내가 무슨 가해행위를 했었던가,
내가 살인자나 악당이라도 된단 말인가?
나는 전 세계를 울도록 강요했다
나의 지상의 아름다움에 대하여.

그러나 나는 믿는다, 거의 그렇게 관 옆으로,
그 시기가 올 것이라고 -
비겁함과 악의 힘을
선의 영혼이 물리치는 그 날이.

&lt;노벨 상(Нобелевская премия, 1959)&gt;

소비에트체제하에서 수많은 훌륭한 사람들이 겪었던 것처럼, 비난과 몰이해가 일찍부터 빠스쩨르나끄를 괴롭혔다. 그러나 그는 항상 멸시받고 모욕 받는 사람들의 옹호자였다 :

내 영혼은 근심이 많은 자이다
내 주위의 모두에 대해,
너는 살면서 들볶인 사람들의
묘지가 되었다.
그들의 몸통을 미이라로 만들면서,
그들에게 시를 헌사하고,
통곡하는 하프로서
그들을 애도한다.
너는 이기적인 우리 시대에
양심을 위해서 그리고 공포를 위해

묘지의 유골 항아리로 서 있다,
그들의 유해를 평안하게 하면서.

그들의 전체적인 고통들이
너를 엎드려 숙이게 하였다.
너는 죽은 사람과 묘지들의
시신의 먼지로 냄새가 난다.

<영혼(Душа, 1956)>

그러나 시인은 "미래에는 모든 시각이 바뀔 것(Грядущее на все изменит взгляд..., 1942)"이라고 항상 믿었다.

빠스쩨르나끄는 1960년에 심한 중병을 앓고 난 후 생을 마쳤고, 말년에 그가 살았던 뻬레젤끼노(Переделкино)의 별장근처에 안장되었다.

# 알렉산드르 뜨리포노비치 뜨바르돕스끼

(Александр Трифонович Твардовский, 1910-1971)

뜨바르돕스끼는 1910년 스몰렌쉰(Смоленщин)의 자고리에(Загорье) 마을에서 태어났다. 시골 생활과 농촌의 자연 그리고 뿌쉬낀, 레르몬또프, 네끄라소프(Н.Некрасов), 알렉세이 똘스또이(А.К.Толстой), 니끼찐(Н.Никитин), 이사꼽스끼(М.Иссаковский)의 시들이 그에게 커다란 영향을 주었다.

1925년부터 뜨바르돕스끼는 수필과 시를 출판하기 시작했고, 1930년부터는 인상기와 유사한 서사시들(<사회주의로의 길(Путь к социализму)>, <머리말(Вступление)>)을 출판하였다. 30년대 뜨바르돕스끼의 삶은 매우 힘들었다. 그의 아버지는 재산을 몰수당했고(비록 그가 부농은 아니었지만), 모든 가족이 마을에서 추방되었으며, 1931년에 그가 자신의 편지에서 밝히고 있는 것처럼, "부모를 거부할 것과 그렇게 되면 인생에 장애가 없게 될 것"이라는 사실이 시인에게 강요되었다.[13] 그의 동생 이반 뜨리포노비치는 이 사실을 같은 잡지에서 다음과 같이 평가하고 있다 : "분명해 보였다. 선택된 목적을 위해서 알렉산드르는 부모를 거부하는 것을 피하지 않았다. 이러한 행동의 고통을 물리치기

---

13) [신세계(Новый мир)] 1991, N10, 162쪽.

란 어려웠고, 이런 이유로 해서 그는 그런 상황을 이해하지 않을 수 없었다. 그는 자신의 전 생애동안 이 죄의 고통을 아무 말 없이 자신의 영혼 속에 지니고 다녔다. 그러나 흔히 말하는 것처럼, 신이 그를 심판했다." 시인은 이 시기에 집단 농장 체제를 찬양하였고, 이 비극적인 시기에 많은 이들처럼 이중적인 삶을 살았다.

서사시 <개미의 나라(Страна Муравия, 1934-1936)>가 뜨바르돕스끼에게 명성을 가져다 주었다. 이 서사시의 주인공 니끼따 모르구녹(Никита Моргунок)은 행복한 나라를 추구하며 러시아 전역을 순례한다 :

<개미의 나라>

    길고 긴 길이 이어지고
    개미가 있어야만 하는
    그곳은, 아주 오래된
    개미의 나라이다.

그리고 시인은 그 나라를 집단 농장에서 찾는다.

이 서사시 이후 뜨바르돕스끼는 몇 권의 시선집을 출간한다 : 『시(Стихи)』, 『길(Дорога)』, 『다닐의 할아버지에 대하여(Про деда Данилу)』, 『농촌 연대기(Сельская хроника)』, 『자고리에(Загорье)』가 그것이다. 이 시기에 시인은 스몰렌스끄(Смоленск)에서 살면서 사범대학에서 공부하였고, 그 다음에는 모스크바에서 공부하였다. 1939년에 그는 역사철학 문학연구소(ИФЛИ)를 졸업하였다. 뜨바르돕스끼는 자신의 책 『자서

전(Автобиография)』에서 이렇게 적고 있다 : "이 시기는 나의 문학 활동의 운명에서 가장 결정적이고 의미 있는 기간이었다(…) 그 당시 시골에서 일어났던 모든 일들이 가장 친밀한 형태로 나를 건드렸다(…) 바로 이 시기 덕분에 나의 시적 탄생은 가능했다."

1939년부터 뜨바르돕스끼는 군복무를 하였고, 종군기자로 전쟁에 참가했으며, 시와 수필, 그리고 단편 소설들을 썼다. 전쟁시기의 가장 유명한 작품으로는 서사시『바실리 죠르낀. 병사에 관한 책(Василий Тёркин. Книга про бойца, 1941-1945)』이 있다. 이 책은 민중의 상징인 평범한 러시아 사병이 어떻게 싸우는가에 대해서 이야기하고 있다 :

어떤 이는 진지하거나, 어떤 이는 심심풀이로, -
비가 오든 눈이 오든 아무 것도 아니다, -
전투 속으로, 전진, 비참한 불길 속으로
그는 걸어간다, 성스럽고 죄가 되는,
러시아의 기적-인간이다.

『바실리 죠르낀』은 서정적 서사시로, 여기에는 주제의 전개(대조국 전쟁의 서사적 사건들)에 헌사된 20장이 있고, 작가 혹은 주인공의 서정적 독백에 헌사된 10장이 있다.

이 서사시는 러시아에서 뿐만 아니라 해외에서도 성공을 거두었다. 프랑스에 살면서 소비에트 문학에 부정적인 태도를 보이고 있던 부닌(И.Бунин)은 1947년『바실리 죠르낀』에 대해서 다음과 같이 썼다 : "이것은 참으로 드문 책이다. 자유, 기적과 같은 불굴의 용기, 모든 면에서의 엄밀한 정확성, 그 비범한 민중 병사의 언어 등은 얼마나 탁월한가." 서사시의 많은 행들은 민중의 속담이나 격언이 되었다 : "병사들은 도시들을 함락시켰고, // 장군들이 그것을 취했다(Города сдают солдаты, // Генералы их берут)."

성스럽고 정당한 전투가 행해진다,
치명적인 전투는 명예를 위한 것이 아닌,
지상에서의 삶을 위한 것이다.

전쟁시기에 뜨바르돕스끼는 두 권의 시선집을 출판하였다 : 『복수(Возмездие)』와 『전선의 연대기(Фронтовая хроника)』는 "병사에 대한 책"의 사상을 시인이 지속하는 듯하다. 1943년에 쓴 시에서 시인은 핀란드 전쟁 시기에 어떻게 그가 얼음 위에서 죽은 젊은 병사에 관한 두 행의 시를 자신의 수첩에서 찾게 되었는가에 관해 기술하고 있다 :

잔혹하고 큰 전쟁의 와중에는,
아무리 해도 납득이 되지 않는다, -
나에게는 저 먼 운명들이 안타까울 뿐이다,
마치 죽은 듯, 외로운 듯,
마치 내가 이렇게 누워 있는 듯하다,
얼어붙고, 작아지고, 살해되어,
알려지지 않은 저 전쟁에서,
잊혀진 채, 조그맣게 누워있다.

전쟁 시기 뜨바르돕스끼의 가장 훌륭한 시들은 휴머니즘과 러시아 민중에 대한 고통을 분명하게 보여주는 한편, 또한 적에 대한 증오와 복수의 사상이라는 특색을 지니고 있다(<운전기사 아르뜌흐(Шофёр Артюх)>, <탱크병 이야기(Рассказ танкиста)>, <동지에 대한 발라드(Баллада о товарище)>, <복수(Возмездие)> 등이 그 예이다) :

우리에게는 수백 베르스따와 수천 베르스따의 땅이 있다,
아버지에게서 유산으로 물려받은 조국의 땅,
그 땅을 짓밟고서, 수확기에 전쟁을 치렀다

비애로 인해 황폐해진 마음을 갖고.

<복수(Возмездие)>

1946년 그의 새로운 서사시 『길가의 집(Дом у дороги, 1942-1946)』이 출판되었다. 여기에서 시인은 전쟁이 민중에게 가져다 준 고통에 대해 이야기하고 있다 :

여기서 표현되는 모든 것은,
마음속에서 다시 규명된다,
조국에 대한 통곡처럼,
조국의 혹독한 운명의 노래처럼.

그러나 전쟁 이후 시들에서도 여전히 전쟁의 테마는 특별한 위치를 점하고 있다. 이제 시인은 죽은 사람들을 자주 회상하면서, 이 테마에 보다 더 성숙된 철학적 접근을 한다 :

나는 내 자신이 그 어떤 잘못도 없음을 안다
전쟁에서 돌아오지 않은 다른 사람들,
그들이 나이든 사람이든 젊은 사람이든 -
거기에 남겨졌고, 그리고 그에 대한 이야기,
나는 그들을 살릴 수 있었으나, 구하지 못했다, -
이야기는 그게 아니다, 그렇지만, 그렇지만, 그렇지만...

<나는 내 자신이 그 어떤 잘못도 없음을 안다...
(Я знаю, никакой моей вины..., 1966)>

이 시기 시인이 쓴 가장 유명한 시로는 <나는 르제프 근교에서 죽었다(Я убит подо Ржевом)>, <전쟁이 끝났던 바로 그 날(В тот день, когда окончилась война)>, <1941년 6월 22일(22 июня 1941 года)>,

<그들의 기억(Их памяти)>, <죽은 병사의 아들에게(Сыну погибшего воина)>, <가혹한 기억(Жестокая память)>을 꼽을 수 있다.

1950-1960년에 뜨바르돕스끼는 자신의 유명한 서사시 <저 멀리 - 먼 곳에(За далью - даль)>를 썼다. 이 서정적 서사시에는 러시아와 러시아의 과거, 현재, 미래에 대한 서사적인 서술, 그리고 또한 시인 자신의 서정적 전기가 하나로 융합되어 있다.

서사시의 주제는 모스크바에서 블라디보스톡까지 전국을 돌아보는 작가의 여행으로 뜨바르돕스끼에게는 익숙한 주제이다. 시인에게 있어 길-여정의 모티브는 그의 거의 모든 주요 작품을 일관하고 있다 : <개미의 나라(Страна Муравия)>, <바실리 죠르낀(Василий Тёркин)>, <길가의 집(Дом у дороги)>, 시선집 『길(Дорога)』, 시 <길(Дорога)>, <길에서 생긴 일(Случай на дороге)>, <자고리에로의 여행(Поездка в Загорье)>, <또다시 길과 다리...(Ещё дороги и мосты...)>, <여정 중에(В пути)>, <군용차가 종대로 길을 갈 때(Когда пройдёшь путём колонн...)>, <집까지 가는 길(Дорога до дому)>, <길의 길(Дорога дорог)>이 그것이다. 여행의 모티브는 19-20세기 초 많은 러시아 작가와 시인들의 작품의 토대가 되었다. 이러한 예로는 고골의 『죽은 혼(Мёртвые души)』, 네끄라소프의 『누구에게 루시는 살기에 좋은가(Кому на Руси жить хорошо)』, 블록, 예세닌, 마야꼽스끼 등의 작품이 있다.

서사시의 예술 세계는 다면적이고 무한하다. 뜨바르돕스끼는 끝없는 러시아의 머나 먼 곳과 시간의 먼 과거와 기억의 저편을 보고 있다 : "은하수처럼, 지상의 불들이 / 나의 길을 따라 흐르고 있다(Как Млечный Путь, огни земные / Вдоль моего текут пути)"; "길로부터 - 온 나라를 지나 - / 나는 아버지의 지방 스몰렌스끄를 보고 있다(С дороги - через всю страну - / Я вижу отчий край смоленский)":

<저 멀리 - 먼 곳에>

해(年) 너머 해, 도로 표지 너머 표지.
지역 너머 지역.
쉽지 않은 길이다.
그러나 세기의 바람이
돛단배를 우리에게 불고 있다.

"서사시 <저 멀리 - 먼 곳에>는 뛰어난 수학적 균형을 갖춘 구성을 특징으로 하고 있다. 자유롭고 변덕스러운 줄거리 속에는 자체의 고상한 논리가 있다. 심사숙고된 정태(靜態)가 창문 너머로 전개되는 풍경의 동력(動力)으로 바뀌지고 있으며 부분적인 계획이 전체적인 것으로 교체된다. 서정적 주인공의 영혼 깊숙한 곳의 내성이 민중의 삶의 광범위한 전경으로, 서정적 독백이 대화로… 역사는 현대성으로, 서정시는 풍자로 교체된다. 이것은 균형 잡힌… '건물'인 원형의 틀을 완성한다. 첫 번째 장은 <저 멀리 - 먼 곳에>라고 불려지고, 첫 번째 모티브를 이어받으면서 동시에 다른 전망을 열어주는 마지막 15장은 <새로운 먼 곳까지(До новой дали)>라고 불려진다."

서사시 <바실리 죠르낀, 1945>을 완성한 후에도 뜨바르돕스끼는 사랑하는 주인공에 대해 계속 이야기를 해 줄 것을 부탁하는 많은 편지를 받았다. 1963년에 그는 풍자적인 서사시 <저 세상에서의 죠르낀(Тёркин на том свете, 1954-1962)>을 출판하였는데, 여기에서 그는 스탈린 개인 우상화 시기의 "죽은 왕국"을 폭로하였다. 죠르낀은 그러한 세상을 참을 수 없었고, 그래서 "저 세상으로부터" 모든 인위적이고 규격화 된, "메뉴에는 제시되어 있으나 - // 현실에는 없는…(Обозначено в меню - // А в натуре нету…)" 그런 세상에 대항하여 투쟁하는 살아있는 사람들에게로 다가갔다.

60년대에 쓰여진 시들로 발간된 책 『이 시기의 서정시들 중에서(Из лирики этих лет, 1967, 1972)』는 시인의 창작이 새로운 단계로 접어들었음을 보여준다. 이 시집에서 뜨바르돕스끼는 자신의 시세계 속에 나 있는 길-여정의 일관된 이미지를 계속해서 발전시키고 있다. 이 세계는 지구, 국가, 민중, 시대, 세기, 시간, 단어... 등과 같은 그러한 이미지들과 합류된다. 그의 서정시는 평범하고 구체적인 형태를 보여주면서도 상징적 의미가 가득하며 철학적이기도 하다. 시인은 삶과 시 그리고 죽음과 불사에 대하여 깊이 성찰하고 있다 :

　　달콤한 불면증으로서 나의 젊음을
　　별빛 가득한 하늘이 괴롭혔다.
　　내가 가 본적이 없는 그곳
　　전세계의 중심에 서 있는 듯하다.

　　성년기의 나를 그렇게 놀라게 하지 않는다
　　우리의 작은 유성이.
　　마치 개미의 해로운 소란스러움 같은
　　우주의 먼 세상들이,
　　<나의 도시 창문에서의 자정(Полночь в мое городское окно...)>

뜨바르돕스끼 시의 문체는 평범하다고 할 수 있지만, 그러나 "그 평범한 문체는 광선의 선명한 빛이 그것을 형성하는 일곱 가지 색채가 융합되는 충만한 빛과 같은 것이다. 설명에 의해 평범한 문체는 하얀 빛과 유사하다. 그것은 복잡하지만, 그렇다고 자신의 복잡성을 결코 드러내지 않는다." 우리 현대인들은 뜨바르돕스끼의 시어(詩語)를 높이 평가하고 있다. 그런 이유로 잡지 [신세계(Новый мир)]의 편집장이자 작가인 잘릐긴(С.Залыгин)은 이렇게 언급하고 있다 : "나는 수십 년 동안 산문에서든 운문에서든 뜨바르돕스끼 언어보다 더 훌륭한 러시아어를 알지 못한다.

(좌) 뜨리포노프
(우) 샬라모프

나는 뜨바르돕스끼가 30년대의 사건들과 대조국 전쟁의 사건들 그리고 전후시기의 사건들 속에서 그런 공적을 힘겹게 얻어내어 자신의 시대에 그것을 구했다고 생각한다."

비록 그가 소련은 물론이고 전세계적으로도 인기를 누리며 인정을 받았고, 네 차례에 걸쳐 국가가 수여하는 상을 수상하였으며(1941, 1946, 1947, 1971), 레닌 상을 수상하기도 했으며(1961), 소연방 작가 동맹의 의장이자 진보적인 잡지 [신세계]의 편집장을 역임(1950-1954, 1958-1970)하기도 하였으나, 뜨바르돕스끼의 삶은 60년대에도 역시 힘들었다.

잡지 [신세계]는 1925년부터 모스크바에서 발간되었다. 이 시기에 [신세계]는 20세기 러시아 문학을 대표하는 수많은 작품들을 게재하였다(고리끼의 『끌림 삼긴의 생애(Жизнь Клима Самгина)』, 숄로호프의 『고요한 돈강(Тихий Дон)』, 마야꼽스끼, 예세닌, 빠스쩨르나끄, 아흐마또바, 뜨바르돕스끼, 오베츠낀(В.Овечкин), 아브라모프(Ф.Абрамов), 쩬드랴꼬프(В.Тендряков), 벨로프(Б.Белов), 뜨리포노프(Ю.Трифонов), 븨꼬프(В.Быков), 아이뜨마또프

(Ч.Айтматов), 돔브롭스끼(Ю.Домбровский), 샬라모프(В.Шаламов), 솔제니쩐(А.Солженицын) 등의 작품이 그것이다).

이 잡지는 뜨바르돕스끼를 편집장으로 영입하면서, 러시아 역사의 어려운 시기에 러시아 민중의 삶에 대한 진실을 파헤친 재능있는 작품들을 출판하는 등 매우 중요한 역할을 수행하였다. 이러한 이유 때문에 뜨바르돕스끼는 두 차례나 잡지의 편집장 직위에서 해임되었고(1954, 1970), 그의 마지막 서사시 <기억의 진실을 따라(По праву памяти, 1966-1969)>는 결국 출판 허락을 받을 수 없었다. 이 서사시는 1987년에야 출판되었다. 이 서사시에서 뜨바르돕스끼는 마음속의 "생생한 기억의 진실을 따라" 가혹했던 30년대로 돌아간다. 이 시기에 그는 자신의 아버지가 수백만 명의 다른 사람들과 마찬가지로 탄압 당했고 유형에 처해졌으며, 자신의 네 형제들과 함께 "인민의 적의 아들이라는 칭호"를 들었었다 :

아버지를 위해 아들은 대답하지 않는다 -
계산에 따른 다섯 단어, 정확하게 다섯 단어다.
그러나 그것들은 자체에 수용되어 있다,
당신들, 젊은이에게는 갑자기 포함된 것이 아니다.

크레믈린의 홀에서 그것을 무심코 말했던
그 사람은 우리 모두를 위한 한 사람이었다
지상 최고의 통치자로서의 운명,
민중들이 누구를 우러러 칭하였던가
축하 행사장에서 조국의 아버지로.

당신들에게는 -
다른 세대 출신들인 -
아마도 심오한 곳까지 이해되지는 않을 것이다
그 짧은 단어들의 비밀스런 폭로가
죄 없이 잘못을 떠맡은 사람들을 위한 것이라는 사실이.

시인 자신이 겪은 가족의 비극적인 삶을 통해 그는 모든 민중의 비극을 보여주려 하고 있으며, 이에 대한 죄를 "민중의 아버지" 스탈린과 소비에트의 모든 체제에 책임 지우고 있다 : "주지하다시피 핵심은 작은 탈선이 아니다, // 위대한 자가 꺾이었을 때는(Ведь суть не в малом перегибе, // Когда Великий перелом)." 그리고 시인은 계속해서 귀납적인 결론을 내리고 있다. 만약 네가 자신의 아버지를 배신했다면, 너는 "친형제", 가장 훌륭한 친구 그리고 자신의 민족을 배신할 수도 있다 :

아이들은 오래 전에 아버지가 되었다
전체의 아버지가 되고자 했으나
우리 모두는 대답으로 거부하였고,
10년의 재판이 계속되었고,
그리고 아직 끝이 보이지도 않는다.

60년대 말에 시인에 의해 언급된 이 말들은 오늘날까지도 유효하다. 언젠가 그가 탄압 당하는 아버지를 거부했었고, 그런 이유 때문에 뜨바르돕스끼(아들로서 그리고 시인으로서)는 "영혼을 괴롭히는" 아픔을 감수해야 했다. 그래서 시인은 "말로 표현된 무언의 아픔"을 체험했다. 그가 이 체험을 하고자 했던 것은 양심의 정제를 위해서도 아니며, "부채(負債)의 명령" 때문만도 아니다 :

그러나 존재하는 모든 것이 잊혀지지 않기에,
세계를 꿰매고 - 덮어 버릴 수는 없다.
우리에게는 미소 속에 하나의 부정함이 있고
단지 마당근처에만 진실함이 있다!

게다가 국가의 과거와 현재뿐만이 아니라 국가의 미래도 시인을 불안하게 한다 : "누군가 과거의 질투를 감춘다면, // 그는 아마도 미래에도 조화롭지 못할 것이다…(Кто прячет прошлое ревниво, // Тот вряд ли с будущим в ладу…)" "뜨바르돕스끼 주위에 있는 사람들에 대한 시인의 개인적인 영향은 대단히 컸으며 분명했다. 그는 대다수의 사람들이 진실이 어디 있고 부정함이 어디 있는지 알지 못하면서 희망을 감추고 있던 그 시절에 진실에 따라 살기를 원했고, 이러한 희망을 감추지 않았다"라고 잘리긴(С.Залыгин)은 기술하고 있다.14)

뜨바르돕스끼가 소비에트 군대의 체코슬로바키아 침공에 적극적으로 반대했던 사람들 중의 한사람이었다는 것은 우연이 아니다 : "네 시, 다섯 시에 일어나 라디오를 들었다… 여섯시까지 들었고, 담배를 피웠고, 흐느꼈다…

    나의 맹세여, 너와 함께 내가 무엇을 할까,
    이것에 대해 말하기 위해 어디에서 단어를 취할까,
    프라하는 45년에 우리를 어떻게 맞이하였던가,
    그리고 68년에는 어떻게 맞이하고 있는가."15)

그리고 60년대에도 역시 소비에트 체제의 수많은 모순들이 시인이자 공산주의자인 뜨바르돕스끼를 분열시켰다.

편집장으로서 뜨바르돕스끼의 가장 큰 업적은 작가로서 그리고 한 인간으로서 솔제니찐을 지지하면서 잡지 [신세계]에 그의 첫 번째 작품을 출판한 일이다.

잡지 [신세계]의 지도부에서 해임된 이후 1971년에 뜨바르돕스끼는 병마에 시달리다가 죽었다. 그는 모스크바에 안장되었고, "하관하려는 바로 그 순간에, 갑자기 솔제니찐이 그 위쪽에서 일어나, 뜨바르돕스끼에게 성호를 그으며 축복하였다."

---

14) [신세계(Новый мир)]. 1990. N6. 190쪽.
15) 같은 책, 185쪽.

# 20-30년대의 문학
(литература 20-30-х годов)

1917년부터 1922년까지 러시아에서 발생한 역사적인 사건들은 20세기 20-30년대 러시아 문학 발전에 커다란 영향을 끼쳤다. 러시아는 2월 부르주아 혁명과 10월 혁명 그리고 내전의 비극적인 혼란을 겪었다. 국가의 정치, 경제 부분만이 무너진 것이 아니라 사람들과 그들 가족들의 운명도 비극적으로 망가졌다. 형제가 서로 대립해 싸웠고, 아버지가 아들에 대항해 싸웠으며, 러시아인들이 러시아인들을 죽였다. 이런 복잡하고 모순적인 역사적 사건들이 하나의 평가를 받을 수는 없다. 러시아의 문학적 삶 역시 매우 다양했으며 모순적이었다. 20년대 문학의 흐름에는 이전에 없었던 심리적 유형들과 새로운 테마, 새로운 주인공들이 등장하는 장편 소설, 중편 소설, 단편 소설들이 발행되기 시작했다. 이 모든 것들은 러시아 문학이 세계적인 명성을 갖도록 하였다. 러시아 문학은 이 시기에 발생했던 사건들에 대해 객관적인 시각을 유지하려 노력했다. 이런 이유로 러시아

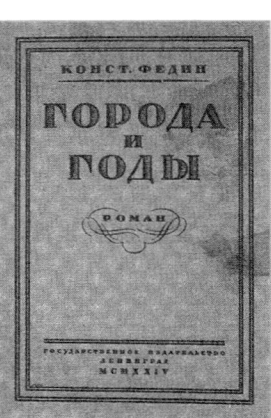

(좌) 페진. (우) 페진의 장편 소설 『도시와 세월』

문학은 현실에 있었던 많은 모순들을 극명하게 보여주었다. 러시아 문학 발전 과정에서 새로운 단계의 이러한 특수성은 재능 있는 작가들의 창작과 사회 철학적 견해 속에 가장 선명하고도 완벽하게 나타나 있다. 이 작가들은 서로 대립되는 다양한 관점에서 사건들을 바라보았다. 페진(К.Федин, 1892-1977)은 장편 소설 『도시와 세월(Города и годы, 1924)』에서 인텔리겐찌야 안드레이 스따르꼬프(Андрей Старков)의 삶과 죽음의 드라마를 보여주고 있다. 레오니드 레오노프(Леонид Леонов, 1899-1995)는 장편 소설 『너구리들(Барсуки, 1924)』에서 혁명기 농민들의 운명과 관련된 도덕적 철학적 문제들을 제기 하였고, 미하일 불가꼬프(Михаил Булгаков, 1891-1940)는 장편 소설 『백위군(Белая гвардия, 1925-1927)』에서 이전의 러시아는 영원히 과거로 사라졌다는 것을 알면서도, 자신의 도덕적 임무와 군인의 의무를 생의 끝까지 수행하는 러시아 장교들의 비극적인 운명에 대해서 이야기하고 있다.

자먀찐

이 시기에 다양한 작가 그룹들의 활동은 매우 적극적이었다. 모스크바만 해도 30개 이상의 문학 그룹이 있었다. 가장 대표적인 그룹으로는 "프롤레타리아 문화(Пролеткульт)", 전 러시아 농민작가 조직(ВОПК), 러시아 프롤레타리아 작가 연합(РАПП), "좌익 예술 전선(ЛЕФ)"이 있었고, 미래주의자들, 사상파 작가들과 "세라피온 형제들(Серапионовы братья)"도 자신들의 문학 활동을 계속 수행했다.

이 당시 소비에트 문학의 흐름 속에서 중요한 자리를 차지한 것은 혁명 전부터 문학 활동을 시작했던 작가 그룹들이었다. 예브게니 이바노비

『우리들(Мы, 1920)』의 삽화

치 자먀찐(Евгений Иванович Замятин, 1884-1937)이 이런 그룹에 속했던 작가이다. 자먀찐은 1910년대 초반부터 문학 활동을 시작하였다. 중편 소설 『지방(Уездное, 1913)』으로 명성을 얻은 그는 많은 재능 있는 작가들과 친분을 쌓았다. 그의 초기 작품은 그로테스크와 풍자, 사실주의와 신사실주의를 주된 특징으로 하고 있다. 혁명 이후시기 자먀찐에게 있어서 중요한 문제들 중에 하나는 폭력에 관한 문제였다. 그는 계급간의 투쟁이었던 내전의 잔인성을 불공정한 것으로 여겼는데, 이러한 그의 견해는 반(反)유토피아적 장편 소설 『우리들(Мы, 1920)』속에서 가장 명확하게 표현되어 있다. 이 소설은 러시아에서는 출판되지 못했고, 1924년에야 비로소 영국에서 영어로 출판되었다. 소설은 비속한 사회주의에 반대하는 내용으로 되어 있다. 작가는 새로운 러시아에서는 국가를 위해 인간이나 인간개성이 본질적인 가치로서 존재할 수 없었으며, 이런 점에서 새로운 러시아의 위험성이 있다고 보았다. 작가는 이 작품을 통해서 다가오는 비극에 대해 예언하였다. 그것은 자유와 시, 사랑 그리고 인간개성과 영혼이 없는 세상의 비극이었다. 소설이 영국에서 출판된 이후, 자먀찐의 작품들은 조국에서 출판이 금지되었고, 작가에 대한 정치적 박해가 시작되었다. 이것이 자먀찐으로 하여금 소연방을 떠나도록 만들었다. 그는 망명지인 파리에서 1937년에 죽었다.

자신만의 독특한 언어로 내전(內戰)에 대한 생각을 피력했던 작가들 중에는 이삭 엠마누일로비치 바벨(Исаак Эммануилович Бабель, 1894-1940)이 있다. 그는 1916년 고리끼의 잡지『연대기(Летопись)』에 단편 소설을 게재하면서 문단에 등단하였다. 그는 장기간의 휴식 후에 연작『오데사 이야기(Одесские рассказы, 1925)』와 내전에 관한

바벨

이야기『기병대(Конармия, 1923-1926)』를 출판하였다. 이 작품들은 그에게 커다란 명성을 가져다주었다. 그 후 그는 희곡『일몰(Закат, 1926)』을 썼다. 작가가 창조한 적군 병사들의 이미지는 분명했지만 한편으로는 모순적이었다. 그들에게는 무정부주의와 잔인함, 평범한 법칙들의 몰이해와 무례함, 선함, 혁명이라는 미명하의 자기희생 등이 결합되어 나타났다. 그의 작품들에는 러시아 역사상 가장 복잡하고 비극적인 시기와 새로운 주인공들인 적군 병사들의 심리를 올바르게 묘사하려는 작가의 희망이 곳곳에서 피력되고 있다. 그들은 용감하게 조국을 위해 싸웠고, 자신들의 손으로 보다 나은 세상을 만들려는 노력들 속에서 기만 당하기도 하였다. 바벨의 특별한 재능은 혁명이 초래했던 그 잔혹한 모순들을 처음으로 보여줄 수 있었다는 데 있다. 그는 혁명의 진실된 면모를 이해하였고, 작품 속에서 처음으로 묘사하였다. 그에게 있어 혁명은 인간 영혼의 훌륭한 면을 열어보이는 것과 마찬가지로 가장 두렵고 비밀스러운 면을 열어 보이는 극단적인 상황이었던 것이

(좌) 삘냑
(우) 쁠라또노프

다. 작가의 삶은 1940년에 비극적으로 끝이 났다. 그는 당국으로부터 심하게 탄압을 받았고, 그가 죽은 장소조차도 알려지지 않았다.

20년대에 문학에 등장한 많은 젊은 작가들 중 보리스 안드레예비치 보가우(Борис Андреевич Вогау, 문학적 예명은 보리스 삘냑(Борис Пильняк, 1894-1938)가 있다. 1921년에 작가는 혁명을 다룬 장편 소설 『벌거벗은 해(Голый год, 1921)』를 발표하면서 커다란 명성을 얻었다. 작가는 후에 『자동차와 늑대들(Машины и волки, 1925)』, 『꺼지지 않는 달 이야기(Повесть непогашенной луны, 1926)』, 『볼가 강은 카스피 해로 흐른다(Волга впадает в Каспийское море, 1930)』 등과 같은 유명한 장편 소설들을 창작하였다. 이 작품들 속에서 그는 동시대의 많은 첨예한 문제들을 보여주었다. 작가는 혁명의 결과로 발생했던 변화들을 묘사하였으며, 다른 한편으로는 그 성과들도 보여주었다. 작가는 또한 민중을 괴롭혔던 희생과 많은 어려움들에 대한 진실을 외면하지도 않았다. 삘냑은 이것이 작가의 권리이자 의무라고 생각했다. 소비에트 당국의 문학 비평은 혁명 이후의 삶에 대한 이러한 묘사를 반대했다. 당국의 선전기관은 작가의 작품들이 사회주의의 승리에 대한 찬가만을 표현하기를 원했다. 삘냑은 당국에 의해 허위 죄목으로 체포되었고, 1938년에 사형 당했다.

20세기 러시아에 있어서 농민과 인텔리겐찌야에 대한 스탈린의 정책은 엄청난 비극이었다. 러시아 문화와 도덕, 경제의 기반으로서의 농민과 인텔리겐찌야는 실질적으로 거의 궤멸되었다. 이런 사실들은 쁠라또노프, 숄로호프, 불가꼬프와 다른 러시아 작가들의 작품들에서 특히 심도있게 보여지고 있다. 가난한 노동자 집안에서 태어난 안드레이 쁠라또노비치 쁠라또노프(Андрей Платонович Платонов (Климентов), 1899-1951)는 13살부터 생계를 위해 직업전선에 뛰어 들었다. 그는 혁명과 내전 시기에 문학 활동을 시작하였다. 쁠라또노프는 혁명 이후 첫 10년간의 삶을 폭넓고 심오한 형안으로 분명하게 묘사하였다. 작가의 예술적 환상은 민중 선동가들과 진실을 추구하는 주인공들에 의한 멋진 세계를 창조했다. 유명한 이야기『의심스러운 마까르(Усомнившийся Макар, 1929)』에서 쁠라또노프는 주인공의 말을 빌어 매우 중요하고 첨예한 문제를 제기하였다 : 왜 혁명을 수행했었나? 그것(혁명)이 전 민중과 각 개인들에게 무엇을 주었나? 이 질문에 대해서 정권은 답을 할 수 없었다. 작가는 이 반(反)유토피아적 이야기에서 전체주의 체제에 반대하였고, 이런 이유로 그의 이 소설은 소비에트에서 금지되었다. 쁠라또노프의 대표적인 장편 소설『체벤구르(Чевенгур, 1927-1934)』,『꼬뜰로반(Котлован, 1930)』과『초생(初生)의 바다(Ювенильное море, 1934)』 등을 소련에서는 출판할 수 없었다. 작가는 이 작품들에서 전체주의 정부의 비인간성을 묘사하였고, 20-30년대의 드라마틱한 경계에 서 있는 세상을 보여주었기 때문이다.『꼬뜰로반(Котлован)』은 무의미한

(좌) 일프와 뻬뜨로프
(우) 조셴꼬

작업의 상징이다. 노동자들은 건축물의 토대를 세울 큰 구덩이를 파면서, 마치 자신들의 무덤을 파는 느낌을 갖는다. 장편 소설『체벤구르』와『초생의 바다』는 새로운 관료주의와 사회주의 그리고 사회주의 사회에 대한 유토피아적 관념에 대한 비판이다. 쁠라또노프는 자신의 작품들 속에서 러시아가 걸어왔던 과정의 위험성과 실수들을 극명하게 보여주었다. 작가는 비극적인 인생을 살았다. 그의 작품들은 금지되었고 출판되지 못했으며, 그의 아들은 체포되었다. 작가는 1953년 모스크바에서 사망하였다. 최근에 이르러 작가의 작품들이 본래의 독자들에게로 돌아왔고, 러시아 문학에서 정당한 자리를 차지하게 되었다.

20-30년대는 소비에트 풍자 산문의 발전 시기이다. 소련에서 풍자 산문은 다양한 테마와 여러 장르로 나타났다. 까따예프(В.Катаев), 일프(И.Ильф), 뻬뜨로프(Е.Петров), 꼴쪼프(М.Кольцов)와 같은 많은 재능 있는 젊은 작가들이 풍자 산문을 창작하였다. 풍자산문 분야에서 가장 잘 알려진 작가로는 미하일 미하일로비치 조셴꼬(Михаил Михайлович Зощенко, 1894-1958)가 있다. 작가가 집필한 많은 책과 신문, 잡지에 발

표된 작품들은 그의 커다란 성공에 대해 말해주었다. 그의 훌륭한 작품『신경질적인 사람들(Нервные люди)』,『여귀족(Аристократка)』,『레몬수(Лимонад)』가 출판되었고, 콘서트에서 읽혀졌으며 친구들에게 이야기되었다. 조셴꼬는 거리의 구어체를 사용한 자신만의 고유한 문체를 창조하였다. 그는 사람들에게 그들이 현재 어떤 모습이며, 어떻게 되어서는 안 되는지를 보여주었다. 그는 사람들을 바로잡고 가르쳐서 자신들의 결점에 대해 스스로 비웃기를 원했다. 그의 운명은 비극적이었다. 작가는 커다란 명성과 영예를 얻은 후에도 문학에서 자기의 새로운 자리를 찾으려고 노력했다. 작가는 자신의 주요한 작품『일출에 앞서(Перед восходом солнца)』에서 자기의 삶을 새롭게 이해하려고 노력했고, 독자들에게 복잡한 심리의 법칙을 이해시키려고 애썼으나, 이 책은 출판이 금지되었다. 1946년 조셴꼬는 유명한 여류 시인 아흐마또바(А.Ахматова)와 함께 소비에트 작가 동맹에서 제명되었고, 그의 저서들은 소련에서 출판이 금지되었다. 작가는 1958년 잊혀진 채 숨졌다. 1985년 이후에야 재능 있는 풍자 작가 조셴꼬의 이름이 러시아 문학의 큰 흐름으로 돌아왔다.

자먀찐(Е.Замятин), 바벨(И.Бабель), 삘냑(Б.Пильняк), 쁠라또노프(А.Платонов), 조셴꼬(М.Зощенко) 등과 같은 작가들의 문학적 운명은 여러 면에서 비슷했다. 이렇게 20년대부터 시작된 러시아 문학은 출판된 것과 출판되지 않은 것, 또는 그 당시 금지된 것과 1980년대에서야 다시 돌아온 문학으로 나뉘어졌다. 그러나 볼셰비키 혁명을 완전히 받아들이고 새로운 정권을 지지했던 공식적인 문학도 물론 존재하였다. 이런 그룹의 작가들 중에서도 자신만의 문학 세계를 창조한 많은 재능 있는 작가들이 있었다. 자먀찐이 문학 활동을 시작한 1910년대 초에 함께 활동하기 시작한 뛰어난 러시아 작가로 알렉세이 니꼴라예비치 똘스또이(Алексей Николаевич Толстой, 1883-1945)를 꼽을 수 있

А.К. 똘스또이

다. 그는 유서 깊은 귀족 집안에서 태어났고, 뻬쩨르부르그에서 공부했다. 1909-1912년에 똘스또이는 단편 소설집 『볼가 강 너머(Заволжье)』, 장편 소설 『기인들(Чудаки, 1911)』, 『절름발이 주인(Хромой барин, 1912)』 등을 썼다. 이 작품들은 젊은 작가에게 큰 명성을 가져다주었다. 이 작품들은 하나의 테마, 즉 볼가 강 중류 지역 지주들의 삶과 귀족 계급의 도덕적 경제적 파탄과 연관된다. 러시아 문학에서 보여지는 비판적 사실주의 전통의 아름답고 생생한 언어와 등장인물들의 심오한 심리, 이 모든 것들을 통해 작가는 모든 가치 - 인간의 운명, 영지, 이전의 문화 - 를 상실한 귀족 세계의 퇴보를 가감 없이 진술하게 보여주었다. 민주적 비평가들은 젊은 작가의 등장을 긍정적으로 받아들였다. 고리끼(М. Горький)는 그의 재능을 높이 평가하였으며, 그의 미래가 밝을 것이라 예언했다. 혁명 이후시기에 똘스또이는 이념과 예술적인 추구에 있어서 모순적이고 복잡한 여정을 걸었다. 그는 1923년까지 외국에서 망명 생활을 하였다. 그곳에서 그는 자전적 중편 소설 『니끼따의 어린 시절(Детство Никиты, 1920)』과 장편 소설 『자매들(Сестры - '고통의 순례기(Хождение по мукам)' 삼부작의 1부)』을 저술했다. 조국으로 돌아온 후 가장 잘 알려진 작품으로는 혁명과 내전에 헌사된 단편 소설 『푸른 도시들(Голубые города, 1925)』과 『독사(Гадюка, 1928)』 그리고 장편 소설 『18번째 해(Восемнадцатый год)』와 『우울한 아침(Хмурое утро, '고통의 순례기(Хождение по мукам)' 삼부작의 2, 3부)』이 있으며, 공상 과학 소설 『아엘리따(Аэлита, 1922-1923)』, 『기술자 가린의 쌍곡선(Гиперболоид инженера Гарина, 1925-1926)』이 있다. 똘스또이는 삶의 갈등을 소재로한 공상적 형식의 이 작품들을 통해서 러시아 현실에서 보여지는 가장 중요한 문제들 중 하나인 '인간과 사회', '개인과 국가'라는 문제를 해결하려고 노력했다. 작가는 진정으로 인간이 새로운 사회주의 사회의 중요한 가치가 될 것이라고 믿고 싶어했다. 똘스또이의 창작에서 장편 역사 소설 『뾰뜨르 1세(Пётр I)』는 특별한 위치를 차지하고 있다. 작가는 청년 시절부터 뾰뜨르 1세에 대해 특별한 관심을 가지고 있었다. 장편 소설의 집필은 1929년부터 1945년까지 16년 동안이나 계속되었다. 러시아 역사상 가장 급진적인 개혁의 시기인 뾰뜨르 시대는 러시아 민족성을 형성하는 비극적인 시기이자, 다른 한편으로는 가장 창조적인 시기 중의 하나였다. 급진적인 개혁가 뾰뜨르 1세의 이미지를 보여주고 있는 이 소설은 18세기 러시아의 발전과 변혁의 시기를 매우 잘 보여주고 있으며, 동시에 러시아 민족의 운명에 대한 서사시이다. 작가의 작품에서는 자신의 민중과 젊은 러시아 정부에 대한 자긍심이 충만하게 보여지고 있다. 이 소설은 민중 언어를 사용하여 시대의 특징을 아주 잘 전달하는 훌륭한 문체로 쓰여졌다. 2차 세계대전 시기에 똘스또이는 사회 평론가이자 반파시스트로 활동했다. 작가는 1945년 2월 모스크바에서 죽었다.

혁명과 내전 이후 곧바로 러시아 문학에 등장한 젊은 작가 세대 중에 알렉산드르 파제예프(Александр Фадеев, 1901-1956)가 있다. 작가의 문학적 운명은 비극적이고 모순적이다. 그는 내전 시기에 작가와 인간으로서 성장하였다. 파제예프는 일생동안 몇 편의 작품만을 썼다. 그러나 그의 첫 번째 장편 소설 『괴멸(Разгром, 1927)』은 그를 유명한 작가로 만들어 주었다. 이 작품은 내전 시기 극동 지방에서 일어난 사건들과 연관되어 있다. 작가는 이 작품에서 인텔리겐찌야 메치끄(Мечик)의 망연자실함과 공산주의자 레빈손(Левинсон)의 쇠같이 단단한 강인함을 대비하여 보

알렉산드르 파제예프

여주고 있다. 혁명기 사람들의 변화 과정은 소설의 주요한 이념이다. 파제예프의 두 번째 장편 소설인 『마지막 우데그 사람(Последний из удэге, 1929-1941)』도 역시 극동 지방의 혁명과 내전에 헌사 되었으며, 또한 소수 민족 우데그16)의 운명에 관한 작품이다.

파제예프는 2차 세계대전 기간에 전선(戰線)의 르포들을 썼다. 1946년 그는 문헌자료들을 토대로 하여, 파시스트 점령기의 크라스노돈(Краснодон) 지방에서 벌어진 파시스트들에 대항한 젊은 공산 청년 동맹과 지하 활동가들의 투쟁을 그린 소설 『젊은 근위대(Молодая гвардия, 1946, 1951)』를 썼다. 작가는 조국의 해방을 위해 헌신한 순수하고 용감한 젊은이들의 활동을 낭만주의적인 고상함을 가지고 묘사하고 있다. 파제예프는 자신의 모든 재능과 전 생애를 공산당과 사회주의 건설을 위해 바쳤다. 고리끼(М.Горький)가 죽은 후 그는 전(全)소련방 공산당 중앙위원회(ЦК ВКП(б))의 결정에 따라, 1934년에 창설된 소비에트 작가 동맹의 상임 위원장이 되었다. 파제예프는 재능 있는 작가들에 대한 당국의 불공정한 탄압과 체포를 보면서도, 당은 결코 실수하지 않는다고 생각하면서 공산주의 사업을 계속 수행하였다. 이러한 그의 정치적 행보는 작가 자신을 비극적인 파멸로 이끌었다. 결국 그는 1956년 3월 자살로 생을 마감하였다.

1932년에 공산당 지도부는 소비에트 작가 동맹의 창설에 관한 결정을 채택하였다. 이것은 문학가들의 창조적 삶이 공산당의 이데올로기에 종속된다는 것을 의미하였다. 첫 번째 소비에트 작가 동맹 총회에서 고리끼

고리끼

---

16) 연해주 흑룡강 지방의 소수민족.

(М.Горький)는 작가 동맹의 의장으로 선출되었다. 이를 계기로 다양한 문학 그룹과 조직들은 더 이상 독자적인 문학 활동을 수행할 수 없게 되었다. 그리고 사회주의 리얼리즘 흐름이 문학에 있어서 가장 기본적인 예술 방식이라고 선언되었다. 작가 동맹의 창설은 공산당이 문학의 발전을 통제하고, 작가들의 창조적 삶을 공식적인 당의 이데올로기로 종속시키는데 도움을 주었다. 정치적 상황의 복잡성과 국내에서 행해졌던 가혹한 탄압에도 불구하고 많은 재능 있는 작가들은 훌륭한 작품들을 저술하였다. 이런 작품들로는 레오노프(Л.Леонов)의 『소찌17) (Соть, 1930)』와 까따예프(В.Катаев)의 『시간, 앞으로(Время, вперед, 1932)』, 빠우스똡스끼(К.Паустовский)의 『까라-부가즈(Кара-Бугаз, 1932)』, 『꼴히다(Колхида, 1934)』 등이 있다. 이 모든 작품들은 집단 노동이나 새로운 도시와 공장의 건설에 헌사 되었다. 이 작품들 속에는 작가들의 낭만주의적인 열정과 새로운 사회 건설 가능성에 대한 믿음이 담겨져 있었다.

빠우스똡스끼

20년대에 문학은 러시아 국내에서 출판되는 것과 금지되는 것으로 나뉘어졌을 뿐만 아니라, 망명 문학과 러시아 해외 문학으로 여전히 함께 존재했다. 이 두 문학의 관계는 혁명 후 첫 10년 동안은 만족스러울 만큼 활발하였다. 러시아 해외 문학은 이제 통합된 러시아 문화의 가장 중요한 부분들 중 하나가 되었다. 이 문학은 오랜 기간을 거쳐 형성되었다. 러시아 작가들이 정치적 망명자가 되었던 이유는 동

나보꼬프

---

17) 유럽지역에 위치한 작은 강 이름.

일하였다. 그것은 볼셰비키 사회의 정치와 도덕에 대한 거부와 탄압, 창작의 자유의 박탈 때문이었다. 망명의 "첫 번째 흐름(Первая волна)"은 10월 혁명 직후인 20년대에 특히 활발하게 일어났다. 부닌, 자이쩨프(Б.Зайцев), 쉬멜료프(И.Шмелев), 메레쥐꼽스끼(Д.Мережковский) 등과 같이 훌륭한 작가들이 이 시기에 망명했다. 블라지미르 블라지미로비치 나보꼬프(Владимир Владимирович Набоков, 1899-1977)는 망명 작가들 가운데서 특별한 위치를 차지하고 있다. 이것은 1919년 그의 부모가 작가를 러시아로부터 데리고 나왔기 때문이다. 그는 자신의 작품들을 망명지에서 처음으로 출판하였다. 오늘날 세계적으로 큰 명성을 얻은 이 훌륭한 작가의 작품들이 마침내 러시아에서도 출판되기 시작했다. 그는 조국에 대한 기억을 평생 동안 간직하고 있었다. 나보꼬프는 현실적인 삶과 비현실적인 삶이 결합된 자신만의 복잡하고 아름다운 세계를 창조하였다. 그 세계 속에서 작가는 조국의 이미지와 러시아의 모습을 수호하려고 노력했다. 그는 러시아어로 『마쉔까(Машенька, 1926)』, 『루진의 수호(Защита Лужина, 1930)』와 『재능(Дар, 1938)』 등과 같은 8권의 장편 소설과 많은 단편 소설들을 저술하였다.

마르끄 알렉산드로비치 알다노프(Марк Александрович Алданов, <필명은 란다우(Ландау)>, 1886-1957)는 잘 알려진 역사소설 작가 중의 한 사람이다. 러시아 망명자들 중 가장 교양 있는 활동가이자, 인기 있는 장편 소설 작가인 그는 10월 혁명 직후 곧 바로 러시아를 떠났다. 그의 이름은 부닌, 나보꼬프, 메레쥐꼽스끼 등의 유명한 작가들의 이름과 나란히 거명된다. 그는 16권의 장편 소설과 중편 소설로 이루어진 시리즈 작품을 저술하였는데, 이것은 2세기에 걸친 프랑스와 러시아 역사를 묘사한 것이다. 중편 소설 『신성한 엘레나, 작은 섬(Святая Елена, маленький остров, 1921)』은 나폴레옹의 생애에서 최후의 시기에 대해 이야기하고 있다. 이 작품은 프랑스에서의 나폴레옹 시기와 18세기 말

사건들을 다루고 있는 『사상가(Мыслитель)』라는 4부작의 첫 작품이다. 장편 소설 『열쇠(Ключ)』, 『도주(Бегство)』, 『동굴(Пещера)』은 러시아 혁명 시기 인텔리겐찌야의 운명에 관한 테마로 엮어졌다. 그는 철학자로서 역사를 바라보았고, 그 속에서 현대의 당면한 문제들에 대한 해답을 찾으려 했다. 러시아에서 그의 작품들은 1980년대에 접어들면서 마침내 출간되기 시작했다.

자이쩨프

보리스 꼰스딴찌노비치 자이쩨프(Б.К.Зайцев, 1881-1972)는 해외 러시아 문학에서 가장 재능 있는 작가 중 한 사람이다. 자이쩨프는 가난한 귀족 집안에서 태어나, 중등학교를 마친 후 모스크바 대학에서 공부하였지만, 대학을 마치지는 않았다. 그는 작가로서의 작업과 자유로운 창작 활동에 전 인생을 바쳤다. 그는 20년대 초 프랑스로 망명하였다. 그는 세 편의 예술적 전기(傳記)인 『뚜르게네프의 인생(Жизнь Тругенева)』, 『주꼬프스끼(Жуковский)』, 『체홉(Чехов)』을 썼다. 그는 자신의 창작 활동 속에서 러시아 사실주의 고전의 가장 훌륭한 전통을 계승하였다. 그의 단편 소설과 중편 소설의 선집들 중 가장 잘 알려진 작품으로는 『고요한 노을(Тихие зори)』, 『지상의 슬픔(Земная печаль)』, 『푸른 별(Голубая звезда)』 등이 있다. 그의 모든 작품을 가득 채우고 있는 것은 아름다움에 대한 감정과 조국과 귀족 영지의 몰락해 무너져가는 '벚꽃 동산'에 대한 사랑이다. 자이쩨프에게 있어서 혁명은 우주적인 대변혁이었지만, 그는 평화와 함께하는 기독교적 화합의 감정이 결국에는 밝고 아름다운 미래에 대한 희망을 줄 것이라고 확신했다. 러시아 독자들은 이제서야 이 훌륭한 예술가의 작품을 직접 접할 수 있게 되었다.

40년대 초 혁명 이후 시작되었던 소비에트 문학 발전의 주기가 완성되었다. 이로 인해 러시아에서 존재하였던 다양한 문학 조직과 그룹, 경향들이 자체적인 활동을 멈추게 되었다. 러시아 문학 활동에서 오랜 기간 동안 자먀찐, 바벨, 삘냐, 쁠라또노프 등과 '첫 번째 흐름'이라 불리는 러시아 해외 망명 작가들의 이름이 사라졌다. 이때부터 공산당 진영으로부터의 문학에 대한 본격적인 이데올로기의 통제가 시작되었다. 그러나 러시아 고유의 전통적인 예술문학은 계속해서 존재하고 있었으며 발전을 거듭하였다. 대 조국 전쟁의 비극적인 시기에도 작가들은 매우 고상한 인본주의와 그 어떤 역사 속에서도 보여지지 않았던 예술적 솜씨와 자신의 용감성을 보여주었다.

# 미하일 아파나시예비치 불가꼬프

(Михаил Афанасиевич Булгаков, 1891-1940)

미하일 아파나시예비치 불가꼬프는 1891년 끼예프에서 태어났다. 그의 아버지는 끼예프 종교 아카데미의 역사학 교수였다. 불가꼬프가(家)는 대가족이었지만 매우 화목했고 연극과 음악, 문학을 사랑했다. 미하일은 집안에서 하는 공연들에 적극적으로 참여하면서 재미있는 이야기들을 썼다. 그는 어릴 적부터 고골을 좋아했다.

불가꼬프는 중등학교를 졸업하고 끼예프 대학 의학부에 들어갔다. 대학을 마친 후 1916년부터 잠시 동안 전선에서 복무한 후 시골에서 의사로 일했다. 작가는 후에 이 시기에 관하여 『젊은 의사의 수기(Записки юного врача)』라는 책에서 이야기하고 있다.

불가꼬프

10월 혁명 후 불가꼬프는 끼예프로 돌아왔고, 그들의 평화로운 생활을 파괴했던 지난했던 1918년을 가족들과 함께 생활하면서 극복했다. 미하일 아파나시예비치는 백군의 군의관으로 동원되어 끼예프에서 까프까즈까지 이동하면서 폭력과 죽음, 사람들의 극심한 고통을 목격하였고, 이러한 체험은 그에게 지울 수 없는 괴로운 인상을 남겼다. 그는 의사라는 직업을 버리고 백군과도 결별할 것을 결심했다. 마침내 그는 자신의 꿈을 실현시켜 1921년에 작가가 되었다.

불가꼬프는 모스크바로 이주한 후 여러 신문사 및 잡지사들에서 일했으며, 재치 있는 이야기들과 칼럼 그리고 기사들을 썼다. 작가에게 있어서 힘들고 배고팠던 이 시기에 그는 내전 상태에서의 러시아 인텔리겐찌야의 운명과, 새로운 시대를 향한 자신의 노선(路線)에 대한 암중모색을 담고 있는 자신의 첫 장편 소설 『백위군(Белая гвардия)』을 썼다. 불가꼬프에게 있어서 매우 중요한 이 테마를 그의 희곡 『뚜르빈가(家)의 나날들(Дни Трубиных)』과 『도주(Бег)』에서 다루고 있는데, 이 작품들에서 그는 백군의 비극을 보여주고 있다.

풍자가로서 불가꼬프의 재능은 중편 소설 『개의 심장(Собачье сердце)』에서 잘 드러나고 있다. 이 작품은 20년대의 사회 문제들과 과거의 종교적 이상에 대한 신실함을 간직하고 있는 인텔리겐찌야들, 그리고 무식하고 몽매한 정부의 위정자들 사이의 갈등을 공상적인 형태로 묘사하고 있다. 이런 이유로 해서 이 작품은 소련에서 1987년에야 비로소 출판되었다.

희곡 『뚜르빈가의 나날들』은 모스크바에서 대성공을 거두었지만 작가의 운명은 여전히 비극적이었다. 얼마 전 자신들의 모습을 간직하면서 19세기 문화의 가치보존을 위해 나선 불가꼬프를 동시대인들은 이해하지 못했다. 그의 작품들은 출판되지 못했고, 희곡들은 극장에서 상연되지 않았다. 비평가들은 그의 작품에 대해 모욕적인 평론들을 썼다. 불가꼬프는 생존을 위한 힘겨운 생활과 힘든 투쟁의 조건 속에서도 자신의 정신적 주체성을 간직하였고, 러시아 고전문학이 지속적으로 표현했던 선과 자비 그리고 사랑이라는 이상에 대한 믿음을 지켜냈다.

소련에서 30년대는 긴박한 노동의 시기이다. 불가꼬프는 모스크바 예술 극장 문학 분과에서 일했으며, 당시의 생활에 대한 산문과 희극을 창작하였는데, 그가 높이 평가하던 17세기 프랑스 극작가 몰리에르

(Мольер)의 생애에 대한 소설과 희곡을 쓴 것도 이 시기였다. 몰리에르를 다루고 있는 그의 작품의 중심에는 예술가와 정치권력의 상호관계라는 중요한 문제가 자리하고 있다.

불가꼬프의 창작활동의 정점을 이루는 것은 장편 소설 『거장과 마르가리따(Мастер и Маргарита)』이다. 이 작품은 30년대 소비에트 사회현실에 대한 환상적인 풍자로 사랑과 고통, 죄에 대한 속죄와 용서라는 영원한 테마를 결합시켜 다루고 있다. 이 장편 소설은 1966년에 출판되었다.

천재적인 작가 불가꼬프는 동시대에 인정받지 못한 채 1940년 모스크바에서 사망하였다. 20세기 후반에 그의 작품들은 러시아 문학으로 영원히 되돌아왔다.

## 장편 소설 『백위군(Белая гвардия, 1923-1924)』

소설의 무대는 1918년 12월 끼예프에 있는 인텔리겐찌야인 뚜르빈

희곡 『뚜르빈가의 나날들』
에 출연한 배우들과 함께

의 집이다. 아버지인 뚜르빈 교수는 오래 전에 죽었고, 어머니는 1918년 5월에 죽었다. 지금 뚜르빈 교수의 낡은 집에서는 그의 자식들이 살고 있다. 종군 의사인 큰 아들 알렉세이(Алексей), 17세의 사관생도 니꼴까(Николка), 그리고 작년에 딸베르끄(Тальберг) 대위와 결혼한 아름다운 엘레나(Елена)가 함께 살고 있다. 그들은 자신들의 부모님이 살았듯이 그렇게 평온하고 화목하게 살기를 원하지만, 혼란한 시대가 그들이 그렇게 살도록 허락하지 않을 것임을 알고 있다. 끼예프에는 독일 군대가 지원하는 게뜨만18) 스꼬로빠드스끼(Скоропадский)의 정부가 지배하고 있었고, 뻬뜰류라(Петлюра)의 군대가 이 도시로 진격하고 있는 중이었다.

저녁 무렵에 도시에서 총격전이 벌어졌다. 그날 밤 뚜르빈가로 추위에 떨고 피곤에 지친 그들의 오랜 친구인 장교 빅또르 미슐라옙스끼(Виктор Мышлаевский)가 찾아왔다. 그는 게뜨만의 군대는 방어 준비가 전혀 되어 있지 않으며 겨울옷과 무기도 없다는 것을 이야기한다. 게뜨만의 지휘부는 자신들의 목숨만 부지할 생각으로 병사들을 돌이킬 수 없는 죽음의 길로 몰아넣고 있다는 것이다. 엘레나의 남편 딸베르끄 대위가 와서 끼예프를 버리고 떠나는 독일 군대와 함께 자신은 이곳을 떠나야만 한다고 전한다. 그는 어떤 일이 자신을 기다리고 있을지 모르기 때문에 엘레나를 함께 데리고 갈 수 없었다. 엘레나는 남편의 탈주로 인해 고통스러워 하지만, 자신의 감정을 드러내지는 않는다. 형제들은 그녀를 동정하고 있지만, 사실은 딸베르끄를 그다지 좋아하지 않았기 때문에 내심 그가 떠나는 것을 기뻐한다.

곧이어 또 다른 옛 친구인 장교 쉐르빈스끼(Шервинский)가 뚜르빈가를 방문한다. 오래 전부터 엘레나를 사랑해 왔던 쉐르빈스끼는 딸베

---

18) 17-18세기 우끄라이나 부대 지휘관의 명칭.

르끄가 떠난 사실을 전해 듣고 기뻐한다. 저녁 식사를 하면서 모두가 정치에 대해 이야기하고, 우끄라이나를 뻬뜰류라의 수중에 넘겨주어 볼셰비키에게 길을 열어 준 게뜨만 정부에 대해서, 그리고 황제 니꼴라이 II세(Николай II)와 그의 가족들의 총살에 대해 이야기한다. 그들은 모두 왕정주의자이다. 알렉세이는 현재 중요한 것은 명예를 지키는 것이라고 말한다. 이 당시 끼예프에서의 생활은 매우 기묘한 것이었다. 모스크바와 뻬쩨르부르그에서 볼셰비키 반대자들이 이곳으로 한꺼번에 몰려왔다. 그들 모두가 이전 생활 습관들을 유지하면서 지냈지만, 미래에 대해서는 아무도 확신하지 못했다. 그들은 독일군이 볼셰비키에 맞서 끼예프를 지켜주기를 기대했다. 그런데 그들에게 예상치 못한 새로운 적 시몬 뻬뜰류라(Симон Петлюра)가 나타났다. 그는 우끄라이나 군대를 모았고, 우끄라이나의 독립을 위해 게뜨만, 독일군, 볼셰비키 및 짜르의 장교들에 맞서 전쟁을 시작하였다.

다음날 아침 니꼴까는 사관생도들에게 갔고, 미슐라엡스끼와 쉐르빈스끼와 함께 알렉세이는 끼예프 방어를 위해 창설된 연대로 떠났다. 알렉세이는 종군 의사로 입대하였다. 연대는 뚜르빈과 그의 친구들이 8년 동안 공부했던 중학교에 주둔하고 있었다. 알렉세이는 슬픔 속에서 중학교 시절을 회상했다. 중학교 시절로부터 많은 시간이 흘렀으며, 이제 그는 다시 이곳으로 돌아와 있었다. 그 이유는 자신이 공부했던 바로 그 시절의 생활과 미래를 수호하기 위해서였다. 연대는 방어를 위한 준비를 시작하지만 경험이 많은 장교들의 수는 매우 적었다.

한 밤중이 되자 게뜨만 정부는 비밀리에 끼예프를 떠난다. 모든 장교들은 방어를 중지하고 집으로 돌아가라는 명령을 받는다. 뻬뜰류라는 잘 무장된 대규모 군대를 이끌고 도시로 진격한다.

그러나 모든 연대가 후퇴 명령을 전달받은 것은 아니었다. 뻬뜰류라는 끼예프에서 개별적인 부대의 저항에 부딪힌다. 니꼴까는 그런 부대

중의 한 곳에서 전투에 가담하지만 싸움은 무익했고, 나이-뚜르스(Най-Турс) 대령은 사관생도들에게 떠날 것을 명한다. 나이-뚜르스 대령 자신은 전투를 계속하였다. 니꼴까는 그와 함께 남는다. 나이-뚜르스가 죽자, 혼자 남게 된 니꼴까는 집으로 돌아온다. 뻬뜰류라 군대가 그를 추격한다. 니꼴까는 매우 힘들게 집으로 돌아오는데 성공한다. 그곳에서 그는 아침에 떠난 알렉세이가 아직 돌아오지 않았다는 것을 알게 된다. 다음날 심하게 부상당한 알렉세이가 집으로 돌아온다. 그는 뻬뜰류라군의 추격으로 부상을 당했던 것이다. 낯선 젊은 여인이 그를 불쌍히 여겨 자기 집에 숨겨 주었고, 그가 집으로 돌아올 수 있도록 도와주었다. 뻬뜰류라 군대가 끼예프를 완전히 점령하였다.

뻬뜰류라 군대는 승리를 자축하였고, 도시에는 그들의 지지자들이 많이 등장하였으며 약탈과 무고한 시민들에 대한 학살이 자행되었다.

니꼴까는 나이-뚜르스 대령의 가족에게 그의 죽음을 전하려고 생각했다. 마침내 그는 자신의 결심을 실행에 옮겼고, 대령의 어머니와 누이 이리나(Ирина)가 시신을 찾아 매장하는 것을 도와주었다.

성탄절 전야였지만, 뚜르빈가의 사람들은 이런 사실을 인식하지 못했다. 알렉세이가 매우 위독하였기 때문이다. 옐레나는 절망 속에서 하나님과 성모 마리아에게 기도한다. 그녀는 이 해에 가족들이 너무나 많은 고통을 당해 왔다고 말한다. 그녀는 하나님과 성모에게 알렉세이의 생명을 앗아가지 말아 달라고 기도한다. 그녀의 남편이 다시는 돌아오지 않게 되더라도 좋으니, 오빠만은 살려 달라고 기원한다. 마침내 병세가 호전되었고 알렉세이의 건강은 좋아졌다.

1919년 1월이 지났고, 2월이 시작되었다. 적군이 끼예프로 진격해오고 있었다. 알렉세이는 이미 건강을 회복하였다. 그는 앞으로의 집안 일과 옐레나를 향한 쉐르빈스끼의 사랑, 그리고 그를 구해준 여인에 대해서 생각하였다. 그는 그녀를 만났고, 자신이 그녀를 사랑하고 있음을 자각하게 된다. 니꼴까는 나이-뚜르스의 가족을 계속 방문한다. 그는 이리나를 좋아하게 된다.

이 소설의 시작에서처럼, 또 다시 뚜르빈가의 가족들과 친구들이 식탁에 둘러앉았다. 밤이 되면 적군이 도시로 몰려올 것이 분명하였다. 모두가 그들을 기다리고 있는 것이 무엇인지에 대해 생각했다.

뻬뜰류라 군대는 떠났고, 적군이 도시를 점령했다. 무고한 시민들이 이 과정에서 또 다시 많은 피를 흘렸지만 어느 누구도 그 고통과 죽음을 보상하지 않았다. 도시 위의 검푸른 하늘에서는 별들이 빛나기 시작했다. "모든 것은 지나간다. 고통, 고난, 피, 기아 그리고 역병까지도. 칼은 사라져도 별들은 남을 것이다. 우리의 몸뚱이와 우리가 한 일들의 그림자조차 이 땅에 남아 있지 않을 때까지라도. 이것을 모르는 사람은 단 한 명도 없다. 그런데 어째서 우리들은 그 별들에게 눈길을 돌리려 하지 않는가? 어째서?"

소설 『백위군(Белая гвардия)』은 1918년 우끄라이나에서 일어났던 사건에 대한 것이다. 불가꼬프는 정상적이고 평온한 삶의 빛과 따스함을 내전의 폭력과 잔혹함에 대조시키고 있다. 낡고 오래된 러시아는 파괴되었고, 뚜르빈가의 삶도 파괴되었다. 빅또르 믜슐라옙스끼가 12월의 어느 저녁에 그들의 집으로 들어왔을 때, 그와 함께 역사와 혁명 그리고 전쟁이 그들의 집으로 들어왔다. 이제 뚜르빈가의 운명은 러시아의 운명이 되었다. 진정한 러시아의 인텔리겐찌야로서 그들은 폭력과 계급간의 증오 그리고 민족적 혐오감에 대해 반대하였다. 그들은 한 민족이 다른 민족에 대한 우월하다는 뻬뜰류라의 사상을 받아들이지 않았다. 역사는 알렉세이와 니꼴까, 믜슐라옙스끼, 쉐르빈스끼를 시험했다. 그들은 역경을 이겨냈고 자신의 명예와 의무 그리고 러시아의 운명에 대한 책임을 피로써 지켜냈다. 작가는 자신의 목숨을 구하기 위해 뻔뻔스럽게 도망친 딸베르끄 대위를 그들과 대비시켰다. 그러나 뚜르빈가와 그 친구들의 운명은 비극적이다. 그들은 고위 지도부의 배신의 희생양이었고, 그들의 노력과 이념들은 패배하도록 운명 지워졌다.

자신의 목숨을 바쳐 사관생도들을 구한 나이-뚜르스 대령은 러시아 장교의 이상이다. 그는 자신이 멸망해 가는 세상을 수호하고 있음을 알았고, 그렇기 때문에 죽음을 선택하였다. 나이-뚜르스는 끝까지 자신의 의무를 다했던 것이다. 이런 전투에서 살아남은 알렉세이와 니꼴까는 이제 러시아에 대한 자신들의 의무가 과연 무엇인지 결정해야만 한다.

뚜르빈의 집은 혹한과 피 그리고 전쟁과 대립된다. 그것은 바로 가정과 빛 그리고 온기의 상징인 것이다. 집의 정신적인 중심축은 옐레나이다. 그녀는 평온과 사랑이 가득한 집안 분위기를 조성하고, 자신의 주위로 형제들과 친구들을 결합시킨다. 뚜르빈의 집은 주인공들을 지켜주고 구해준다. 전쟁의 격동 속에서 집은 그들의 유일한 희망이다. 하지만 소설 속에서 뚜르빈가의 구체적인 집만이 평온을 상징하는 집인 것은 아니다. 끼예프와 전 러시아 역시 그들이 그 어떤 대가를 치르더라도 반드시 지켜내야 하는 그들의 집인 것이다.

불가꼬프가 소설 『백위군(Белая гвардия)』을 저술했을 때, 그는 이미 내전이 어떻게 끝났는지를 알고 있었다. 그는 그 어떤 것도 사람들이 흘린 피와 고통을 보상할 수 없다고 생각했다. 왜 인류는 영원과 아름다움에 대해 생각하지 않는지? 어째서 사람들은 별을 바라보지 않고 칼을 드는지? 소설은 답이 없는 문제를 제기하며 끝을 맺는다.

### 소설 『거장과 마르가리따(Мастер и Маргарита, 1928-1940)』

소설의 배경은 1930년대 모스크바의 봄이다. 베즈돔늬(Бездомный)

라는 필명을 사용하는 젊은 시인 이반 니꼴라예비치 뽀늬레프(Иван Николаевич Понырев)는 보름달이 뜬 수요일 저녁에 빠뜨리아르쉬 연못의 가로수 길에서 모스끄바 문학 연합회장인 미하일 알렉산드로비치 베를리오즈(Михаил Александрович Берлиоз)와 예수 그리스도에 관해 이야기하고 있었다. 이반 베즈돔늬가 반종교적 서사시를 썼는데 베를리오즈는 이 서사시가 영 마음에 들지 않았다. 왜냐하면 베즈돔늬가 비록 부정적 인물로 그리긴 했지만, 그리스도를 아주 뚜렷하고 생생하게 묘사했기 때문이다. 베를리오즈는 서사시에서 중요한 것은 예수 그리스도가 결코 존재한 적이 없다는 것을 증명해 보이는 것이라고 생각했다. 베를리오즈가 이것을 이반에게 설명하는 동안에 그들 옆에 갑자기 어떤 외국인이 나타나 그들의 대화에 끼어들었다. 그는 신의 존재에 관해 그들과 이야기를 하다가 자신이 검은 마술의 교수라고 밝혔고, 베를리오즈에게 오늘 저녁에 그가 죽을 것이며, 꼼소몰의 젊은 여자가 그의 목을 자를 것이라고 예언했다. 그러다가 그는 신이 존재하는 증거를 찾을 필요가 없으며, 이것은 신이 그냥 그렇게 존재하는 것이기 때문이라고 말한다.

만월 축일을 맞은 예루살렘의 이른 봄날 아침 제5대 유대 총독인 본디오 빌라도는 심한 두통에 시달렸다. 하지만 그는 체포된 설교자의 운명에 대해 결정을 내려야만 했다. 체포된 사람은 27세 가량으로 이름은 요수아 가노쯔리였다. 그는 외톨이였고 사랑과 선 그리고 진리에 대해 가르치며 이 도시 저 도시를 떠돌아 다녔다. 그에게는 그가 설파하는 것을 모두 받아 적는 제자 레위 마태오가 있었다. 빌라도가 요수아에게 진리가 무엇이냐고 묻자, 그는 진리는 빌라도의 머리가 아픈 것이고 곧 뇌우가 칠 것이기 때문에 아픔은 금방 사라질 것이라고 대답했다. 요수아는 빌라도가 몹시 외롭고 사람들에 대한 믿음을 상실했으며 자신의 개만을 사랑한다고 말한다. 요수아는 빌라도에게 산책할 것을 권했고, 빌라도에게서 지적인 인상을 받았기 때문에 기꺼이 그와 함께 산책을 하며 새로운 생각들을 나눌 의사가 있다고 말했다. 실제로 빌라도에게서 두통이 사라졌고, 빌라도는 체포된 사람을 의사 삼아 이야기에 빠져들었다. 요수아는 모든 사람이 선하다고 말했고 세상에 악한 사람은 없다고 생각했다. 빌라도는 요수아가 죄인이 아니라는 것을 깨달았고 그를 구하여 자신의 집에 머무르게 할 생각이었다. 그러나 그때 요수아가 황제의 권력에 저항했다는 내용이 적혀 있는 유다라는 자의 밀고가 빌라도에게 전달되었다. 요수아는 모든 권력은 인간에 대한 폭력이며, 황제의 권력이 사라지고 인류가 진리와 정의가 지배하는 세상에서 사는 날이 올 것이라고 한 자신의 말을 빌라도에게 확인시켜 주었다. 빌라도는 이제 자신이 요수아를 구해줄 수 없다는 것을 깨달았다. 왜냐하면 그로 인해 로마에서 자신의 위치, 어쩌면 생명까지도 위험에 처해질 수 있기 때문이었다. 빌라도는 마치 손을 씻는 것처럼 문질렀다. 그리고는 체포된 자를 데려갈 것을 명했다. 바로 그때 그는 강렬한 그리움을 느꼈다. 마치 요수아와 미처 다 못한 이야기가 있는 듯 했고, 요수아로부터 미처 다 듣지 못한 것이 있는 것만 같았다. 그는 요수아 가노쯔리가 골고다 언덕에서 두 명의 강도와 함께 십자가에 못 박힐 것이라는 사실에서 분노와 함께 자신의 무력함을 느꼈다.

이반은 자신이 교수의 이 이야기를 듣기만 한 것이 아니라 빌라도와 요수아의 대화를 자신이 직접 목격한 것처럼 느껴졌다. 교수는 자신이 그 대화의 자리에 직접 참석했었다고 강조한 다음, 그들이 악마의 존재를 믿는지를 물었다.

베를리오즈와 이반은 교수가 그들에게 악마의 존재를 믿으라고 한 이상 그가 미친 것이 분명하다고 판단했다. 베를리오즈는 병원에 전화하기로 결정했지만 전차길 옆에서 미끄러져 넘어졌고, 바로 그 순간

콤소몰의 젊은 여자가 운전하던 전차가 지나가면서 그의 목을 잘랐다. 갑작스런 베를리오즈의 죽음에 충격을 받은 이반은 교수가 이 죽음에 책임이 있다고 생각했다. 베를리오즈가 교수의 예언대로 죽었기 때문이다. 이반은 교수를 추적하기 시작했지만 그를 따라잡을 수는 없었다. 어느 누구도 요수아, 빌라도, 교수 그리고 베를리오즈의 죽음에 관한 자신의 이야기를 믿으려 하지 않았기 때문에 이반의 광기는 극에 달했다. 결국 경찰이 이반을 정신병원으로 데려갔다.

볼란드(Воланд)라는 이름의 신비스러운 이 교수는 두 명의 일행과 커다란 검은 고양이와 함께 싸도바야가 50호에 있는 베를리오즈의 아파트에 자리를 잡았다. 그 후 이틀 동안 볼란드가 만난 사람들은 몽땅 도둑, 술주정뱅이, 사기꾼, 수뢰자, 공금 착복자, 거짓말쟁이들이었다. 볼란드와 그의 일행은 그들을 폭로하고 처벌했다.

정신병원에서 이반은 이웃과 인사를 나눴다. 그는 38세로 검은색 머리칼에 불안한 갈색 눈과 뾰족한 코를 가진 사람이었다. 어떻게 정신병원에 오게 되었는지 묻는 이웃 환자의 질문에 이반은 본디오 빌라도 때문이라고 답했다. 이웃은 이것은 경악할 만한 우연이라고 소리치고는 모든 것을 자세히 말해달라고 부탁했다. 그는 이야기를 듣고 나서 이반과 베를리오즈가 대화를 나눈 자는 사탄이라고 설명하였다. 이웃은 자신이 사탄을 만나지 못한 것을 애석해했는데, 그 역시 본디오 빌라도 때문에 정신병원에 왔기 때문이라고 말했다. 계속해서 이웃은 1년 전에 자신이 빌라도에 대한 소설을 썼다는 것, 그러나 그는 자신을 작가가 아닌 거장이라고 생각한다는 사실을 말했다. 그는 역사학을 공부했고, 박물관에서 일하면서 외국어를 번역하는 일을 했다. 몇 년 전 그는 많은 돈을 벌어 직장을 그만두었고 책을 사서 본디오 빌라도에 관한 소설을 쓰기 시작했다. 그는 친척이나 친구들 없이 아르바뜨가의 마당으로 난 창문이 있는 지하의 작은 아파트에서 외롭게 혼자 살았다. 그의 작업은 이미 막바지에 이르렀고, 그는 자신의 소설이 "제5대 유대 총독 기사 본디오 빌라도"란 말로 끝맺을 것임을 알고 있었다. 어느 봄날 그는 산책을 하다가 한 젊은 아름다운 여인을 보고 첫눈에 반해 사랑에 빠졌다. 그녀 역시 그를 사랑했다. 그녀는 그들이 늘 서로를 사랑하고 있었지만 만나지 못했을 뿐이라고 말했다. 그들은 오랫동안 알고 지냈던 사람들처럼 이야기를 나눴다. 그녀 이름은 마르가리따(Маргарита)였고, 예절바른 사람에게 시집을 갔으나, 남편은 그녀가 사랑하는 이상형의 사람은 아니었다. 거장과 마르가리따는 만나기 시작했고 곧 그녀는 그의 은밀한 아내가 되었다. 마르가리따는 매일 그에게 왔고 그의 재능을 확신했으며, 그를 거장이라 부르면서 소설을 출판하라고 설득했다. 거장은 작품을 잡지사에 보냈지만 거절당했다. 그 후에 거장은 신문에 소설의 일부를 실을 수 있게 되었다. 이 일이 있은 후 저자가 종교를 전파한다고 비난하는 신랄한 기사들이 등장했다. 이런 기사들이 나돈 후 거장은 정신병을 앓게 되었고 모든 것을 두려워하게 된다. 그는 소설을 불태웠고 정신병원에 입원하게 되었다. 거장은 그녀가 더 이상 불행해지는 것을 원하지 않았기 때문에, 그에게 닥친 이 일에 대해서 마르가리따는 아무 것도 알지 못했다.

    거장과의 대화 후 이반은 몹시 흥분했고 오랫동안 잠을 이룰 수가 없었다. 마침내 잠이 들었을 때 그는 골고다 언덕 위의 태양과 십자가에 못 박힌 세 육신을 보았다. 레위 마태오는 요수아를 돕고 싶었다. 그는 십자가에서의 고통스러운 죽음으로부터 요수아를 구하기 위해 가는 도중에 그를 죽이려는 계획을 세웠지만 늦고 말았다. 그는 언덕에서 조금 떨어진 곳에 숨어서 처형되는 것을 지켜보았다. 저녁 무렵이 되어 못 박힌 자들이 숨을 거두자 천둥이 치기 시작했다. 병사들이 골고다 언덕을 떠나자 레위 마태오는 요수아의 몸을 십자가에서 떼어내 그를 옮겼다.

거장이 사라진 후 1년 동안 마르가리따는 그에 대한 어떤 소식도 알 수 없었다. 그녀는 남편의 집에서 생활하였지만 몹시 불행했다. 그녀는 남편을 떠나서 거장과 함께 살려고 하지 않았던 것이 자신의 잘못이라고 생각했다. 그녀는 레위 마태오처럼 자신이 때를 놓쳐 거장을 구하지 못했다고 스스로에게 말하곤 했다. 금요일에 꿈에서 거장을 본 그녀는 오늘 무슨 일이든 일어날 것이 분명하다고 확신하면서 잠에서 깼다. 그녀는 산책하러 나갔고, 알렉산드롭스끼 공원에서 이상한 낯선 남자가 그녀에게 다가와, 거장의 소설 가운데 일부를 인용하며 거장이 살아 있다고 전했다. 그리고 그녀를 어떤 외국인 교수의 집으로 초대하고는 그곳에 가면 그녀가 자신의 연인에 대해 모든 것을 알 수 있을 것이라고 말했다. 잠시 망설인 후 마르가리따가 동의하자, 낯선 남자는 그녀에게 크림이 든 작은 병을 건네주며 저녁에 이 크림을 얼굴과 몸에 바르고 그의 전화를 기다리라고 했다. 마르가리따는 그의 지시대로 했다. 크림은 그녀를 젊게 만들었고 날 수 있는 능력을 주었다. 그녀는 자신의 여태까지의 삶은 영원히 끝났으며, 자기는 마녀가 되었고 사탄에게 초대받았다는 것을 알게 되었다. 마르가리따는 날아서 사탄의 무도회에 가는 길에 거장의 작품에 대해 부정적인 기사들을 썼던 비평가들의 아파트에 들러 그곳을 박살내 버렸다. 그 다음에 그녀는 볼란드와 그의 동료들이 기다리고 있던 50호 아파트에 나타났다. 볼란드는 자기가 매년 봄 만월의 무도회를 개최하는데 무도회의 여왕은 반드시 마르가리따라는 이름을 가진 여자이어야 함을 그녀에게 설명해 주었다. 볼란드는 그녀에게 오늘 무도회의 여왕이 되어 줄 것을 부탁했다. 마르가리따는 동의했다. 그녀는 사탄의 손님들인 변절자, 살인자, 위폐 제조자, 독살자, 유아 살해범 등을 맞이했다. 환상적인 무도회가 끝난 후에 볼란드는 포상으로 마르가리따에게 원하는 바를 말하라고 했다. 마르가리따는 거장을 자신에게 돌려 달라고 부탁했다. 볼란드는 여위고 쇠약하며 영혼이 망가진 거장을 그녀에게 데려다 주었다. 또한 볼란드는 "원고는 불타지 않는다"라는 말과 함께 거장에게 그가 불태운 소설을 돌려주었다. 거장과 마르가리따는 다시 아르바뜨의 지하 아파트에 있는 자신들을 발견하게 된다. 거장이 안정을 되찾고 잠이 들자, 행복한 마르가리따는 다시 소설의 페이지를 펼친다.

요수아가 처형된 날 저녁 본디오 빌라도는 진정할 수가 없었다. 그는 삶에서 무엇인가를 돌이킬 수 없이 놓쳐 버렸다는 사실을 깨달았다. 그는 밀고의 대가로 돈을 주고 나서 유다를 죽이라고 비밀경찰 책임자에게 명령했다. 경찰 책임자는 능숙하게 명령을 이행했고, 유다는 그날 밤에 죽었다. 마침내 빌라도는 잠이 들었고 꿈을 꾸었다. 그는 달빛을 받으며 길을 걷고 있었고, 앞에는 그의 애견이 뛰어가고 있었는데, 그의 곁에는 요수아도 함께 걷고 있었다. 처형이 없었기 때문에 빌라도는 기뻤다. 그들은 어떤 중요하고 복잡한 것에 관해 논쟁을 벌였다. 요수아는 소심함이 가장 무서운 죄악 중에 하나라고 말하고, 빌라도는 소심함이 가장 무서운 죄라고 말한다. 이제 빌라도는 단지 이 공상가이자 철학자를 처형으로부터 구해낼 수만 있다면, 기꺼이 자기 자신을 파멸시킬 수 있을 것이라고 느끼게 되었다. "이제 우리는 영원히 함께 할 거요, - 요수아가 그에게 말한다, - 만약 사람들이 나를 기억한다면, 그 즉시 당신 역시 기억할 것이오." 그리고 빌라도는 잠에서 깨어나 이미 요수아에 대한 형이 집행되었음을 상기하고서 전율하게 된다. 곧 경찰서장이 들어와 유다가 살해된 것과 요수아의 시신을 감추려한 레위 마태오에 대해, 그리고 십자가에 못 박힌 자들의 매장에 대해 보고했다. 마침내 빌라도는 지저분하고 굶주리고 피곤에 지친 레위 마태오를 보았다. 빌라도는 레위에게 자신의 사서가 되어줄 것을 제안했다. 그러나 레위는 요수아를 죽인 사람의 손에서는 아무 것도 받으려 하지 않았다. 그는 냉혹했으며 유다에게 복수하길 원했다. 빌라도는 자신의 지시에 의해 유다가 이미 살해되었음을 그에게 알려준다. 레위 마태오는 그에게서 깨끗한 양피지 한 조각을 가져가는 것에 동의했다. 제5대 유대 총독 본디오 빌라도는 그렇게 새벽을 맞이했다.

모스크바 경찰은 신비로운 50호 아파트와 그곳의 이상한 거주자들에게 관심을 보였다. 하지만 볼란드와 그의 일행을 체포하려는 시도는 수포로 돌아갔다. 그들은 투명 인간이 되어 날아가 버렸고 50호 아파트와 문학인의 집에서 동시에 화재가 발생했다. 후에 레위 마태오가 볼란드에게 나타났는데, 거장의 소설을 읽은 요수아가 그를 볼란드에게 보낸 것이다. 그는 볼란드에게 거장을 데려가 그에게 안식이라는 상을 내려줄 것을 부탁한다. 볼란드는 왜 요수아 스스로 거장을 빛의 세상인 자신에게 데려가지 않느냐고 물었다. 레위 마태오는 거장에게는 빛이 아니라 안식이 합당하다고 답했다. 요수아는 볼란드가 마르가리따도 함께 데려갈 것을 부탁한다. 볼란드는 그의 요청을 수락한다.

토요일 저녁 거장과 마르가리따는 자신들의 지하실에서 미래에 대해 이야기를 나누었다. 거장은 마르가리따가 가엾었다. 그는 자신들에게 미래가 없다는 것과 자기가 결코 이전의 거장이 될 수 없다는 것을 알고 있었다. 마르가리따 역시 거장이 가엾었다. 그녀는 이 정신적 육체적으로 텅 비어 버리고 불구가 된 사람을 사랑하고 있었다. 이때 볼란드의 사신이 그들을 찾아와 언젠가 본디오 빌라도가 마셨던 포도주를 마시도록 했고, 그렇게 해서 그들은 함께 죽었다. 그 다음에 그는 그들을 밝고 기쁜 존재로 소생시켰다. 뇌우가 치기 시작하였고, 거장과 마르가리따 그리고 볼란드의 일행이 검은 말을 타고 날아가자, 그들 뒤로 거장의 지하실이 불타고, 이전의 삶과 이전의 고통이 모두 함께 불에 타버렸다.

거장은 이반과 작별하기 위해 정신병원으로 날아갔다. 이반은 거장과 마르가리따가 죽었다는 사실을 알고 있었다. 그는 거장에게 더 이상 시를 쓰지 않을 것이라고 약속한다. 이제 그는 다른 것에 흥미를 느끼게 되었다. 그는 빌라도와 요수아에 대한 소설의 속편을 쓸 것이다. 이반은 모든 것이 필요한 대로 이루어질 것이라고 약속하는 마르가리따를 보았다. "안녕, 제자여!" – 거장은 이렇게 말하고 사라졌다.

볼란드와 그의 일행, 거장과 마르가리따는 모스크바와 작별하고 멀리 날아갔다. 그들은 본디오 빌라도가 자신의 개를 데리고 2000년간이나 앉아 잠들어 있는 돌로 된 광장이 있는 산으로 날아갔다. 봄날 만월이 뜬 밤이면 불면이 그를 괴롭혔다. 볼란드는 요수아의 요청에 따라 거장에게 그의 주인공을 보여주었고, 빌라도가 용서받았으며 이제는 거장이 한 문장으로 자기 소설을 끝맺을 수 있다고 말했다. 거장이 소리쳤다 : "자유다! 자유다! 그가 너를 기다린다." 앞에는 빛나는 예루살렘이 보이기 시작했고, 달빛으로부터 길이 길게 펼쳐졌고 그 길을 따라 개가 그 뒤에는 빌라도가 뛰어갔다. 그가 웃는 것인지 우는 것인지는 알 수 없었다.

거장은 볼란드에게 자기가 어디로 가야 하느냐고 물었다. 자신의 주인공을 따라 앞으로 가야하는지, 아니면 모스크바가 보이는 뒤쪽으로 가야하는지? 볼란드는 그에게 다른 길 – 시냇물과 정원을 지나 꽃과 음악, 사랑과 평온이 그를 기다리는 집으로 향하는 길을 보여주었다. 볼란드는 곧바로 사라졌다. 거장과 마르가리따는 모래 길을 따라 시냇물을 건넜고 그들의 고통은 가라앉았다. "거장이 자기가 만들어 낸 주인공을 방금 풀어 주었듯이 누군가가 거장을 자유롭게 해주었다. 그 주인공, 일요일 전날 밤에 용서받은 유대의 제5대 잔혹한 총독 기사 본디오 빌라도는 나락을 향해 돌아올 수 없는 길을 떠났다."

몇 년이 흘렀고 모스크바에서 있었던 이 괴이한 사건은 잊혀졌다. 하지만 모두가 그것을 잊은 것은 아니다. 매년 봄 만월이 뜨는 저녁이면 역사 철학 연구소의 연구원이자 교수인 이반 니꼴라예비치 뽀늬레프가 빠뜨리아르쉬 연못을 찾아와 가로수 길에 앉아 달을 바라보며 혼잣말을 했다. 그리고 나서 그가 집으로 돌아갈 때는 완전히 병자가 되어 잠을 이루지 못하였지만 꿈속에서 십자가에 못 박힌 세 사람을 보곤했다. 그 다음에는 달빛 비치는 길이 꿈에 보이는데, 그 길을 따라 빌라도와 요수아가 이야기를 나누며 걷고 있고 개가 그 뒤를 따르고 있었다. 다음에는 역시 달빛을 따라 멀어져가는 거장과 마르가리따를 보았다. 그리고 아침에 이반은 건강하고 평온하게 잠에서 깨어났다. 그런 후로는 그의 고통스런 기억은 잦아들고 다음 만월 때까지 유대의 잔혹한 제5대 총독 기사 본디오 빌라도는 교수를 괴롭히지 않았다.

불가꼬프는 자신의 마지막 소설이자, 그의 말대로라면 "황혼의" 소설인 이 작품을 자기 시대의 역사적 심리적 진실을 담은 책으로서 저술하였다. 따라서 이 책은 선과 악, 예술과 사랑, 죄와 속죄에 관한 철학적이고 상징적인 작품이다. 저자는 이 작품을 몇 년에 걸쳐 저술했으며, 그 계획도 수 차례에 걸쳐서 변경되었지만 기본적인 줄거리는 처음의 것에서 크게 변하지 않았다. 이것은 30년대의 모스크바를 주도하였던 사탄에 대한 풍자이자, 소비에트 사회의 실제 모습과 작가들의 세계에 대한 풍자이다. 볼란드는 속물들과 예술가들의 진정한 얼굴을 보여주고 있다. 그들은 질시로 가득 차고 무식하며 뻔뻔스럽고 비겁하며 밀고자들에다 수뢰자들로 신앙이 없고 영혼도 없으며 양심도 없는 자들이다. 작가는 모스크바의 부조리한 세태를 극명하게 보여주고 있다. 그곳에서는 악의 상징인 악마가 악을 폭로하고 공정한 징벌을 내리는 일이 벌어진다. 볼란드는 그들 각자의 진정한 가치를 알고 있으며, 그들 각자의 믿음에 따라 되돌려 준다. 그는 고통과 거짓, 속임수를 태워버리는 정화의 불을 모스크바에 가져온 것이다.

볼란드는 벌을 줄뿐만 아니라 가르치기도 한다. 사탄과의 만남은 시인 이반 베즈돔늬의 영혼을 변화시킨다. 그는 심리적인 위기를 경험한다. 그는 주변 세계를 새로이 바라보고 그의 시가 예술이 아니었다는 것을 인식하며, 빌라도와 요수아의 운명을 동정하고 거장의 비극에 괴로워한다. 고통이 그의 영혼을 정화시킨다. 그는 거장이 작별하면서 그에게 내린 제자라는 고귀한 칭호에 걸맞은 인물이다. 그는 빌라도와 요수아, 거장과 마르가리따에 대한 기억을 모스크바에서 유일하게 간직하고 있는 사람이다.

소설의 중심에는 동시대인들이 인정하지 않고 이해하지 못한 작가인 거장의 비극적인 운명이 자리하고 있다. 거장은 진정한 예술가이다. 그는 자신의 소설을 위해 살 뿐 명예를 위해 글을 쓰지 않는다. 그에게 있어서 창작의 목적은 창작 그 자체이다.

거장의 소설은 복음서의 주제와 관련되어 있지만 그 중심에는 요수아가 아닌 빌라도가 있다. 거장은 소심함과 배반이 갖는 비극에 대하여 말한다. 요수아를 만나기까지 빌라도는 잔혹한 세상 속에서 자리를 잡고 권력과 부를 영위하고 있지만 행복하지 못한 불쌍한 사람이었다. 고독한 빌라도는 모두를 미워하고 모두에게서 미움을 받는다. 단지 한 존재만이 그에게 충실했으니 그것은 바로 그의 개였다. 요수아와의 만남으로 빌라도의 삶은 전환된다. 요수아는 그를 두려워하지 않았고 그의 고독과 고통을 동정하였기 때문이다. 요수아가 설교하는 선과 사랑의 사상은 빌라도의 영혼을 일깨운다. 하지만 결정적으로 일깨우지는 못해 그는 여전히 자신의 목숨 때문에 두려워하고 자신의 권력을 소중히 여긴다. 요수아를 처형대로 넘겨주면서 빌라도는 손을 씻는다. 이제 그를 기다리고 있는 것은 끝없는 고통이다. 눈을 뜬 양심은 더 이상 그에게 평온을 허용해 주지 않았으며, 그는 마음속으로 자기 자신을 심판하게 된다. 그는 도덕적 고통으로 자신의 죄, 비겁함과 배반이라는 죄를 씻어야만 한다.

거장은 요수아와도 비슷하고 동시에 빌라도와도 비슷하다. 요수아처럼 그는 혼자이고 무방비상태다. 요수아가 자신의 사상에 전념하듯이 거장도 예술에 전념한다. 사람들은 그들을 이해하지 못하고 미워하면서 박해한다. 거장은 자신의 정신과 소설에 가해지는 이런 폭력을 견디어내지 못한다. 두려움이 그를 지배하고, 그래서 그는 빌라도의 죄를 범한다. 즉 진리와 사랑을 거부하고 자신의 소설을 불태운 것이다. 빌라도와 마찬가지로 그는 자신의 배반을 힘겨운 도덕적 고통으로 속죄하지만, 그럼에도 그에게는 빛이 적당하지 않고 시공을 초월한 안식만이 합당할 뿐이다. 거장과 같은 예술가는 실용주의를 앞세우는 20세기에서는 시대착오적이다. 그래서 그는 자연과 사랑과 예술이 기다리는 과거로 돌아간다. "오, 정말로 낭만적인 거장이여, 과연 당신은 낮이면 꽃이 피기 시작한 벚나무 아래를 연인과 산책하고, 저녁이면 슈베르트의 음악을 듣고 싶지 않습니까? 정말 당신은 촛불 아래서 거위깃털 펜으로 글을 쓰는 것이 유쾌하지 않을까요... 그곳에서는 벌써부터 집과 늙은 하인이 당신을 기다리고 있고 촛불도 켜져 있습니다. 거장, 이 길을 따라, 이 길을..."

"사랑하는 사람은 반드시 자신이 사랑하는 이의 운명을 나눠 가져야한다"라고 불가꼬프는 썼다. 소설의 여주인공 마르가리따는 사랑하는 거장의 운명을 단지 나눌 뿐만 아니라, 그를 정신병원에서 구해내고 그의 고유한 영혼이 깨어지는 것을 막아낸다. 마르가리따는 그의 천재성을 믿고 그를 거장이라 부른다. 그를 이전의 상태로 되돌려놓기 위해 그녀는 악마에게 영혼을 팔고 마녀가 될 준비가 되어 있다. 사랑은 마르가리따를 결단력 있고 강하며 두려움 없는 사람으로 만들었다. 볼란드는 그녀의 당당함과 자긍심을 존중한다. 그녀는 음침한 모스크바의 악마세계에서 빛의 상징이고, 사탄들의 무도회장의 어둠도 그녀를 건드리지 못하며, 유아살해자들과 독살자들 사이에서도 그녀는 인간성과 영혼의 온기 그리고 연민을 지킨다. 그녀는 자신의 아기를 죽인 불행한 프리다(Фрида)를 동정하고 2000년 동안 고통 받고 있는 빌라도를 동정한다. 그녀는 영원히 사랑하고 보살피기 위해 거장을 안식이 기다리고 있는 집으로 인도한다. 예술과 사랑은 불가꼬프의 소설에서 분리될 수 없는 것이다. "보세요, 저기 당신에게 상으로 내려진 영원한 당신의 집이 있어요. 저녁이 되면 당신이 사랑하는 사람들이 올 거라는 것을 나는 알아요. 그 사람들이 당신을 위해 연주할 것이고 노래를 불러 줄 거예요. 방 안에 촛불이 타오르면 어떤 빛이 방을 가득 채우는지 보세요. 당신은 입가에 미소를 지으며 잠이 들 거예요. 잠은 당신을 강하게 만들 것이고, 당신은 현명하게 판단하게 될 겁니다. 이제 당신은 나를 쫓아내지 못할 거예요. 제가 당신의 꿈을 지켜주겠어요."

# 미하일 알렉산드로비치 숄로호프

(Михаил Александрович Шолохов, 1905-1984)

미하일 알렉산드로비치 숄로호프는 1905년 베쉔스까야(Вешенская)에 있는 까자끄 마을의 농민 부락인 끄루쥘린(Кружилин)에서 태어났다. 그의 아버지는 잡계급 지식인이었고 어머니는 농민 가정 출신이었다. 그는 어린 시절을 돈 지방에서 지냈다. 그는 농민 부락에서 공부하다가 나중에 보구차르(Богучар)시(市)의 중등학교에 진학했다. 그는 1918년에 중등학교를 마치지 못하고 집으로 돌아왔다. 왜냐하면 돈 지방에 내전이 시작되어 그가 공부를 계속할 수 없었기 때문이었다. 내전의 극적인 사건들은 장래 작가의 성격 형성에 커다란 영향을 미쳤다.

숄로호프

1920년 돈 지방에 소비에트 정권이 수립된 후 미하일 숄로호프는 독립생활을 시작했다. 15세의 소년이었던 그는 단기간 양식 징발대의 활동에 참여하였고, 구역위원회에서 일했으며 까자끄인들에게 글을 가르쳤다.

1922년에 숄로호프는 끝마치지 못한 공부를 계속하고 문학 활동을 시작하려는 꿈을 안고 모스크바로 갔다. 하지만 그는 학업을 지속할 수 없었다. 그는 일을 하면서 독학을 해야만 했다. 숄로호프는 1923년에 신문 『꼼소몰』지에 칼럼을 게재하면서 문학 활동을 시작했다. 1925년에 그의 첫 번째 책 『돈 지방 이야기(Донские

『돈 지방 이야기』

рассказы)』가 출간되었다. 이 작품에서 젊은 작가는 내전 시기의 첨예한 사회적 갈등을 드러내 보여주고, 과거 사회의 파괴뿐만 아니라 사람들 사이의 가족관계 역시 파괴된 첫 번째 혁명 직후의 생사를 건 계급투쟁을 보여주려 노력했다. 신진작가는 혁명과 내전을 배경으로 민중의 비극을 묘사했다. 그는 "드높은 진리의 이름으로" 혁명적인 파괴의 잔인한 방식과 평범한 인간적 감정에 대한 계급적 이해의 승리를 이상화했다.

이 시기에 숄로호프는 장편 서사소설 『고요한 돈강(Тихий Дон)』의 집필을 시작해서 1940년에 완성했다. 이 장편 소설은 20세기 초 러시아에서 벌어진 가장 중요한 역사적 사건들 - 제1차 세계대전에서부터 돈 지방에 소비에트 정권이 수립되기까지를 묘사하고 있다. 작가는 이 작품에서 혁명과 내전 시기에 민중의 복잡한 여정을 반영하여 보여주고 있다.

30년대 초에 숄로호프는 장편 서사소설의 완성을 뒤로 미루고 현대성에 관한 새로운 작품 『개척된 처녀지(Поднятая целиган, 1932)』를 쓰기 시작했다. 이 책은 소비에트 농촌의 집단화라는 아주 복잡한 역사적 시기를 다루고 있다. 농촌의 집단화 시기는 수 세기에 걸친 까자끄인들의 도덕적 전통과 노동 습관을 완전히 파괴하면서 사람들을 비극 속으로 내몰았다. 소비에트 농촌의 집단화 정책은 까자끄인들의 마을들에서도 러시아 시골에서와 마찬가지로 노동과 사유재산에 대한 낡은 관계가 파괴되었다. 이러한 집단화 과정은 국가와 지방 권력이 취한 강제적인 방법들의 도움으로 힘겹게 진행되었다. 따라서 많은 농민들과 까자끄인들이 억압당했다. 장편 소설 『개척된 처녀지』에서 작가는 현실을 낙관적으로 보여주려고 노력하고 있지만, 삶의 가혹한 진실은 행복한 민중들의 생활이라는 이상적인 모습을 파괴했다. 소설의 내용은 이 시기 민중들의 삶의 비극적 진실과 첨예한 충돌을 보여주고 있다. 장편 소설 『개척된 처녀지』의 2부 집필은 오랫동안 지속되었다. 왜냐하면 숄로호프가 다시 장편 서사소설 『고요한 돈강(Тихий Дон)』의 완성에 매달렸기 때문이다. 『고요한 돈강』은 전쟁 발발 직전에 완성되었다.

2차 세계대전 시기에 숄로호프는 「쁘라브다(Правда)」의 특파원으로 전선에 있었다. 파시즘과의 투쟁에 나선 소비에트 민중의 위대한 공훈을 숄로호프는 기사와 짤막한 글을 통해 보여주었다. 전쟁 시기에 그는 소설 『그들은 조국을 위해 싸웠다(Они сражались за Родину)』를 쓰기 시작했다. 이 장편 소설은 소비에트 인민들의 용맹성과 영웅적 행위에 관한 것이다. 이 작품에는 1942년에 소비에트 군이 벌였던 치열한 전투들이 묘사되었다. 이 작품에서 숄로호프는 전쟁을 겪는 민중의 운명을 보여주려 하였고, 조국을 지키기 위해 나선 사람들의 내면의 풍요로움을 심도있게 드러내고자 노력했다.

종전 후에 숄로호프는 사회 활동과 문학 활동을 계속했다. 1956년 말에 「쁘라브다(Правда)」지에 숄로호프의 단편소설 『인간의 운명(Судьба человека)』이 실렸다. 이 책은 한 평범한 소비에트 남자의 운명과 그가 파시스트의 포로로서 겪은 고통들에 관한 인간적인 이야기이다. 이 소설은 주인공의 엄청난 정신적인 힘이 바탕이 되어 그가 선한 마음과 인간의 품위를 지킨 채 평화로운 삶으로 돌아가는 것을 도와준다는 내용이다.

50년대 중반에 숄로호프는 『개척된 처녀지』의 2부 작업을 재개하여 1959년에 완성했다.

숄로호프는 자신의 거의 모든 생애를 돈 지방의 까자끄 마을 베쉔스까야에서 보냈다. 그곳에서 그는 많은 사회 활동을 했고 독자들 및 젊은 작가들과의 만남을 가졌다. 1966년에 그는 자신의 창작활동의 절정으로 인정되는 장편 서사소설 『고요한 돈강』으로 노벨문학상을 받았다.

생의 말년에 숄로호프는 소설 『그들은 조국을 위해 싸웠다』를 집필했고, 기사를 썼으며 젊은이들에게 강연을 하기도 했다. 그는 1984년에 숨졌으며 고요한 돈강의 기슭 베쉔스까야에 묻혔다.

### 장편 소설 『고요한 돈강(Тихий Дон, 1926-1940)』

장편 서사소설 『고요한 돈강』은 소비에트 시기 러시아 문학의 걸작이다. 숄로호프는 1926년부터 1940년까지 이 서사적인 작품을 썼다. 이 작품에서 작가는 제1차 세계대전, 부르주아 민주주의 2월 혁명, 사회주의 10월 혁명, 내전과 같은 역사적 사건들의 파노라마를 그려냈다. 장편 소설의 이야기는 제1차 세계대전 이전인 1912년에 시작되어 돈 지방에 소비에트 정권이 수립되는 1922년에 끝이 난다.

돈강 기슭의 까자끄 마을 따따르스끼(Татарский)에 우애 좋고 일하기를 좋아하는 빤쩰레이 쁘로꼬피예비치 멜레호프(Пантелей Прокофиевич Мелехов) 가족이 살았다. 멜레호프 집안에는 3남매가 있었는데 아들 뾰뜨르(Пётр)와 그리고리(Григорий), 딸 두냐쉬까(Дуняшка)가 그들이다. 그리고리 멜레호프(Григорий Мелехов)가 소설의 주인공이다. 그는 강인하고 분명한 성격을 가진 똑똑하고 정직한 사람으로 진리와 정의를 추구한다. 그러나 그리고리는 이웃에 사는 까자끄인 스쩨빤 아스따호프(Степан Астахов)의 아내 악시냐(Аксинья)를 사랑한다. 이 비극적인 사랑이 그들의 전 인생을 관통한다. 그리고리와 악시냐에 대한 소문을 없애고 그의 삶을 바꾸기 위해 그의 아버지는 그리고리를 나딸리야 꼬르슈노바(Наталья Коршунова)와 결혼시킨다. 하지만 결혼은 그리고리에게 행복을 가져다주지 못했다. 그는 계속해서 악시냐를 사랑했기 때문에 아내를 버리고 악시냐와 함께 부유한 지주 리스뜨니쯔끼(Листницкий)의 영지로 떠난다. 그곳에서 그리고리는 생계를 위해 고용 노동자가 되는데, 이것은 까자끄인들에게는 수치스런 일이었다. 왜냐하면 자신의 사유지를 가진 까자끄인들은 스스로를 자유로운 독립인이라고 여겼기 때문이다. 그곳 영지에서 그리고리와 악시냐 사이에서 딸이 태어났다. 그 후에 그는 군복무를 위해 떠났다.

1914년에 제1차 세계대전이 발발했던 것이다. 이것은 민중에게 있어서 크나큰 재앙이었다. 그리고리는 용감하게 싸워서 포상 휴가를 받았다. 집으로 돌아온 그는 어린 딸이 죽었고, 악시냐가 그를 배신했다는 것을 알게 된다.

그리고리가 고향 마을로 돌아가자, 모든 가족과 아내 나딸리야가 그를 반갑게 맞이해 준다.

며칠간의 휴가를 마치고 멜레호프는 다시 전선으로 복귀했다. 마음 속으로 그는 이 전쟁이 무의미한 것이라고 생각했지만, 군인으로서의 의무를 충실히 수행했다. 이 시기에 볼셰비키가 까자끄인들 사이에서 적극적인 선전 활동을 벌였으므로 10월 혁명 당시에 까자끄인들은 민중의 참여에 대해 진압하는 것을 거부했다. 1917년 11월부터 까자끄 사단 전체가 전선을 떠났다. 까자끄인들은 수 천 명의 사람들이 죽어간 제국주의 전쟁을 계속하고 싶어 하는 사람은 하나도 없었다. 몇몇 까자끄인들이 고향 마을로 돌아왔다. 멜레호프의 집에는 큰아들 뾰뜨르(Пётр)만이 돌아왔다. 그리고리(Григорий)는 1917년 1월에 장교로 임명되었고, 그 다음에는 볼셰비키 쪽으로 넘어갔다. 그는 당시 국내에서 전개되고 있는 사건들에 적극 참여했고, 그 사건들을 충분히 규명해 보려고 애썼지만 교육이 짧은 까자끄로서는 쉬운 일이 아니었다.

소비에트 정권이 돈 지방에 수립되는 과정은 매우 복잡하면서도 극적으로 진행되었다. 제정 러시아에서 까자끄인들은 특권적인 위치를 점하고 있었다. 그들은 중부지방의 농민들보다 많은 토지를 소유하고 있었다. 10월 혁명이 그들에게서 이 특권을 빼앗아갔다. 이 모든 것들이 소비에트 정권의 수립을 어렵게 했고 까자끄 사람들을 분열시켰다.

1917년 말에 돈 지방의 큰 도시인 노보체르까스끄(Новочеркаск)와 로스또프(Ростов)에 짜르의 잔류군과 사회주의 혁명을 피해 달아난 자들이 집결했다. 짜르의 장군들은 그들을 모아 백군을 조직했다. 1918년 봄에 돈 지방 까자끄인들은 완전히 분리되었다. 까자끄인들 가운데 일부는 적군을 따랐고, 일부는 백군에 가담했다. 그들 사이에서 생사를 건 내전이 시작되었다.

전투의 와중에 볼셰비키 진영에 있는 그리고리 멜레호프는 부상을 입고 치료차 집으로 돌아왔다. 이 무렵 그의 고향 집에는 이미 그의 두 아이가 자라고 있었다. 내전의 전투가 따따르스끼(Татарский) 마을에까지 이르렀다. 적군 부대의 낙오병들과 지방 주민들 간의 충돌로 인해 돈강 상류 지방 까자끄인들의 반혁명 봉기가 시작되었다. 베쉔스까야(Вешенская) 마을에도 역시 부대가 조직되었는데, 그 반혁명군의 지휘관은 그리고리의 형인 뾰뜨르 멜레호프(Пётр Мелехов)였다.

돈 지방의 소비에트 정부 대표인 뽀드쩰꼬프(Подтелков)는 몇 개의 연대를 조직해 반혁명군과 전투를 계속하기 위해 돈 지방의 북쪽으로 부대를 출동시키기로 결정했다. 하지만 이 무렵에는 이미 돈 지방 거의 전체가 봉기군에 의해 장악되고 있었다. 깔라슈니꼬프(Калашников) 마을에서 소비에트 적군 부대 전체가 포로가 되었다. 군인들 중 일부는 총살당했고 뽀드쩰꼬프와 몇몇 지휘부는 교수형에 처해졌다.

피비린내 나는 내전의 여러 사건들이 모든 까자끄인들을 동요시켰다. 수년에 걸친 전쟁에 지친 그리고리 멜레호프는 볼셰비키와 젊은 까자끄 미하일 꼬쉐보이(Михаил Кошевой)와 함께 마을을 떠나는 것을 거절했다. 그러나 그가 온 나라를 들쑤시고 있는 전쟁으로부터 벗어나 한 쪽에 비켜서 있는 것은 불가능했다. 그리고리는 새로이 군사 작전에 참여했지만, 이번에는 형 뾰뜨르와 함께 까자끄 반혁명군 진영에 가담했다. 그리고리는 집과 가족을 생각하며 전쟁의 경과를 냉담하게 지켜보았다. 1918년 12월 까자끄 군대는 적군의 맹공으로 후퇴하기 시작했고, 그리고리는 자의로 부대를 이탈하여 집으로 돌아왔다.

1919년 봄 까자끄 마을 베쉔스까야는 적군의 개별 부대의 불공정하고 가혹한 행동으로 인해 야기된 제2차 봉기의 중심지가 된다. 잔혹함이 잔혹함을 낳았다. 한 전투에서 적군에게 봉기군이 포위되었을 때 볼셰비키인 미하일 꼬쉐보이가 뾰뜨르 멜레호프를 사살했다. 그리고리는 가혹하게 군사작전에 몰입하였고 봉기군 사단의 사령관이 되었다.

내전은 위기 순간에 다다랐다. 적군은 동시에 몇 개의 전선에서 싸웠다. 돈 지방에 소비에트 정권의 수립은 극적인 성격을 띠었다. 반혁명 봉기 당시 볼셰비키 지도자인 슈또끄만(Штокман)과 까뜰랴로프(Катляров)가 전사했다. 그리고리는 그들을 구하려 서둘렀지만 늦고 말았다. 그의 마음속에는 깊은 고통과 불안이 싹텄다. 멜레호프는 많은 실수와 불공정함을 보았기 때문에 까자끄들의 봉기가 실패할 운명이라는 것을 이해하고 있었다. 봉기가 괴멸된 후 그리고리는 자발적으로 적군에 가담하여 제1기병대에서 싸웠다. 멜레호프의 부족한 정치적 식견과 내전의 비극적인 모순이 그를 한 진영에서 다른 진영으로 내몰았다. 하지만 그는 이 세상에서 무슨 일이 벌어지고 있는지를 열정적으로 알고자 했다.

기나 긴 전쟁의 날들이 지나자 멜레호프는 강하고 모순적인 성격과 깊은 감정을 소유한 아름다운 여인 악시냐를 향한 사랑을 여전히 자기 마음속에 간직하고 있었다. 그녀에게 있어서도 그리고리를 향한 사랑은 그녀의 인생 가운데 가장 밝고 중요한 것이었다. 이 위대한 사랑의 감정을 복원하기 위해서 그녀는 자신을 희생할 준비가 되어 있었다. 악시냐는 그리고리의 비극적인 운명을 함께 나누었다. 그들은 다시 만나기 시작했다.

적군이 동원 해제를 실시하자, 멜레호프는 집으로 돌아왔다. 전쟁은 그가 가졌던 모든 것인 집과 가정을 완전하게 파괴시켰다. 그의 부모님과 아내는 죽었고, 어린 아들과 딸만이 남아 있었다. 여동생 두냐쉬까가 그들에게 엄마와 아빠 노릇을 하였지만, 그녀도 이제는 그리고리를 더 이상 도울 수 없었다. 두냐쉬까(Дуняшка)는 멜레호프를 체포하려고 하는 미하일 꼬쉐보이(Михаил Кошевой)와 결혼했다. 얼마동안 그리고리는 포민(Фомин)의 반혁명 도당에 숨어 지냈지만, 그는 더 이상 싸우거나 사람들을 죽이는 끝없이 반복되는 잔혹한 고통을 지켜볼 수 없었다. 그리고리는 새로운 생활을 시작하기 위해 밤에 악시냐와 함께 몰래 마을을 떠났다. 그러나 운명은 그에게 최후의 무시무시한 일격을 준비하고 있었다. 도중에 어떤 까자끄인들이 그들에게 발포하여 악시냐가 죽고 만다. 그리고리는 그녀를 묻으면서 모든 것이 끝났다는 것을, 자신에게는 가족도 없고 동지도 없고 사랑도 없다는 것을 깨닫는다. "그는 괴로운 악몽에서 깨어나듯이 머리를 들고 자기 위의 검은 하늘과 눈부시게 빛나는 태양의 검은 원반을 보았다."

검은 태양이라는 상징적인 이미지가 그리고리 멜레호프의 인생의 비극을 종식시킨다. 그는 집으로 돌아와 아들 미슈뜨까(Мишутка)를 찾았다. 아이는 그에게 있어서 미래이고 유일한 희망이었다.

장편 서사소설 『고요한 돈강(Тихий Дон)』에서 숄로호프는 잔혹하고 위대한 역사적 격변기를 살아가는 자신의 주인공들을 시험해 보고 있다. 그리고리 멜레호프의 운명은 20세기 초 러시아 사회가 겪었던 복잡한 과정을 보여줄 뿐만 아니라 전인류적인 가치들에 대해 말하고 있다. 작가는 이 책에서 처음으로 혁명과 내전이 사회의 개혁과 더불어 각 개인에게 어떤 위협을 가져오는지에 대해서 언급했다. 그리고 그는 소설의 주인공 그리고리 멜레호프의 비극적인 운명을 통해서 이 모든 것을 고스란히 보여주었다.

# 20세기 후반기의 러시아 문학

(Русская литература второй половины XX века)

러시아 문학사를 반세기 단위로 구분하는 것은 매우 조건적이다. 왜냐하면 빠스쩨르나끄, 아흐마또바, 레오노프, 뜨바르돕스끼, 나보꼬프와 같은 작가들은 20세기 전반기에도 유명했지만 50-70년대에도 새로운 걸작들을 저술했기 때문이다. 그럼에도 불구하고 20세기 후반기의 러시아 문학은 전체적으로 전반기의 문학과는 상당한 차이를 보여주고 있다.

20세기 후반기 세계 문학과 러시아 문학에 영향을 미친 중요한 사건들은 전체주의와 식민주의 그리고 제국주의적 사고에 반대하는 투쟁이었고, 개인과 민중의 자유를 위한 투쟁, 핵전쟁에 반대한 투쟁, 세계 평화(넓은 의미에서)와 인류의 행복을 위한 투쟁이었다.

1939-1945년 제2차 세계대전의 종식, 1953년 스탈린의 사망, 소연방에서의 "해빙기(оттепель)"(1954-1959), 그리고 50년대 일련의 사건들이 20세기 중반 러시아 문학이 급변하는 시발점이 되었다. "한 세기의 중반"이라는 개념 자체가 상징적이다. 그것은 일종의 경계, 일시적인 "멈춤(остановка)"(멈춰 서서 둘러본다!(остановиться - оглянуться!)) 그리고 전환점을 뜻하며 삶과 문학에서 새로운 단계의 시작을 의미한다. 루곱스꼬이(В.Луговской)는 일련의 서사시

루곱스꼬이

<세기의 중간(Середина века)>(1958)과 시집 『지일(Солнцеворот, 1956)』을 썼다. 빠스쩨르나끄는 제목 역시 상징적인 <뇌우가 지나간 후에(После грозы)>(1958)라는 시에서 다음과 같이 쓰고 있다.

> 뇌우를 가져온 반세기에 대한 회상은
> 뒷걸음질치며 떠나간다.
> 그 반세기가 성년이 되었다.
> 미래에 길을 내주어야할 때다.

빠스쩨르나끄의 다른 시(<유일한 날들(Единственные дни)>, 1959)에서는 루곱스꼬이의 시와 마찬가지로 지일(至日)의 상징적인 이미지가 생겨난다. "시간이 멈춘 것처럼 여겨지던 // 그 유일한 날들... //그리고 백년보다 하루가 더 길어진다(Тех дней единственных, когда // Нам кажется, что время стало. ... // И дольше века длиться день).''19) 1953년에 20세기 전반기 러시아 문학의 마지막 고전주의자 이반 부닌(Иван Бунин)이 파리에서 사망했다. 그의 죽음과 함께 20세기 러시아 문학의 큰 시기가 끝을 맺었다.

이 시대를 대표하는 두 편의 작품 레오니드 레오노프(Л.Леонов)의 소설 『러시아의 숲(Русский лес, 1950-1953)』과 뜨바르돕스끼(А.Твардовский)의 서사시 <머나먼 곳(За далью - даль)>(1950-1960)은 20세기 러시아 문학의 새 시기가 시작됨을 알렸다. 이 두 작가는 20세기 후반기의 많은 작가의 작품에 커다란 영향을 미쳤다. 레오노프의 소설은 러시아 민중의 "민족 전기(傳記)"이다. "민족적 분열과정 속에서 역사, 철학, 윤리의 종합, 러시아 삶의 급변하는 순간을 서두르지 않고 주시하는 것, 바로 이것이 장편 소설 『러시아의 숲』을 다른 모든 작품과 구

---

19) 1980년에 칭기즈 아이뜨마또프는 이런 제목의 소설을 출간한다.

분 짓는다. 바로 여기서부터 역사와 현대성, 과거와 현재 사이의 특별한 상호관계가 형성된다."[20] 서정적 장편 서사시 <머나먼 곳(За далью - даль)>에서 뜨바르돕스끼는 모스크바에서 블라디보스토크까지의 자신의 여행에 관해 이야기할 뿐만 아니라 러시아의 과거로의 여행과 개인적 삶 그리고 자신의 영혼 깊은 곳에 대해서도 이야기하고 있다.

20세기 후반기 러시아 문학은 그 자체가 단일한 예술 세계인 동시에 그 내부에 다양한 과정들이 전개되었고, 러시아 문학은 빠르게 변화하였다. 50년대 초에는 시평(時評)과 사회 정치적인 산문과 운문이 급격히 발전했고, 후반기에는 산문에서의 서정성이 특징적이었다("서정적 산문(лирическая проза)"이라는 용어까지 등장했다). "40년대 및 50년대 초의 문학적 관성은 수필 형식의 시평과 참회문 형식의 새로운 산문들에 의해 파괴되었는데, 이것은 60-70년대의 서정적 산문이 참회문 형식의 산문들과 태생적으로 연관됨을 보여주고 있다"[21]. 60년대 문학의 진행 과정을 보면 그 전면에 등장하는 것은 대작의 형태로 분석적 경향이 강화된 중편 소설과 장편 소설 장르이며, 운문에서는 서사적 경향이 지배적이다. 이어진 10년의 기간에는 현실과 주인공에 대한 작가들의 취급방식의 확대, 시대에 대한 철학적 이해, 여러 현상에 대한 전체적인 접근, 그리고 삶을 반영함에 있어서 예술적 분석과 종합의 결합, 구체성과 보편성의 결합, 주관적인 것과 객관적인 것의 결합, 과거와 현재의 결합 등이 두드러진다. 80년대 러시아 문학을 구분 짓는 것은 사상과 주제 그리고 문제제기, 문체와 장르 및 기타 예술적 수단 등을 포함한 작품의 내용과 형식의 다양성이라 할 수 있다. 특히 중요했던 것은 몇 십 년 이전에 창작되어 소위 "억류되어 있다가" 돌

---

20) 예르쇼프(Ершов Л.Ф.), 『소비에트 러시아 문학사(История русской советской литературы)』. 모스크바. 1982. 304쪽.
21) [신세계(Новый мир)] 1990. N2. 247쪽.

아온 문학이라고 불린 장르의 출현이다. 90년대는 새로운 현대적 단계의 시작이며, 그에 대한 이해는 아직 과제로 남아있다. 이 시기에는 이른바 "다른 문학(другая литература) 혹은 대안 문학(альтернативная литература)"이라고 불리는 포스트 모더니즘의 작품들과 변형된 시 등이 나타났다. 아마도 이러한 시도들은 새로운 세기가 도래하는 것, 더 나아가 새로운 천년(2000년)도 다가오고 있음을 알려주려는 듯하다.

"오늘 만들어지고 있는 소비에트 문학의 실제 역사를 배경으로 볼 때 전후 기간은 의심할 여지없이 문학에서 가장 중요한 고리이다. 바로 여기에 역사의 일종의 중추신경이 있고, 바로 여기에 문학 발전이 한 단계 완성되어지는 "시작"과 "끝"이 숨어있다"22).

50년대 중반부터 러시아 문학사에서 항상 중요한 역할을 했던 새로운 잡지들이 속속 발간되기 시작했다. 1955년에 [인민의 우정(Дружба народов)], [청년시절(Юность)], 1957년에는 [모스크바(Москва)], [돈강(Дон)], [문학의 제문제(Вопросы литературы)], 1958년에는 [러시아 문학(Русская литература)], [어문학(Филологические науки)], [우랄(Урал)] 등을 꼽을 수 있다. 매 10년마다 새로운 잡지들이 출현했다. [우리의 동시대인(Наш современник)](1964), [문학 평론(Литературное обозрение)](1973), [문학 학습(Литературная учеба)](1978), [동의(Согласие)], [소비에트 연극이론(Советская драматургия)](1982), [기부(Лепта)], [사수좌(射手座)(Стрелец)](90년대) 등이 그것이다. 이 잡지들은 문학의 여러 문제들에 대한 활발한 토론의 장을 마련하였다.

20세기 중반에는 소장르들이 운문(시)뿐만 아니라 산문(수필, 단편소설, 중편소설)에서도 러시아 문학에서 지배적인 위치를 점하게 되었다.

---

22) 같은 책. 238쪽.

## 산문(Проза)

50년대 소비에트 산문은 주로 농촌, 전쟁, 도시, 세태, 역사, 도덕적 심리적인 주제 등을 다양하게 다루고 있다.

## 농촌 테마(Тема деревни)

2차 세계대전 직후 러시아에서는 파괴된 경제의 부흥이 중요한 과제로 떠올랐다. 부흥이라는 테마는 문학에서도 주류를 이루었다. 무엇보다도 농촌 경제가 가장 큰 폐해를 입었다. 그래서 50년대 초부터 농촌이라는 테마가 인상기(보고문학)와 단편 소설, 중편 소설에서 주된 테마가 되었다(오베츠낀(В.Овечкин), 뜨로에뽈스끼(Г.Троепольский), 잘릐긴(С.Залыгин), 도로쉬(Е.Дорош) 등등). "50년대 초부터 가장 구체적인 목적을 추구하는 작가들이 농촌으로 독특한 "원정(поход)"을 시작하였다. 유명 작가들의 이름으로 소개된 보고 문학작품에서 전후 농촌의 사회 경제적, 사회학적, 문화 도덕적인 문제들이 깊이 있게 분석되었고, 민중과 농민생활에 대한 예술적 연구의 길을 열었다."23)

아브라모프

이 시기에 예술적 시평뿐만 아니라 비평 또한 중요한 역할을 했다. "1954년 당시 아직 젊은 비평가였던 표도르 아브라모프(Федор Абрамов)가 스탈린상을 받은 작가들을 벌거벗은 임금님으로 표현하고 있는 평론 <전후 산문에 등장하는 농촌 집단농장의 사람들(Люди колхозной деревни в послевоенной прозе)>을 [신세계]지

---

23) 아뿌흐찌나(В.А.Апухтина). 『현대 소비에트 산문. 60-70년대(Современная советская проза. 60-70-е годы)』 제2판. 개정증보판. 모스크바. 1984. 27쪽.

에 신자 사람들은 그를 반소비에트적이라고 비난했다..."[24].

60년대에도 농촌 테마는 여전히 러시아 산문의 전면을 차지하고 있었다. 농촌을 다룬 중편 소설들은 이 시기의 가장 뛰어난 작품들로 평가받고 있다. 60년대의 농촌작가들은 숄로호프(М.Шолохов)와 레오노프(Л.Леонов), 뜨바르돕스끼(А.Твардовский)와 50년대 수필과 단편 소설 작가들의 전통을 파악하고 발전시키는 한편, 농촌에서의 생활을 장밋빛으로 묘사한 40년대의 작품들에 대해 논쟁을 벌이면서 러시아 농촌의 고단한 삶에 대해 뛰어난 중편 소설과 장편 소설들을 저술했다. 알렉세예프(М.Алексеев)의 『빵 – 명사(Хлеб - имя существительное)』, 말쩨프(Е.Мальцев)의 『집집마다 들어가라(Войти в каждый дом)』, 쁘로스꾸린(П.Проскурин)의 『쓴 약초(Горькие травы)』, 끄루찔린(С.Крутилин)의 『리빠기(Липяги)』 등등이 있다. 이런 작품들 속에서 러시아 농촌의 삶은 광대한 역사를 배경으로 묘사되었다. 작가들은 20-60년대의 농촌생활의 어려움과 그것의 극복에 대해 그리고 다양한 갈등과 대립의 발생 및 해결에 대해 이야기했다.

이 시기의 몇몇 책들은 내전과 집단화 시기(잘르긴(С.Залыгин)의 『소금 골짜기(Солёная падь)』와 『이르뜨이쉬 강에서(На Иртыше)』) 및 조국 전쟁 이전 시기(포멘꼬(В.Фоменко)의 『대지의 기억(Память земли)』) 농촌의 생활을 다루고 있다.

여기서 특히 주목할 만한 작품은 수십 년을 시간적 배경으로 하여 농촌의 생활상을 보여주고 있는 아브라모프(Ф.Абрамов)의 장편 서사 소설 『쁘랴슬린가(家) (Пряслины, 1958-1979)』를 꼽을 수 있는데, 이는 『형제와 자매들(Братья и сестры)』, 『두 번의 겨울과 세 번의 여름(Две зимы и три лета)』, 『기로(Пути-перепутья)』, 『집(Дом)』의 4권으로 이

---

24) [신세계(Новый мир)]. 1989. N1. 236쪽.

루어져 있다. 이 작품에서 작가는 북부 농촌의 삶에 대해 이야기하고 있다. 소설의 사건들은 40-70년대의 기간에 걸쳐 전개된다.

60년대의 농촌문학은 그 예술적 특수성이 다양했다. 우리가 앞에서 이미 언급한 일군의 작품들 중에서 보다 더 작가들의 관심을 끈 것은 농촌의 사회 경제적 문제들이었으며, 주인공들이 활동했던 상황들이었다. 그 외의 작품들은 농촌 주민의 내면세계 묘사, 삶의 심리적, 도덕적, 철학적 문제들에 대해 주목하였다. 이는 이른바 농촌에 관한 서정적 혹은 예술적 전기적 산문으로서 시의 영향을 받았고, 베르골쯔(О.Берггольц), 솔로우힌(В.Солоухин)과 같은 50년대 작가들의 작품의 전통을 계승 발전시킨 것이다. 이러한 경향을 반영한 대표적인 서정적 산문으로는 아스따피예프(В.Астафьев)의 『마지막 경례(Последний поклон)』, 감자또프(Р.Гамзатов)의 『나의 다게스딴(Мой Дагестан)』, 나기빈(Ю.Нагибин)의 단편 소설들이 있다. "서정적 산문의 새로운 점과 그 의의는 도덕적 문제의 탐구와 문학에서 휴머니즘을 강화한 점에 있다. 서정적 산문은 존재의 "영원한 문제들"과 삶의 의미, 아름다움의 비밀, 사랑과 죽음, 시간의 의미에 대한 탐구로 눈길을 돌렸다"[25].

60년대 후반과 70년대에 뛰어난 농촌 산문에는 사회적, 심리적, 서정적, 서사시적 방법들이 결합되고 있다. 아스따피예프(В.Астафьев), 벨로프(В.Белов), 라스뿌찐(В.Распутин), 모좌예프(Б.Можаев), 슉쉰(В.Шукшин), 노소프(Е.Носов), 잘리긴(С.Залыгин), 알렉세예프(М.Алексеев), 아브라모프(Ф.Абрамов), 쩬드랴꼬프(В.Тендряков), 아이뜨마또프(Ч.Айтматов)

아스따피예프

---

[25] 『소비에트 러시아 문학사. 40-80년대(История русской советской литературы. 40-80-е годы)』. 제2판. 모스크바. 1983. 351쪽.

슉쉰

라스뿌찐

와 같은 작가들의 단편, 중편 및 장편 소설들에는 서사시적인 충만함과 농촌생활 묘사의 진실성이 등장인물들의 내면세계에 대한 연구와 인류보편의 철학적, 도덕적, 심리적 문제들의 설정 및 분석과 잘 결합되어 있다. 비평가 꾸즈네쪼프(Ф.Кузнецов)는, "이 산문은 "농촌적"이라기보다 오히려 본질적으로는 도덕적 철학적이며 장르상의 특성으로는 서정 서사시적이다. 그것은 정신적이며 역사적인 인간 존재라는 근원적인 문제들을 다루고 있기 때문이다"26)라고 지적했다.

앞에 언급된 작가들의 작품들 중에서 가장 뛰어난 것은 벨로프(В.Белов)의 중편 소설 『흔히있는 일(Привычное дело, 1966)』과 『전야(Кануны, 1972)』, 모좌예프(Б.Можаев)의 『살아 있는 것(Живой, 1966)』과 『농부(農夫)와 농부(農婦)(Мужики и бабы, 1977)』, 라스뿌찐(В.Распутин)의 『마지막 기간(Последний срок, 1970)』과 『마쬬라와의 이별(Прощание с Матёрой, 1976)』, 슉쉰(В.Шукшин)의 단편들을 들 수 있다. 그중 『마쬬라와의 이별』이 농촌 테마를 논리적으로 완성했다는 평을 받고 있다. 우리는 이 테마가 바닥을 드러냈다고 말하고 싶지는 않지만, 이 테마가 발전해가는 논리적인 그림은 이미 완성된 것으로 보인다. 최근에 출현한 많은 작품들이 오베츠낀(Овечкин)에서 시작해서 라스뿌찐(Распутин)에 이르기까지의 "농촌 당원들"에 의해 이미 만들어진 수신자 시스템에 의거해 자리하고 있다는 것은 우연이 아니다.

---

26) [문학 평론(Литературное обозрение)]. 1982. N5. 12쪽.

## 노동 테마(Тема труда)

농민, 노동자, 인텔리겐찌야들의 노동에 관한 테마는 항상 러시아 작가들의 주된 관심의 대상이었다. 20-40년대의 이런 작품들로는 글라드꼬프(Ф.Гладков)의 『시멘트(Цемент)』, 레오노프(Л.Леонов)의 『소찌(Соть)』, 말리쉬낀(А.Малышкин)의 『벽지에서 온 사람들(Люди из захолустья)』, 끄리모프(Ю.Крымов)의 『유조선 "제르벤뜨호"(Танкер "Дербент")』 등이 있다.

50년대에는 꼬체또프(Вс.Кочетов)의 『주르빈가(家)(Журбины)』, 고르바또프(Б.Горбатов)의 『돈바쓰(Донбасс)』, 그라닌(Д.Гранин)의 『탐구자들(Искатели)』, 니꼴라예바(Г.Николаева)의 『노상(路上)에서의 대전투(Битва в пути)』 외에도 많은 작품들이 다양한 생산 부문의 노동과 연관성을 가지고 있다.

60년대에 노동의 테마는 꼬줴브니꼬프(В.Кожевников)의 『인사하세요, 발루예프씨!(Знакомьтесь, Балуев!)』와 그라닌(Д.Гранин)의 『뇌우를 향해 가다(Иду на грозу)』, 찌또프(Вл.Титов)의 중편소설 『모든 죽음에 악의를 품고(Всем смертям назло)』에서, 그리고 또한 뽀뽀프(В.Попов), 리빠또프(В.Липатов), 뜨리포노프(Ю.Трифонов), 사르따꼬프(С.Сартаков), 치빌리힌(В.Чивилихин), 쩬드랴꼬프(В.Тендряков) 등의 작품들에서도 중심테마가 되었다. 이들 작품은 노동자, 기사, 학자들 사이에서 일어나는 생산적, 사회 도덕적인 문제들과 갈등을 분석하고 개인과 집단, 지도자와 추종자의 상호 관계, 그리고 사회생활에서 노동자 계급과 인텔리겐찌야의 역할이 심도있게 고찰되고 있다.

"만약 20-30년대의 산문이 노동자 계급의 정치적 성장과 젊은 근로자의 외모의 형성을 보여주었고, 전후의 산문이 주요 인력의 자질 향상에 있어서 경제의 중요한 역할과 노동의 과학적인 조직의 중요성을

뽀뽀프

보여준 것이라면, 70년대의 문학은 직접적으로 생산 자체와 개성의 형성을 위하여 심리학과 도덕적 풍토, 그것들의 심리적 의미에 각별한 관심을 기울이면서, 이 모든 것들이 미학적 예술적으로 체화된 가치들이 되도록 발전시켰다"27). 뽀뽀프(В.Попов) (2부작『전투에서 얻을 것이다(Обретешь в бою)』,『이것이 단조로운 일상이라 불리는 것(И это называется будни)』)와 꼴레스니꼬프(М.Колесников) (『선거권(Право выбора)』과 알뚜닌(Алтунин)에 대한 3부작), 꾸바예프(О.Куваев) (『영토(Территория)』), 리빠또프(В.Липатов)(『그에 관한 모든 것(И это все о нем)』), 스꼬쁘(Ю.Скоп) (『안전 기술(Техника безопасности)』), 그라닌(Д.Гранин) (『그림(Картина)』)의 작품들은 기술적 진보 과정의 도덕적 문제들을 예리하게 제기하고 있다. "복지의 원천이 될 수 있는 동시에 인류괴멸의 원인이 될 수도 있는 과학 기술 혁명은 양심, 진리, 인간성 등의 도덕적인 범주에서 완전히 새로운 예외적인 의미를 부여했다. 정말로 지구의 운명과 지구상의 모든 생명체의 운명이 달려있는 것이다."28)

### 전쟁 테마(Тема войны)

비록 전후의 삶이 새로운 문제들을 부각시켰지만 전쟁의 테마는 여전히 50-80년대 러시아 문학에서 가장 중요한 테마의 하나로 남아 있다. 이것은 전쟁이 러시아인들의 기억 속에 너무나도 깊은 흔적을 남겼고, 파시즘의 붕괴에 중요한 역할을 한 러시아 민중에게 헤아릴 수

---

27) 예르쇼프(Ершов Л.Ф.),『소비에뜨 러시아 문학사(История русской советской литературы)』. 229쪽.

28)『소비에트 러시아 문학사. 40-80년대.(История русской советской литературы. 40-80-е годы)』. 332쪽.

없이 크나큰 슬픔을 안겼기 때문에 충분히 납득이 가는 일이다. 러시아 문학은 40년대에 이미 전쟁을 다룬 훌륭한 작품들을 탄생시켰다. 뜨바르돕스끼의 서사시 『바실리 죠르낀(Василий Тёркин, 1945)』과 『길가의 집(Дом у дороги, 1946)』, 쁠라또노프(А.Платонов)의 단편 소설 『귀환(Возвращение, 1946)』, 이사꼽스끼(М.Исаковский)의 시 <적들이 고향집을 불태웠다(Враги сожгли родную хату)> (1946), 네끄라소프(В.Некрасов)의 중편 소설 『스탈린그라드의 참호 속에서(В окопах Сталинграда, 1947)』 등을 꼽을 수 있다. "물론 네끄라소프(В.Некрасов)는 많은 부분에서 자신의 시대를 앞질렀다. 그리고 종종 그러하듯이 그것에 대해 결과적으로 혹독한 값을 치렀다"29).

이사꼽스끼

숄로호프(М.Шолохов)의 단편 소설 『인간의 운명(Судьба человека, 1956)』은 '전쟁'과 관련된 산문의 새로운 단계의 시작을 알렸다. 그는 본다례프(Ю.Бондарев) (중편 소설 『대대는 발포를 원한다.(Батальоны просят огня)』, 『최후의 일제사격(Последние залпы)』), 바끌라노프(Г.Бакланов) (『한 뼘의 땅(Пядь земли)』, 『시신을 때리지 마라(Мертвые сраму не имут)』), 비꼬프(В.Быков), 보고몰로프(В.Богомолов), 시모노프(К.Симонов), 꼰드라찌예프(В.Кондратьев), 보로비예프(К.Воробьев)와 같은 작가들에게 영향을 주었다. "대략 60년대 중반 무렵에는 광범한 것은 아니었지만 종군작가들 사이의 창작과 관련한 동지적 관계는 이미 뚜렷한 모습을 가졌다. 예전에 진정한 병사였으며 거의 모두 한결같이 힘겹게 문학에 입문한 이들은 래커를 칠한 문학 속에 은신한 "반대자"의 저항을 물리쳤다"30).

---

29) [문학 신문(Литературная газета)]. 1989. N3.
30) 아스따피예프(В.Астафьев). 『형안의 지팡이(Зрячий посох)』.

시모노프

전쟁에 관한 60년대의 문학은 종군작가들의 개인적 경험을 축적하고 일반화시켰다. 이것은 종군작가들이 전쟁의 여러 사건들에 관한 문건들을 다양한 방법으로 폭넓게 이용하면서 자신들의 경험과 결합시킴으로써 이루어졌다. 60년대 중반에 이르러 폭넓은 역사적 배경 속에서 전시의 등장인물들의 삶을 묘사하고 있는 여러 권으로 된 대작들이 출현하게 되었다. 본다레프(Ю.Бондарев)가 언급하고 있는 것처럼 "서류에 근거한, 때로는 역사적 사실에 근거한, 연대기(年代記)라는 장르에 근접한 역사 소설 장르가 생겨났다. 여기에는 역사적으로 유명한 인물들이 등장하였고 병사의 참호에서부터 본부에 이르기까지, 러시아 진영에서부터 히틀러의 진영에 이르기까지 폭넓게 전쟁을 다루었으며 시간의 흐름에 따라 많은 인물들이 등장하였다"31). 꼬줴브니꼬프(В.Кожевников)의 『방패와 검(Щит и меч)』, 꼬노발로프(Г.Коновалов)의 『기원(Истоки)』, 본다레프(Ю.Бондарев)의 『뜨거운 눈(Горячий снег)』, 시모노프(К.Симонов)의 3부작 『산 자와 죽은 자(Живые и мертвые)』, 보고몰로프(В.Богомолов)의 『진리의 순간(Момент истины)』이 여기에 속하는 작품들이다.

70년대의 전쟁 산문은 전시에 일어났던 사건들 묘사에 있어서 더욱 규모가 커지고("참호의 진실(окопная правда)"과 "세기의 진실(правда века)"이 작품 속에서 합쳐진다), 주제와 줄거리, 장르 및 예술적 관계에 있어서 보다 다양해지고, 더욱 진실에 가까워졌다. 또한 사실의 재구성에서도 기록상으로 더욱 정확해지고, 전쟁을 치루는 인간의 심리 및 내면세계를 묘사하고 드러냄에 있어서도 보다 더 심도 있게 되었다.

70-80년대 전쟁 문학에서 중요한 위치를 차지하는 것이 다큐멘터리

---

31) 본다레프(Ю.Бондарев). 『전기(傳記)를 보는 시선(Взгляд в биографию)』. 모스크바. 1972. 184쪽.

산문이다. 시모노프(К.Симонов)의 일기 『전쟁의 여러 날들(Разные дни войны)』, 아다모비치(А.Адамович)의 저서 『하뜨인 이야기(Хатынская повесть)』와 『징벌자들(Каратели)』, 아다모비치(А.Адамович)와 그라닌(Д.Гранин)의 『봉쇄에 대한 책(Блокадная книга)』, 알렉시예비치(С.Алексиевич)의 『전쟁에는 여성의 얼굴이 없다(У войны не женское лицо)』 등이 그러한 예이다.

"대조국 전쟁에 관한 산문에서는 역사주의와 함께 서사시적인 방법도 강화되었고, 또한 민중들이 세운 공훈의 도덕적 원천에 대한 관심도 증대되었다"32). 언급된 작품들 외에도 이런 성격을 갖는 작품들로는 바실리 비꼬프(В.Быков)의 중편 소설 『까자끄의 기병 중위들(Сотников)』, 『오벨리스크(Обелиск)』, 『새벽까지 살아남다(Дожить до рассвета)』, 『늑대 떼(Волчья стая)』, 『그의 대대(大隊) (Его батальон)』, 『가서는 오지 않는다(Пойти и не вернуться)』, 『재앙의 표식(Знак беды)』, 아스따피예프(В.Астафьев)의 『목동 소년과 목동 소녀(Пастух и пастушка)』, 라스뿌찐(В.Распутин)의 『살아라 그리고 기억하라(Живи и помни)』, 노소프(Е.Носов)의 『우스뱌뜨의 헬멧 쓴 사람들(Усвятские шлемоносцы)』 등이 있다. 비꼬프(В.Быков)의 중편 소설들의 내용은, 언급한 거의 모든 작품들과 마찬가지로, "현대성에 눈을 돌리고 있고 우리 시대의 사상과 문제들로 가득차 있다. 이것은 작품들을 특히 실제적인 것으로 만든다. 저자는 끊임없이 현대의 사회 철학적, 도덕적 문제들을 탐구한다(자유와 필연성, 선과 악, 역사적 낙관주의를)"33).

바실리 비꼬프(В.Быков)

---

32) 노비꼬프(В.В.Новиков). 『현 단계의 소비에트 문학(Советская литература на современном этапе)』. 모스크바. 1981. 60쪽.
33) 아뿌흐찌나(В.А.Апухтина). 『현대 소비에트 산문...(Современная советская проза...)』. 57쪽.

이와 같이 70-80년대 (이미 역사적인 테마가 된) 전쟁의 테마는 농촌 테마와 마찬가지로 더욱 더 도덕적, 심리적, 철학적 산문의 특징들을 갖게 되었다. 많은 요인들이 전쟁에 대한 산문과 농촌에 대한 산문을 결합시키고 있다. 현대 문학에서 이들 테마의 전성기와 발전과정, 내용과 형식의 특수성이 그런 예들이다. '농촌' 작가들은 전쟁 시기 농촌 마을에서의 삶에 대한 이야기를 썼고, 전쟁 작가들은 전쟁 중의 농민들을 그려냈다. 아다모비치(А.Адамович)는 이 점에 대해 다음과 같이 언급하고 있다 : "<농촌> 산문과 <전쟁> 산문의 미학적 동질성은 빅또르 아스따피예프(Виктор Астафьев), 예브게니 노소프(Евгений Носов), 발렌쩐 라스뿌찐(Валентин Распутин)과 같은 '농촌 작가들'의 전쟁 관련 작품들에 특히 뚜렷하게 나타난다. 『목동 소년과 목동 소녀』, 『우스뱌뜨의 헬멧 쓴 사람들』, 『살아라 그리고 기억하라』 - 물론 이런 작품을 통해 60-70년대 우리의 모든 '전쟁' 문학의 경험을 살펴 볼 수 있다(...) 이것은 마치 전쟁과 그 당시의 생각들, 그때의 농촌과 농민의 느낌을 상기시키는 '농촌' 문학 자체인 것만 같다. 그때의 농촌 민중과 러시아 민중을(...) 우리의 작품들 속에서 '전쟁과 평화', '전쟁'과 '농촌'은 계속 접근해 가고 있다."34)

## 역사 테마(Историческая тема)

역사는 언제나 러시아 작가들의 흥미를 끌었다. "현대 역사 소설은 그 내용의 방대한 양과 여러 시대를 폭넓게 포괄하는 것으로 구별된다."35) 작가들은 끼예프 루시(자그레벨늬이(П.Загребельный)의 『기이한 일

---

34) 아다모비치(А.Адамович). 『전쟁 산문에 대해서(О военной прозе)』. 모스크바. 1981. 235, 237쪽.

35) 아뿌흐찌나(Апухтина В.А.). 『현대 소비에트 산문...(Современная советская проза...)』. 229쪽.

(Диво)』, 『최초의 다리(Первомост)』, 『끼예프에서의 죽음(Смерть в Киеве)』, 『엡쁘락시야(Евпраксия)』, 『록솔라나(Роксолана)』, 이바노프(Вал.Иванов)의 『루시는 원래부터 있었다(Русь изначальная)』, 『루시는 위대하다(Русь великая)』, 따따르 몽골의 압제와 꿀리꼬보 전투 (치빌리힌(В.Чивилихин)의 『기억 (Память)』), 모스크바 루시 (발라쇼프(Д.Балашов)의 『위대한 노브고로드씨(氏)(Господин Великий Новгород)』, 『위대한 식탁(Великий стол)』, 『시장의 아내-마르파(Марфа-посадница)』, 『권력의 중압(Бремя власти)』) 등과 같은 역사 테마에 주의를 기울였다.

50-80년대 많은 러시아 문학 작품들이 역사-혁명의 테마를 다루었고, 그 중에 레닌의 테마를 다룬 것도 있다. 대조국 전쟁도 역사 테마가 되었다.

현재 러시아 작가들에게 있어서 과거에 대한 관심이 증대한 이유는 그들의 성숙함과 발전된 역사의식, 그리고 우리 시대가 인류역사에 있어서 중요한 단계라는 의의를 부여하고자 하는 그들의 열망으로 설명된다. 도로쉬(Е.Дорош)는 다음과 같이 언급하고 있다 : "...나는... 역사의식이라는 것이 단순한 조국에 대한 사랑보다는 무엇인가 더 큰 것을 자기 자신에게 불어넣는 것이며, 또한 이것은 도덕적 범주에 속한다는 것을 깨닫는 것이다. 왜냐하면 자신이 과거의 계승자임을 느끼게 해주고 미래에 대한 자신의 책임을 인식하게끔 해 주기 때문이다"[36].

역사에 대한 관심은 20세기 후반기 러시아 문학에 회상기와 전기 작품들의 출현을 가져왔다. 빠우스똡스끼(К.Паустовский)의 『삶에 대한 이야기(Повести о жизни)』, 에렌부르그(И.Эренбург)의 『사람들, 세월, 삶(Люди, годы, жизнь)』, 이사꼽스끼(М.Исаковский)의 『옐리닌스끼의 땅에서(На Ельнинской земле)』, 까따예프(В.Катаев)의 『망각의 풀(Трава забвения)』, 샤기난(М.Шагинян)의 『인간과 시간(Человек и время)』 등

---

36) [신세계(Новый мир)]. 1975. N7. 176쪽.

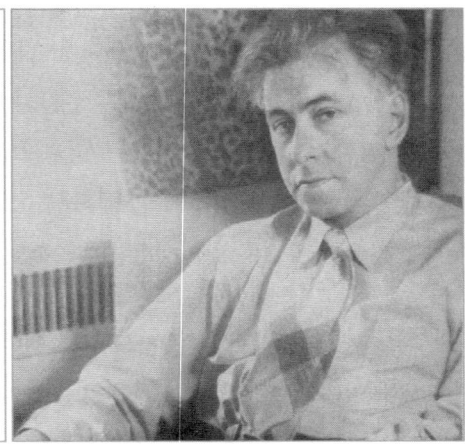

(좌) 빠우스똡스끼
(우) 에렌부르그

을 꼽을 수 있다.

50-80년대 러시아 문학에서 공상 과학 소설(예프레모프(И.Ефремов), 까잔쩨프(А.Казанцев), 스뜨루가쯔끼가(家)의 형제(Братья А. и Б.Стругацких), 불리체프(К.Булычев)의 작품들)과 공상적 주제를 가진 작품들(오를로프(В.Орлов)의 『알토가수 다닐로프(Альтист Данилов)』, 아나똘리 김(А.Ким)의 『다람쥐(Белка)』)이 특별한 자리를 차지하고 있었다.

## 시 (Поэзия)

시에서 뿐만 아니라 러시아 문학 전반에서 뜨바르돕스끼의 서사시 <저 멀리-먼 곳에(За далью - даль, 1950-1960)>는 중요한 위치를 점하고 있으며 많은 러시아 시인들에게 커다란 영향을 주었다. 20세기 후반의 문단에서 새로운 방향을 찾고, 중요한 역할을 한 것은 빠스쩨르나끄(Б.Пастернак) (연작시 <소설에서 뽑은 시들(Стихи из романа)>과 <날씨가 맑아졌을 때 (Когда разгуляется)>)와 아흐마또바(А.Ахматова) (저서 『시간의 질주(Бег времени)』)의 후기 시들이다.

이 당시의 시는 진실로 광범위하게 일반적인 청중들을 향해 전면에 나와 있었다. 루쥐니끄(Лужник) 종합운동장과 스타디움, 가장 커다란 홀들에서 개최되는 시의 밤과 마야꼽스끼 광장에서의 집회는 다양한 연령층, 특히 수천 명의 젊은 청중과 독자들을 끌어 모았다"[37].

60년대 운문의 기본적 특성은 고양된 역사의식과 국가가 과거로부터 미래로 향해 나아가는 움직임의 과정에 있는 한 단계로서 오늘을 바라보려는 시인들의 노력 그리고 현대인의 내면세계와 개인의 정신적 풍요를 향한 매우 집중된 관심을 보여주었고, 생활과 문학적 전통의 다양함에 기초한 강도 높은 예술적 모색의 추구였다.

시인 각자는 자신만의 비유적 세계를 창조한다. "내가 온 세계를 새롭게 창조한다!(Весь мир творю я заново!)" - 라고 마르띄노프(Л.Мартынов)는 자신의 『새로운 책(Новая книга)』에서 외치고 있다. 인간에 의해 이루어진 우주비행은 60년대 러시아 서정시의 시적 사고에 지대한 영향을 미쳤고, 서정시를 좀 더 규모 있고 심도 깊은 철학적이며 사회적인 것으로 만들었다. 이러한 성향은 마르띄노프의 『시대의 기원(紀元)(Начало эры)』, 『수위(首位)(Первородство)』, 『자연의 목소리(Голос природы)』, 『인간의 이름(Людские имена)』, 『쌍곡선(Гиперболы)』, 아세예프의 『조화(Лад)』, 뜨바르돕스끼의 『이 시대의 서정시에서(Из лирики этих лет)』, 스멜랴꼬프의 『러시아의 날(День России)』, 스베뜰로프의 『최근의 시(Стихи последних лет)』 등등의 작품들 속에 반영되었다.

조국이라는 테마, 조국의 과거와 현재를 쁘로꼬피예프(А.Прокофьев)와 찌호노프(Н.Тихонов), 뜨바르돕스끼(А.Твардовский), 스멜랴꼬프(Я.Смеляков), 릴렌꼬프(Н.Рыленков), 표도로프(Вас.Федоров), 두진(М.Дудин), 오를로프(С.Орлов), 반쉔낀(К.Ваншенкин), 솔로우힌(В.Солоухин), 보꼬프(В.Боков), 뜨랴쁘낀(Н.Тряпкин), 소꼴로프(В.Соколов)와 룹쪼프(Н.Руб-

---

37) [문학의 제문제(Вопросы литературы)]. 1990. N9. 226쪽.

цов) 등이 자신의 시를 통해 다양하게 펼쳐 보여 주었다.

스멜랴꼬프(Я.Смеляков), 루치예프(Б.Ручьев), 따찌야니체바(Л.Татьяничева), 쥐굴린(А.Жигулин) 등의 시인들이 노동자의 창조적인 노동의 묘사에 자신들의 시를 바치고 있다.

비꿀로프(С.Викулов) (『빵과 소금(Хлеб да соль)』), 야쉰(А.Яшин) (『맨발로 땅위를(Босиком по земле)』), 솔로우힌(В.Солоухин) (『대지위에서 살다(Жить на земле)』), 룹쪼프(Н.Рубцов) (『들판의 별(Звезда полей)』), 뜨랴쁘낀(Н.Тряпкин), 포끼나(О.Фокина), 쯰빈(В.Цыбин) 등이 농촌과 농촌 주민의 감정에 대해, 그리고 일용할 빵에 대해 시를 썼다.

전쟁과 평화의 테마는 비노꾸로프(Е.Винокуров) (<말(Слово)>, <음악(Музыка)>, <성격(Характеры)>), 두진(М.Дудин) (<(우편물의) 유치(留置)(До востребования)>, <먼 길에 바치는 노래(Песня дальней дороге)>, <시간(Время)>), 루꼬닌(<극복(Преодоление)>, <서정시(Лирика)>), 메쥐로프(<눈과의 작별(Прощание со снегом)>, <제철(Подкова)>), 오를로프(<바퀴(Колесо)>, <나날들(Дни)>, <페이지(Страница)>)와 같은 "전선 세대(фронтовое поколение)"의 시들 가운데에서 특히 완전하고 선명하게 전개되고 있다.

60년대 말과 70년대 초에는 잡지에서 시에 관한 끊임없는 논쟁들이 벌어졌는데, 주된 논쟁은 시의 가치와 결함에 대해서 그리고 50년대 말과 60년대 초의 사회 평론적이고 "야단스러운(громкий)", "경연극풍(эстрадный)"의 시에서 70년대의 "조용하고(тихий)" 서정적인 시로의 발전과정에 대한 것이었다.

70년대의 시에서는 러시아내에서 뿐만 아니라 전 세계의 삶과 시대, 인류, 사회와 자연, 현재와 과거와의 관련이 확대되고 심화되었다.

룹쪼프

70년대에는 가장 위대한 소비에트 시인들이 세상을 떠났다. 뜨바르돕스끼(А.Твардовский), 찌호노프(Н.Тихонов), 시모노프(К.Симонов), 우샤꼬프(Н.Ушаков), 쉬빠체프(С.Щипачев), 스멜랴꼬프(Я.Смеляков), 쁘로꼬피예프(А.Прокофьев), 마르띄노프(Л.Мартынов), 로줴스뜨벤스끼(В.Рождественский), 루꼬닌(М.Луконин), 룹쪼프, 오를로프(С.Орлов) 등이 이 시기에 세상을 떠났다. 그들 대신에 전후세대가 등장했다. 소꼴로프(В.Соколов), 옙뚜쉔꼬(Е.Евтушенко), 쥐굴린(А.Жигулин), 보즈네센스끼(А.Вознесенский), 로줴스뜨벤스끼(Р.Рождественский), 꾸쉬네르(А.Кушнер), 추혼쩨프(О.Чухонцев), 아흐마둘리나(Б.Ахмадулина), 쉬끌랴렙스끼(И.Шкляревский), 꾸즈네쪼프(Ю.Кузнецов) 등의 시인을 꼽을 수 있다. 이들은 자신의 시작품을 통해서 조국의 과거 역사와 전시의 경험과 러시아 현대성을 적극적으로 고찰하였고, 현대인들의 복잡한 생활과 정신적, 종교적 세계의 깊이를 밝히기 위해 노력했다.

(좌) 아흐마둘리나
(우) 보즈네센스끼

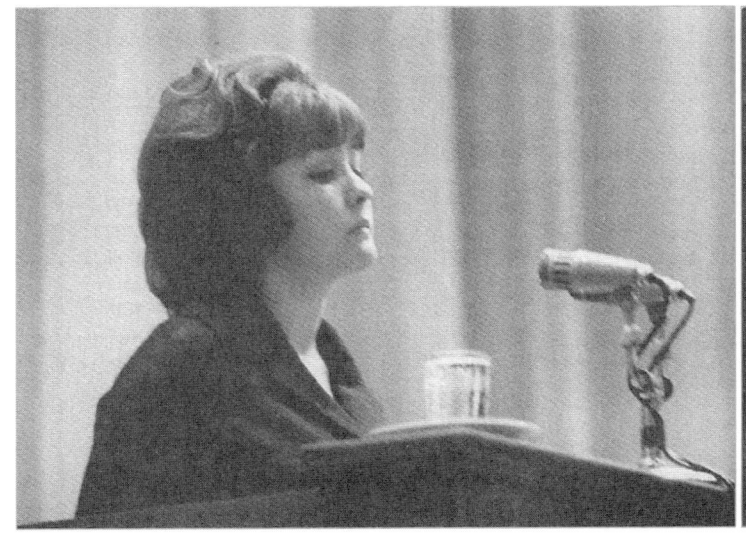

옙뚜쉔꼬

옙뚜쉔꼬(저서 『노래하는 제방(Поющая дамба)』, 『전신상(全身像)(В полный рост)』)와 보즈네센스끼(<참나무 잎사귀는 첼로 같다(Дубовый лист виолончельный)>, <장식유리의 거장(Витражных дел мастер)>)의 시는 좀 더 성숙해지고 민주적이며 현실적인 것으로 변했고, 로줴스뜨벤스끼(<진지하게(Всерьёз)>, <모든 것은 사랑에서 시작 된다(Все начинается с любви)>)와 쥐굴린(<투명한 날들(Прозрачные дни)>, <깨끗한 들판(Чистое поле)>, <쑥내음 바람(Полынный ветер)>)의 시에서는 서정성이 강화되었다. 쏘꼴로프(<도시의 시(Городские стихи)>)의 시는 고전적인 전통을 계승, 발전시키면서 철학적 의미로 채워졌고 사실주의적인 방식과 낭만주의적 방식을 결합시켰다.

60-70년대 문학에서 서사시는 커다란 위치를 점하고 있다. "여기에서도 소설 부문에서와 마찬가지로, 방대한 사색과 비전에 대한 똑같은 갈망이 명백히 나타났다. 서사시는 오늘날의 현실의 성격들을 드러냈고 현실과 과거의 관계를 보여주었다."38) 서사시는 '인간과 시간'이라는 중요한 문제에 답하려 애썼다. 이 시기의 가장 유명한 서사시는 표도로프(Вас.Федоров)의 <일곱 번째 하늘(Седьмое небо)>과 <돈 주앙의 결혼(Женитьба Дон Жуана)>, 스멜랴꼬프(Я.Смеляков)의 <엄격한 사랑(Строгая любовь)>, 이사예프(Е.Исаев)의 <기억의 재판(Суд памяти)>과 <기억의 저편(Даль памяти)>, 비꿀로프(С.Викулов)의 <창문에 보이는 새벽노을(Окнами на зарю)>, 보즈네센스끼(А.Вознесенский)의 <론쥬모(Лонжюмо)>, 로줴스뜨벤스끼(Р.Рождественский)의 <레퀴엠

---

38) [문학 신문(Литературная газета)]. 1976년 6월 23일.

(Реквием)>과 <210보(Двести десять шагов)>, 옙뚜쉔꼬(Е.Евтушенко)의 <형제의 수력발전소(Братская ГЭС)>, 나로프차또프(С.Наровчатов)의 <바실리 부슬라예프(Василий Буслаев)>, 소로낀(В.Сорокин)의 <드미뜨리 돈스꼬이(Дмитрий Донской)> 등이 있다.

이 시기의 가장 뛰어난 시인은 뜨바르돕스끼(А.Твардовский, 1910-1971)이다. 그의 많은 시와 서사시들은 러시아 문학의 고전이 되었다.

## 극작품 (Драматургия)

소연방내에서 뿐만 아니라 해외에서도 아르부조프(А.Арбузов), 로조프(В.Розов), 살린스끼(А.Салынский), 볼로진(А.Володин), 알레쉰(С.Алешин), 샤뜨로프(М.Шатров), 조린(Л.Зорин), 로슈인(М.Рощин), 쉬쩨인(А.Штейн), 밤삘로프(А.Вампилов)와 같은 러시아 극작가들의 작품들은 대단히 유명하다.

50-60년대에는 살린스끼의 『여자 고수(鼓手) (Барабанщица)』, 알레쉰의 『모든 것은 사람에게 남는다 (Все остается людям)』, 나기빈(Ю.Нагибин)의 『의장(Преседатель)』 등의 비극과 사회극이 쓰여 졌고, 미할꼬프(С.Михалков)의 『미개인들 (Дикари)』, 조린(Л.Зорин)의 『백과사전 편집자들(Энциклопедисты)』, 고린(Г.Горин)의 『전 유럽에 알려진 결혼(Свадьба на всю Европу)』 등의 사회적인 희극들과 로조프(В.Розов)의 『성공하여 좋은 때에(В добрый час)』, 『기쁨을 찾아서(В поисках радости)』,

나기빈

아르부조프의 『이르꾸츠끄 이야기(Иркутская история)』 등의 서정적인 드라마들이 쓰여 졌다.

이 시기의 극작품에서 눈에 띄는 작품으로는 밤삘로프(А.Вампилов)의 『출림스끄에서의 지난 여름(Прошлым летом в Чулимске)』, 『오리 사냥(Утиная охота)』, 『6월의 작별(Прощание в июне)』, 『큰 아들(Старший сын)』 등의 희곡들이 있다. 밤삘로프의 극작품의 진가는 "작품 속에서 예리한 연구 방법이 철저하게 추구된다는 점과 작품의 사회적, 도덕적 문제제기가 진정한 철학적 예술적 사색의 수준까지 상승된다는 점, 그리고 작가가 구체적이고 일상적인 현상의 분석으로부터 과정에 대한 연구로, 그리고 그 당시의 본질적인 사회적 마찰의 규명으로 나아간다는 데에 있다."[39]

70년대에 극작품은 문학의 흐름에서 주도적 위치를 점하게 되는데, 이것은 주로 극작품 자체의 생산적 테마에 기인한다. 무엇보다도 살린스끼(А.Салынский)의 『마리야(Мария)』, 드보레쯔끼(И.Дворецкий)의 『외부인(外部人, Человек со стороны)』, 보까레프(Г.Бокарев)의 『제강공(Сталевары)』, 겔만(А.Гельман)의 『어떤 회의의 기록(Протокол одного заседания)』과 『역(逆)관계(Обратная связь)』 등의 희곡들을 꼽을 수 있다.

70년대 중반부터 국제적인 테마를 다룬 희곡들이 더욱 자주 등장하게 되었다. 보로비끄(Г.Боровик)의 『부에노스 아이레스에서의 인터뷰(Интервью в Буэнос-Айресе)』, 치츠꼬프(Вас.Чичков)의 『끝나지 않은 대화(Неоконченный диалог)』, 그리고 체뿌린(Ю.Чепурин)의 『칠레의 비극(Чилийская трагедия)』 등이 그것이다.

---

39) 부그로프(Б.С.Бугров). 『현대에 있어서 소비에트 러시아 극작품 발전의 문제(60-70년대)(Проблемы развития русской советской драматургии на современном этапе 60-70-е годы)』. 모스크바. 1980. 34쪽.

라진스끼(Э.Радзинский)의 『사랑에 대한 104 페이지(104 страницы про любовь)』와 볼로진(А.Володин)의 『나의 여동생(Моя младшая сестра)』은 평범한 사람들의 삶에 대한 이야기이고, 아르부조프의 『잔인한 게임(Жестокие игры)』과 미할꼬프(С.Михалков)의 『거품(Пена)』, 로조프(В.Розов)의 『멧닭의 둥지(Гнездо глухаря)』는 도덕적 문제를 다루고 있다.

70-80년대에는 뻬뜨루쉡스끼(Л.Петрушевский), 까잔쩨프(А.Казанцев), 슬라브낀(В.Славкин), 소꼴로바(А.Соколова) 등의 젊은 극작가들이 세태를 다룬 희곡들을 발표하였다.

이 시기에 극작품 및 운문과 산문에서는 전쟁, 농촌, 생산, 세태 및 역사 등 어떠한 테마를 다루고 있던지 도덕적 문제에 특별한 관심을 보여주었다. 동시에 예술 문학의 이념화가 진행되었다. 러시아 문학에서 정치적 소설, 정치적 희곡과 정치적 서사시, 그리고 서정시가 갈수록 큰 비중을 차지하게 되었다. "장르나, 테마, 문제 제기 등 그 어떤 측면에서 80년대 소비에트 문학을 살펴보더라도 그것이 서술이나 사고에 있어서 정치적인 내용으로 가득 채워지고 있다는 사실을 우리는 분명하게 알 수 있다."40)

문학의 이념화는 특히 소설에서 나타났다. "정치적 소설은 어떻든 간에 이념의 소설이다. 이런 소설의 역동적인 줄거리 속에는 국제무대에서 활동하는 정치세력들 간의 공공연한 충돌이 일어나고, 다양한 사회체계와 사회의식의 유형들이 맞서 싸운다."41) 정치 소설 장르로 분류할 수 있는 작품으로는 차꼽스끼(А.Чаковский)의 『승리(Победа)』와 『미완의 초상화(Неоконченный портрет)』, 쁘로하노프(А.Проханов)의 장편 소설들, 슬레뿌힌(Ю.Слепухин)의 『남십자성(Южный крест)』, 도모

---

40) [문학평론(Литературное обозрение)]. 1985. N3. 18쪽.
41) 같은 책. 4쪽.

가쯔끼(М.Домогацкий)의 『벤하이 강보다 남쪽(Южнее реки Бенхай)』과 『최후의 돌격(Последний штурм)』, 스쩨빠노프(В.Степанов)의 『뇌신(Громовержцы)』, 세묘노프(Ю.Семенов), 단굴로프(С.Дангулов)와 끄라미노프(Д.Краминов)의 소설 등이 있다.

감자또프(Р.Гамзатов)의 <여인들의 섬(Остров женщин)>, 옙뚜쉔꼬의 <어머니와 중성자탄(Мама и нейтронная бомба)>, 끄라스니꼬프(Г.Красников)의 <진앙(Эпицентр)>, 반쉔낀의 <인간의 삶(Жизнь человека)> 등과 같은 서사시와, 로줴스뜨벤스끼(Р.Рождественский)와 쉐스쩬스끼(О.Шестинский), 꼬스뜨로프(В.Костров) 등의 서사시, 그리고 샤뜨로프(М.Шатров), 치츠꼬프(В.Чичков), 보로빅(Г.Боровик)과 다른 극작가들의 작품 등을 정치적 장르로 분류할 수 있다.

러시아 문학에서 많은 문제를 제기하고 있는 다음의 작품들은 중요한 자리를 차지하고 있는데, 쁘로스꾸린(П.Проскурин)의 2부작 『운명(Судьба)』과 『너의 이름(Имя твое)』, 치빌리힌(А.Чивилихин)의 『기억(Память)』, 아이뜨마또프(Ч.Айтматов)의 『백년보다 긴 하루(И дольше века длится день)』와 『처형대(Плаха)』, 아나니예프(А.Ананьев)의 『전쟁 없는 세월들(Годы без войны)』을 꼽을 수 있다. 이 작품들은 모두 전쟁과 평화, 과거, 현재와 미래, 세태와 존재, 사회적인 것과 개인적인 것, 민족적인 것과 국제적인 것, 선과 악, 사회와 심리, 삶의 복잡성과 모순성에 관해 이야기하고 있다. 또한 이런 작품들이 산문에만 있는 것이 아니라 운문에도 있다. 쁘렐롭스끼(А.Преловский)의 서사시집 『세기의 길(Вековая дорога)』과 옙뚜쉔꼬의 마지막 서사시 등을 꼽을 수 있다.

80년대의 산문과 극작품, 서사적 운문은 반전(反戰)의 어조를 훨씬 강하게 표현했고, 평화와 평온한 삶을 위한 투쟁이라는 문제를 전면에 내세웠다. 많은 작품들에서 다루고 있는 전쟁 당시 여러 사건들에 대한 회상은 우리의 현재 삶과 사람들의 평화로운 노동 속으로 뛰어들어 계속해서 관여하고 있다. 이것은 다양한 테마의 작품들에서 진행되고 있는데, 본다레프(Ю.Бондарев)의 『기슭(Берег)』과 『선택(Выбор)』, 샤먀낀(И.Шамякин)의 『너의 아픔을 가져갈게(Возьму твою боль)』, 곤차르(О.Гончар)의 『너의 노을(Твоя заря)』, 자그레벨늬이(П.Загребельный)의 『몰이(Разгон)』, 꼬줴브니꼬프(В.Кожевников)의 『뿌리와 수관(樹冠)(Корни и крона)』, 븨꼬프(В.Быков)의 『출세(Карьер)』 등이 그것이다.

전쟁과 평화, 기억, 노동(넓은 의미에서), 또는 선택 등이 하나의 테마가 되고 있기는 하지만, 전 지구적인 테마를 제시하는 작품들도 등장하였다. 알렉세예프(М.Алексеев)의 『싸움꾼들(Драчуны)』, 벨로프(В.Белов)의 『조화(Лад)』, 본다레프의 『게임(Игра)』, 마르꼬프(Г.Марков)의 『다가오는 세기에게(Грядущему веку)』, 릐뜨헤우(Ю.Рытхэу)의 『현대의 전설들(Современные легенды)』 등이 그 예이다. 이들 작품에는 역사와 현대, 세태, 정치, 철학, 도덕, 노동, 투쟁, 사색 등이 어우러지고 있다.

80년대 러시아 문학에서는 "시대의 통일된 묘사라는 원칙들이 철저히 확립되었다. 산문 내용에서의 시공간 경계의 확장이 문학 전반의 전통이 되었다"[42]. 이것은 당시의 시와 희곡의 특징이기도 하다. 러시아 문학은 실제 세계의 다양함과 많은 특성들을 예술적으로 재생산하고 있다. 즉 훌륭한 작품들 속에서 현실은 변증법적으로 발전하는 과정으로서 그려지고, 그 속에서 세태와 존재가 상호작용하고 있으며, 다양한 예술적 원리들 - 서사와 서정, 비유와 평론, 픽션과 다큐멘터리, 현실적인 것과 조건적인 것, 전통과 혁신이 결합되고 있다.

---

42) 아뿌흐찌나(В.А.Апухтина), 『현대 소비에트 산문...(Современная советская проза...)』. 247-248쪽.

# 현대 러시아 문학

(Современная русская литература)

　　뻬레스뜨로이까가 시작된 80년대 중반부터 시작하여, 특히 90년대 초에 러시아 문학은 러시아 사회 전반과 마찬가지로 강렬한 충격을 경험하였고, 마구 밀려든 각종 사건, 다양한 사상과 감정으로 인한 당혹감을 맛보았지만, 결국은 자유로운 자기표현의 가능성을 얻고 새로운 힘들의 충만함을 느꼈다.[43]

　　지난 수십 년간 소위 '억류되어 있다'가 러시아 문학으로 '돌아온 문학'이라고 불리는 것들이 출현하였다. 이것은 러시아내에서는 출판되지 못하고, 혹은 지하에서 출판되었거나 또는 외국에서만 출판된 것들로 소비에트 체제 말까지 금지된 작품들을 말한다. 또한 러시아에 거주하고 있거나 (거주했던) 러시아 작가들의 작품과 해외에 거주하는 러시아 작가들의 작품(러시아 해외 문학, 혹은 망명 문학)이 여기에 해당한다. 그것들 중 전자에 해당하는 몇몇 작가만 열거해 보면, 베끄(А.Бек)의 『새로운 임무(Новое назначение)』, 두진쩨프(В.Дудинцев)의 『흰 옷(Белые одежды)』, 리바꼬프(А.Рыбаков)의 『아르바뜨의 아이들(Дети Арбата)』, 그로스만(В.Гросман)의 『삶과 운명(Жизнь и судьба)』, 『모든 것은 흘러간다(Все течёт)』, 쁠라또노프(А.Платонов)의 『체벤구르(Чевенгур)』, 돔브롭스끼(Ю.Домбровский)의 『무용지물의 학부(Факультет ненужных

---

43) [신세계(Новый мир)]. 1992. N12. 254쪽 참고.

(좌) 보이노비치
(우) 브로드스끼

вещей)』, 빠스쩨르나끄(Б.Пастернак)의 『닥터 지바고(Доктор Живаго)』 등이 그것이다. 그리고 나보꼬프(В.Набоков), 메레쥐꼽스끼(Д.Мережковский), 솔제니쩐(А.Солженицын), 자이쩨프(Б.Зайцев), 부닌(И.Бунин), 보이노비치(В.Войнович), 오소르긴(М. Осоргин), 악쇼노프(В.Аксёнов), 브로드스끼(И.Бродский)와 같은 러시아 망명 작가들의 작품이 있다. "장기간에 걸쳐 문학의 정신적인 몸통을 대립되는 두 부분으로 구분하려고 애썼던 문학에서 민족의 재통합 과정이 - 물론 혼란을 동반한 채로 - 일어나기 시작했다. (...) 러시아 문학은 더 이상 두 개의 문학으로 존재하지 않게 되었으며, 오늘날 세계에서 가장 재미있는 문학으로 풍부한 결실을 자랑하는 단 하나의 문학만이 존재하게 되었다. 러시아 국내에서는 망명 작가들의 작품들이 속속 공개되었고 그들의 작품이 출판되고 있으며, 국외에서는 러시아어 잡지 및 문예작품집([통사론(Синтаксис)]과 [사수좌(Стрелец)] 등)이 국내 작가들을 소개하고 있는데, 이는 러시아 문학계가 문학적 역량들을 재통합하고 있다는 희망적인 증거이다.44)

어느 한 작품에 의해 가끔씩 소동을 일으키곤 하던 50-80년대 문학의 평탄한 진행 흐름은 돌아온 문학으로 인해 끊기게 되었다. 이를 두고 몇몇 비평가들은 다음과 같은 문구를 거의 동시에 상기했다 – "오블론스끼(Облонский)의 집에서는 모든 것이 혼합되었다... ." - 라는 똘스또이(Л.Толстой)의 한 문장을 비평가 졸로뚜스끼(И.Золотусский)의 말을 빌리자면, 실제로 "러시아 문학의 태양 아래 있는 모든 것은 혼합되었다."

소비에트의 전 역사와 문학에 대한 검토가 다시 이루어졌고, "혁명과 내전, 맑시즘, 유토피아 사상", 스탈린과 레닌, "전체주의 체제의 기원들"에 대한 논쟁들이 진지하게 펼쳐졌다.

고리끼(М.Горький)의 『시의적절하지 못한 생각(Несвоевременные мысли, 1917-1918)』, 부닌(И.Бунин)의 『저주받은 날들(Окаянные дни, 1918-1919)』, 꼬롤렌꼬(В.Короленко)가 루나차르스끼(А.Луначарский)에게 보낸 편지(1920), 쁘리쉬빈(М.Пришвин)의 『일기(Дневник)』와 10월 혁명 직후 쓰여 진 작품들은 혁명 지도자들의 행동을 비판한 바 있다.

"레닌(Ленин)과 뜨로쯔끼(Троцкий) 그리고 그 추종자들은 이미 권력의 부패한 독에 중독되었다. 언론과 개인의 자유 그리고 민주주의가 혁명의 승리를 위해서 투쟁했던 이 모든 권리의 총체에 대한 그들의 철면피한 태도가 이것을 증명하고 있다.

맹목적 광신자들과 양심 없는 투기꾼들이 쏜살같이 "사회주의 혁명"의 길이라며 달음질치고 있지만, 사실 이는 무정부상태로 가는 길이고 프롤레타리아와 혁명의

레닌

---

44) [젊음(Юность)]. 1990. N1. 87쪽.

괴멸로 가는 길이다. (...)

레닌이 노동자들의 피와 생명으로 어떤 경험을 체득하고, 프롤레타리아의 혁명적 기운을 최후의 극한까지 몰고 가서는 '이렇게 되면 무슨 일이 벌어질까'하고 바라보려 한다는 것을 노동 계급은 깨닫지 않을 수 없었다."45)

"자기들이 사회주의의 나폴레옹이라고 생각한 레닌주의자들은 러시아의 파괴를 완수하고자 미쳐 날뛰고 있다. 러시아 민중은 피의 호수로 이 값을 치르게 될 것이다."46)

부닌(И.Бунин) 또한 이 시기를 "저주받은 나날들"이라 부르며 그 질서, 아니 정확히 말해서 무질서를 자행하고 지지하는 자들의 정체를 폭로하며 볼셰비키의 지배를 신랄하게 비난하고 있다. "<소비에트 총회>. 레닌의 연설. 아, 이건 대체 어떤 동물인지(...) 레닌보다 악마가 더 낫다." "블록(А.Блок)은 바람소리를 듣듯이 러시아와 혁명에 대해 듣는다(...)" "아, 잡담들! 피의 강, 눈물의 바다, 그러나 그들에게는 이것이 아무 것도 아니다." 부닌(И.Бунин)은 여러 사람들이 볼셰비키에 대해 내린 많은 평가를 듣고 기록했다. "누가 볼셰비키 덕을 보았단 말인가? 모두가 더 나빠졌고 무엇보다도 우리, 민중들이 더 어려워졌다"라고 여선생이 말했다. 작가는 과거의 낡고 귀족적인 ("통치력, 복잡성, 부, 행복....." "그런데 12월 당원들은? 러시아 문학의 커다란 성과는? 그 주인공들은? 세상의 그 어느 나라도 그런 귀족계급을 주지 않았다") 러시아를, 새로운 "노동자-농민의" 러시아와 비교한다. "(...)낮과 밤을 죽음의 향연 속에서 살아간다. 그리고 모든 것이 "빛나는 미래"라는 미명 하에 행해지고, 또한 그 미래는 바로 이 악마적인 어둠으로부터 태어나야만

---

45) 고리끼(М.Горький). 『시의적절하지 않은 생각(Несвоевременные мысли)』. 모스크바. 1990. 76쪽.
46) 같은 책. 83쪽.

한다는 듯하다." 그는 적군과 백군을 비교한다.

"민중을 몽땅 다 매도해서는 안 된다!"
하지만 "백군은", 물론 해도 된다.

민중, 혁명 모든 것을 용서할 수 있다, - "이 모든 것은 단지 무절제일 뿐이니까."
그러나 모든 것을 빼앗기고 모욕당하고 강간당하고 살해당한 백군에게는 - 조국, 자라난 고향땅과 무덤들, 어머니, 아버지, 누이들, - "무절제는, 물론 없었어야 했다(...)
그리고 벌써 3년째 이 괴상한 시절이 계속 이어지고 있는 것이다. 3년째 오직 비열함, 진흙 구덩이, 오로지 짐승처럼 잔인한 행위가 이어지고 있다."
부닌(И.Бунин)은 러시아 혁명을 1789년 프랑스 혁명과 비교하고 있다. "이 모든 것은 무엇보다도 혁명의 가장 특별한 성질 가운데 하나 때문에 반복된다. 그것은 게임과 위선, 제스처, 어릿광대 놀음에 대한 광기어린 갈증이다. 인간 속에서 원숭이가 깨어나고 있다."
미래에 대해 생각하며 작가는 외친다. "언젠가 복수의 날이 올 것이고 전 인류가 지금의 나날을 저주하는 날이 오고야 말 것이다." 그리고 스스로에게 대답한다. "모든 것이 잊혀질 것이고 찬양되기까지 할 것이다! 무엇이든 얼마든지 왜곡시키는 문학이 앞장서서 그것을 도울 것이다(...)
일반적으로 삶에 대한 문학적 접근은 단지 우리를 해칠 따름이다."
부닌(И.Бунин)은 러시아에 곧 변화가 올 것이라고 믿지 않은 채 1920년에 조국을 떠나 프랑스로 갔고, 그곳에서 1953년에 생을 마감하였다.

(좌) 루나차르스끼
(우) 꼬롤렌꼬

　또 다른 러시아의 유명 작가 꼬롤렌꼬(В.Короленко)는 1920년에 러시아의 인민 교육 위원 루나차르스끼(А.Луначарский)에게 몇 통의 편지를 썼다. 이 편지들은 1988년에야 비로소 러시아에서 공개되었다. 그 편지 속에서 꼬롤렌꼬(В.Короленко)는 볼셰비키가 몽매한 민중을 속였다는 것과 "자유를 억압하는 방식으로 사회주의 도입의 첫 경험"을 시도하면서 "국가를 끔찍한 상황으로 몰고 갔다"는 점을 들어 볼셰비키를 비판했다. "당신들은 부르주아 산업을 파괴했고, 그것을 대신하는 어떤 것도 만들어 내지 않았다. 당신들의 꼬뮨(Коммун - 공산자치제)은 이 죽은 시체를 먹고 사는 거대한 기생충이다." 작가는 "전례 없는 재앙이 나라를 위협하고 있다(…) 우리는 아직 그런 재앙의 문턱에 서 있을 뿐이며, 그 재앙이 닥치면 우리가 지금 겪고 있는 모든 고통은 아무 것도 아닐 것"이라고 경고한다. 그는 "너무 빨리 성공을 거둔 공산주의 지도자들에게" 이렇게 호소한다. "당신들이 당신들의 민중과 함께 저지른 실수를 곧 바로 인정해야만 한다(…) 아직도 진실로

243

돌아갈 시간이 있을 것이다. 맹목적으로 당신들을 좇아 파괴의 길을 간 민중이 의식이 각성하는 기쁨과 더불어 자유로 돌아가는 길을 따를 것임을 나는 확신한다. 만약 당신들이나 당신들 정부를 위해서가 아니라면 이것은 국가와 그 안에 사회주의적 의식의 성장을 위해서 훌륭한 일이 될 것이다."

1921년에 꼬롤렌꼬(В.Короленко)는 사망했고, 그래서 그는 러시아가 파멸에 이르는 "폭력의 길"로 계속 나아가는 것을 보지는 못했다. 20년대에 러시아에 "조숙한 공산주의"가 도입된 것에 대해서 쁠라또노프(А.Платонов)는 중편 소설 『꼬뜰로반(Котлован)』과 장편 소설 『체벤구르(Чевенгур)』에서, 불가꼬프(М.Булгаков)는 중편 소설 『개의 심장(Собачье сердце)』(80년대 말에야 출판됨)에서 이야기했다. 쁠라또노프와 불가꼬프(그리고 이들과 20년대의 다른 작가들)는 폭력의 이념은 비도덕적이고 범죄적이라는 것과 도스또옙스끼가 폭력의 이념이 정권을 잡으면, 그 이념이 우리를 피 속에 잠기게 할 것이라고 예고했을 때 그가 전적으로 옳았음을 이해했다.

쁠라또노프는 자신의 소설에서 체벤구르라는 도시에서 사람들이 사회주의를 기다리고 있는 무서운 그림을 보여주었고, 약간의 시간이 경과한 후에 무지한 대중들이 공산주의의 도래를 기다리고 있는 모습을 보여주었다. 사람들은 아무것도 건설하지 않으면서 단지 공산주의 도래를 기다릴 뿐이다. 그들은 아무 것도 하지 않는다. 다만 "지도하고" 이야기하고 기다릴 뿐이다.

그로스만

1929-1940년에 불가꼬프(М.Булгаков)는 자신의 가장 유명한 소설 『거장과 마르가리

따(Мастер и Маргарита)』를 썼는데 역시 스탈린의 사회주의를 비판하고 있는 이 책은 러시아에서 1966-1967년에야 출판되었다.

50-60년대에는 그로스만(В.Гроссман)의 장편 소설 『삶과 운명(Жизнь и судьба)』, 중편 소설 『모든 것은 흘러간다(Все течёт)』가 쓰여 졌다. (이 책들은 80년대 말에야 출판되었다.) 수백만의 사람들이 탄압받던 이 시기에 작가는 등장인물들의 입을 통해 수세기라는 기간에 걸친 러시아의 억압의 역사와 레닌-스탈린 시대의 전체주의 체제의 지배에 대해 심판을 내리고 있다.

1918-1954년 사이 볼셰비키가 민중들에게 자행한 피비린내 나는 탄압의 결과를 총괄한 것이 솔제니찐(А.Солженицын)의 장편 소설 『수용소 군도(Архипелаг ГУЛАГ)』(60년대와 70년대 초에 쓰여 졌고 1989년에 출판되었다)이다.

"폭력의 사상을 진보 사상으로서 비판하는 것, 이것이야말로 오늘날 우리의 독립된 문학의 새로운 신경을 만드는 일이 아닐 수 없다. 20년대에 우리의 문학은 이것으로부터 시작되었고, 다시 이것으로 새로이 다가왔다. 이제 여기에서 우리 문학의 부정과 긍정이 러시아의 고전과 접합 된다."[47] 많은 러시아 작가들이 러시아의 전 민중과 마찬가지로 천국을 염원했다. 이런 염원과 더불어 쁠라또노프, 불가꼬프, 그로스만, 솔제니찐과 같은 작가들의 등장인물들이 탄생했다. "그러나 그들이 천국 대신 얻게 되는 것은 지옥이었다. 폭력의 이념은 그들의 피를 독으로 물들게 하였고 그 독은 어린이들의 핏속으로도 흘러 들어갔다. 폭력의 이념은 인간을 기형으로 만들고 그의 본성을 불구로 만든다. 그는 자기 아버지의 가죽으로 북을 만들 준비가 되어있다. 그 북으로 혁명을 알릴 수만 있다면"[48].

---

47) [신세계(Новый мир)]. 1989. N1. 245쪽.
48) 같은 책. 246쪽.

리바꼬프(А.Рыбаков)

20세기 후반의 많은 러시아 문학 작품에서 이 지옥의 피를 뒤집어 쓴 형리로 등장하는 것이 스탈린이다. 30-50년대에는 거의 모든 소비에트 작가들이 그에게 찬가(讚歌)를 외쳐댔고, 60년대에는 그를 비판했으며, 80-90년대는 거의 악마에 버금가는 독재자, 폭군의 모습으로 묘사하며 그의 정체를 폭로했다. 베끄(А.Бек)의 『새로운 임무(Новое назначение)』, 두진쩨프(В.Дудинцев)의 『흰 옷(Белые одежды)』, 리바꼬프(А.Рыбаков)의 『아르바뜨의 아이들(Дети Арбата)』, 그로스만(В.Гроссман)의 『모든 것은 흘러간다(Все течёт)』와 『삶과 운명(Жизнь и судьба)』, 솔제니찐의 『수용소 군도(Архипелаг ГУЛАГ)』와 『제1권(圈)(В круге первом)』, 돔브롭스끼(Ю.Домбровский)의 『무용지물의 학부(Факультет ненужных вещей)』, 쁘리스따브낀(А.Приставкин)의 『금빛 먹구름이 밤을 지새다...(Ночевала тучка золотая...)』 등과 같은 60-70년대의 반스탈린주의 작품들(80년대 말에 출판됨)은 독특한 스탈린 격하주의(Сталиниад)를 구성하고 있다. 이 작품들 속에서 "논쟁은 스탈린과 스탈린 숭배사상(Сталинщина)에 대해서만 벌어지는 것이 아니라, 전체주의 체제의 근원에 대해 벌어진다..."49). 그리고 "체제와 사회제도에 대한 비판은 전 역사적 시기에 대한 비판으로 확대되었고, 이것은 현대 문학에 전례가 없던 일이다(...) 이러한 연구의 중심에는 사람들만 있는 것이 아니라 사상의 역사도 있다."50)

스탈린의 이미지는 리바꼬프(А.Рыбаков)의 장편 소설 『아르바뜨의 아이들(Дети Арбата)』에서 가장 완전하고 심도 있게 밝혀진다. "이 작

---

49) [젊음(Юность)]. 1990. N1. 87쪽.
50) [신세계(Новый мир)]. 1989. N1. 241쪽.

품 속에서 사실상 우리의 문학사상 처음으로 스탈린을 그 내면으로부터 보여주려는 시도가 행해졌는데, 개별적인 에피소드들을 통해서가 아니라(이런 노력은 이전에도 있었다) 그의 모든(혹은 거의 모든) 내면생활, 심리와 세계관 전반에 걸쳐서 이루어졌다."51)

최근에는 레닌이라는 인물 역시 재정립의 대상이 되었는데, 스탈린(Сталин)의 대척자(예전에 그렇게 간주되었듯이)로서가 아니라 스탈린의 선임자로서, 전체주의 체제의 창설자로서 그렇다(그로스만(В.Гроссман)의 『모든 것은 흘러간다(Все течёт)』, 아브또르하노프(А.Авторханов)의 『러시아 운명 속에서의 레닌(Ленин в судьбах России)』, 솔제니찐(А.Солженицын)의 『쮜리히의 레닌(Ленин в Цюрихе)』, 80년대 말과 90년대 초의 사회평론). 현대사와 현대문학에서 이런 이미지들은 어둠의 근원이자 화신이 되었다.

삶에서 빛의 근원을 상징하는 이미지는 언제나 그리스도였다. "예수 그리스도는 우리 시대의 문학적 인물이다! 이것은 분명한 사실이지만, 그렇다고 현대 문학에서 유일한 것은 아니다."52) 이 그리스도의 이미지는 불가꼬프(М.Булгаков)의 장편 소설 『거장과 마르가리따(Мастер и Маргарита)』 이후에 빠스쩨르나끄(Б.Пастернак)(『닥터 지바고(Доктор Живаго)』), 쩬드랴꼬프(В.Тендряков)(『신기루에의 유혹(Покушение на миражи)』), 돔브롭스끼(Ю.Домбровский)(『무용지물의 학부(Факультет ненужных вещей)』), 아이뜨마또프(Ч.Айтматов)(『처형대(Плаха)』)의 작품들에서도 나타난다.

20세기 초 러시아 문학, 특히 운문에서 자주 볼 수 있었던 그리스도의 이미지는 해외 러시아 문학에서는 여전히 중요한 상징으로서 살아있었으나, 소비에트 문학에서는 자취를 감추었다. 그러던 것이 20세기 후반에 다시 러시아 문학에 나타난 것이다. "상대적이고 결함투성이인

---

51) [네바(Нева)]. 1988. N3. 165쪽.
52) [신세계(Новый мир)]. 1989. N11. 229쪽.

가치들과 이상의 혼돈 속에서 목표를 상실한 우리는 이제 유례없이 폭넓게(...) 기독교적이고 도덕적인 지주와 절대자를 지향하고 있다."53)

앞에서 언급한 작품들에서 그리스도의 삶에 대한 메시지는 작가에 따라 다양하게 이용되었다. 쩬드랴꼬프(В.Тендряков)의 중편 소설 『신기루에의 유혹(Покушение на миражи)』에서 "예수는 그가 나타나기 이전까지 들어보지 못한 초자연적인 사랑의 가르침, 친지들에 대한 사랑만이 아니라 자신의 적까지도 사랑하라는 계명(誡命)을 세상에 가르친다. 고대 역사의 이 단편을 컴퓨터에 프로그래밍하고, 거기에 그리스도가 일찍 살해되는 가설을 입력시켰고, 그렇게 함으로써 세상은 그의 "복음" 없이, "복음" 대신 바울의 도덕적 설교와 더불어 발전하도록 했다. 그러나 실험한 학자들은 놀라운 결과에 직면했다. 기계가 예수를 "부활시켰다." 하지만 인류는 각성해가는 자기의식의 필수불가결한 단계로서 단지 예수만을 부활시킬 뿐이었다. 예수 없이는 결코 아무것도 진행될 수 없었다."54)

불가꼬프와 돔브롭스끼(Ю.Домбровский), 아이뜨마또프는 무엇보다도 먼저 그리스도의 십자가에 못 박힘과 부활에 대해 이야기했다. "돔브롭스끼는 불가꼬프와는 다르게 자신의 스타일로 법과 재판이라는 관점에 입각해서 배반과 그리스도의 판결의 무대를 연출하고 있다"55). 스탈린의 지옥을 통과한 작가는, 인간이 고통과 죽음의 공포로 인해, 어떻게 사냥꾼에게 쫓기는 한낱 동물로 변하는가와 그 형리들이 "원숭이 인간"으로 변하여 인간의 모습을 잃어버리는지를 목격한 20세기 인간의 입장에서, 신의 아들 예수 그리

불가꼬프

---

53) 같은 책. 229쪽.
54) 같은 책. 231쪽.
55) 같은 책. 246쪽.

스도의 인간적인 고통을 보여주었다." "그러나 그리스도는 이 공포를 이겨낼 뿐만 아니라 나아가서 인간들의 극단적인 조롱을 인내하고 인간에 대한 사랑, 그토록 뻔뻔스럽고 가련한 존재에 대한 사랑을 버리지 않는다."56) 돔브롭스끼의 소설은 방랑하는 예술가가 평화롭게 담소하고 있는 세 등장인물들을 그리는 장면으로 끝을 맺는다. 이 세 등장인물은 이전에는 적이었던 사이로 죄수, 재판장 그리고 형리이며, 이들 각자는 그리스도와 유다, 본디오 빌라도를 상징한다. 이 평화로운 담소는 무한한 사랑이라는 기독교의 사상을 표현한다.

아이뜨마또프(Ч.Айтматов)의 장편 소설 『처형대(Плаха)』에서 그리스도는 "지구인들의 정신적 도덕적 자기완성의 이상인 내일의 신을 예언한다. 그 신은 "황제의 권력이 없는" 공정과 평등의 왕국으로 사람들을 인도할 것이다."57)

이스깐제르

문학은 과거와 현재만 연구하는 것이 아니다. 문학은 공상 과학 소설이나 유토피아 소설들을 창조하면서 항상 미래를 엿보려 애써왔다. 언젠가 영국의 사회주의자 토마스 모어는 모든 사람이 행복하게 살아가는 유토피아라는 상상의 섬에 관한 소설을 썼다. 이것이 행복한 미래에 살아가는 인간들의 삶을 그린 첫 번째 유토피아 작품이었다. 그런데 20세기 문학에서는 인류를 기다리는 미래의 재앙에 대해서, 미래에 인간들을 기다리고 있는 불행한 삶에 대해 이야기하는 반(反)유토피아가 등장했다. 따라서 유토피아에 대한 주제를 다루고 있는 대표적인 외국작품(O.헉슬리의 『멋진 신세계』, F.카프카의 『성(城)』, 조지 오웰의 『동물농장』과 『1984년』 등)이 있고, 러

---

56) 같은 책. 234쪽.
57) 같은 책. 231쪽.

레오노프

시아 작가가 쓴 유토피아 작품으로는 자먀찐(Е.Замятин)의 『우리들(Мы)』, 나보꼬프(В.Набоков)의 『사형으로의 초대(Приглашение на казнь)』, 쁠라또노프(А.Платонов)의 『체벤구르(Чевенгур)』와 『꼬뜰로반(Котлован)』, 이스깐제르(Ф.Искандер)의 『집토끼와 이무기(Кролики и удавы)』, 레오노프(Л.Леонов)의 『피라미드(Пирамида)』 등이 있다.

이런 유토피아에 대한 작품들과 당대의 현실에 영향을 받아, 까바꼬프(А.Кабаков)는 『돌아오지 않는 사람(Невозвращенец)』을, 뻬뜨루쉡스까야(Л.Петрушевская)는 『새로운 로빈슨들(Новые Робинзоны)』과 같은 두 편의 현대적 반유토피아 작품을 썼고, 이는 1989년에 빛을 보았다. "까바꼬프(А.Кабаков)는 "뻬레스뜨로이까"가 실패할 경우 사회를 기다리고 있을 법한 현실을 가벼운 읽을거리의 형태로 구성해보려고 했다."58) 이 소설은 1987년에 쓰여졌고, 소설의 이야기는 1992년부터 시작된다. 결국 파괴 세력이 승리했고, 사회는 무정부주의와 혼란과 폭력이 판을 친다. 뻬뜨루쉡스까야(Л.Петуршевская)의 반유토피아는 파괴된 도시의 문명을 피해 숲속에 몸을 감춘 사람들에 대해 이야기하고 있다. "우리 주변에는 추운 공간이 펼쳐져 있다."

작가 레오노프(Л.Леонов)는 50년 이상을 유토피아 소설 『피라미드(Пирамида)』를 집필하는데 매진했다. 마침내 70-80년대에 이 작품 중 세 개의 단편(斷片), 『딤꼬프의 우주(Мироздание по Дымкову)』, 『마지막 산책(Последняя прогулка)』, 『나선(Спираль)』이 출판되었다. 레오노프는 시공의 끝이 없는 세계를 이해하고 예술적인 상상력으로 "우

---

58) [젊음(Юность)]. 1990. N2. 93-94쪽.

주의 일순간"이 "전(全)지질학적 시대는 아니라 하더라도 인간의 수천 세대의 시간에 해당할 법한" 우주의 수십억 년에 걸친 존재를 고려하면서, 소설 속에서 작품의 등장인물들과 함께 영원의 바닥없는 거울에 대해서, 그리고 전우주의 거대한 영원성과 큰 우주와 존재의 변경, 세계와 반세계, 그리고 은하의 팽창 등을 보여주고 있다. 하지만 작가의 기본 목적은 각 개인과 모든 인류, 그리고 인류의 미래에 경종을 울리는 것이었다. "왜냐하면 오늘날 활동하고 있는 세대의 도덕적 성숙은 그들이 가지고 있는 기술적 설비의 수준에서 훨씬 뒤떨어져 있기 때문이다."

"소위 별들로 가는 이정표가 있는 큰 길의 가장 큰 구덩이에 대해 가능하다면 인류에게 속히 그리고 일목요연하게 경고해주고 싶다." 이를 위해 레오노프는 오늘날의 사람들이 인류와 지구, 우주의 운명을 판가름할 결정을 올바르게 내릴 수 있도록 하기 위해 25세기의 미래를 들여다보려고 노력하였다. "오늘날, 작금의 40년간, 사람들이 어떤 결정을 내리느냐에 따라 미래, 적어도 앞으로 5세기의 미래가 좌우된다는 것을 반드시 깨달아야만 한다." 저자는 "시간과 공간 속에 자기의 주소를 정하려는 목적으로 우주의 건축법을 파악하려고 노력했다 (…) 일찍이 니체는 우리가 어디에 위치하고 있는지 알 수 없다고 말한 바 있다. 시간과 공간 속에서, 세계와 역사의 좌표 위에서 나의 주소를 찾는다는 것은 어디로 갈 것인가를 결정하는 것이라고 하는 것이 더 올바르다. 나는 나 자신을 위해 이 점을 찾았다"[59] – 라고 레오노프는 말했다.

레오노프 소설의 주인공은 "미래의 탐정"인 작가와 그의 동료로 커다란 기대를 한 몸에 받고 있으며, 장차 학계의 거장이 될 니까노르

---

[59] [우리의 동시대인(Наш современник)]. 1986. N3. 174쪽.

브쥬린(Никанор Втюрин)이라는 대학생이다. 브쥬린(Н.Втюрин)은 "자연과학의 최고 권위자인 사따니쯔끼(Сатаницкий) 교수"에게서 공부하고 있다. 그들은 우주에 대해 이야기한다. 브쥬린은 딈꼬프(Дымков)라는 천사에게서 들은 우주론을 작가에게 다시 전한다. 그 천사는 다른 세계로부터 지구로 날아온 사절로서 우주를 직접 목격한 존재이다. 브쥬린이 미래를 보는 것을 도와주는 사람은 "때때로 시간의 경계를 넘어 먼 곳으로 떠날 수 있는 다분히 기이한 특성"을 가진 두냐 로스꾸또바(Дуня Лоскутова)라는 여자이다. 두냐(Дуня)가 본 환영 가운데 하나는 『나선(Спираль)』이라는 단편(斷片)에 묘사되어 있다. 이 단편에서는 지구상에서 대적하는 두 개의 체제가 사람들의 공격성을 자극하는 "적의의 발생기"를 만들어 냈다고 말하고 있다. 브쥬린은 두냐 로스꾸또바가 본 "거대한 자멸"의 환영과 "세상의 결정적인 충돌"의 환영에 대해 작가에게 이야기한다. "(...) 수 킬로미터에 걸쳐 펼쳐진 양극점(兩極點)에 장전된 시체들의 흐름이 물리적 힘의 이륙점에서 서로 만났고, 목표에 접근함에 따라 동물화 되어갔으며, 스스로의 신(神)적인 특별한 본성의 마지막 표시를 상실해 갔다." 이 싸움에는 동물들도 포함됐고 "식물들까지도 적의 진영 쪽으로 용감히 뻗어나갔다." 태양조차 "지평선에서 모습을 감추었다(...) 태양이 조심스레 다시 지평선 위로 얼굴을 내밀었을 때, 대지는 말 그대로 끔찍한 몰골이었다." 지상의 거의 모든 생명체가 죽었고 종(種)의 지속을 위해 남은 것이라고는 미친 파리와 쥐뿐이었다.

작가가 『마지막 산책(Последняя прогулка)』에서 서술한 자신의 또 다른 환영 속에서 "시간의 경계를 넘는 먼 곳"에 다녀온 두냐가 원자폭탄으로 인한 재앙이 가져온 결과에 대해 브쥬린에게 이야기한다. 태양은 납작해졌고 땅은 사막화되었다. 살아남은 사람들은 돌출된 눈에 "두냐의 무릎까지 오는" 키의 절족 동물인 작은 "녹색 존재"로 변해버렸다. 그들은 지하 우물 속에서 살았다.

레오노프는 과학 기술 혁명 덕분에 사람들이 "생명과 죽음의 신비로운 메카니즘을 조종하는 중앙지령소"에 침범했다는 것과 서로에 대한 적개심 때문에 "하늘을 폭파한다거나 적국의 해변에 불을 지른다든지, 혹은 오존층의 방어막에 구멍을 뚫어 적국 영토에 거대한 양의 방사선을 집중시킨다든지, 한 마디로 증오하는 목표물을 향해 자기 머리로 돌진하는 식으로 고도의 살상력을 가진 엄청난 신무기를 사용하는 극단적인 기습 공격"을 행하는 모험을 할 수 있다는 것에 대해 말하고 있다.

경고 소설, 반유토피아 소설, 묵시록적인 소설의 새로운 형식은 새로운 내용에 적합하다. 레오노프(Леонов)는 자신의 문체 속에 예술적, 과학적 사고를 결합시키고, 절박한 사회평론과 성서적 신화, 민중적이고 시적인 이미지, 형식과 인쩨그랄(интеграл), 상징과 상형 문자, 철학적 에센스, 격언, 경구와 아이러니를 결합시키고 있다.

20세기 후반기 러시아 문학에서 특별한 지위를 차지하고 있는 것은 솔제니쯘(А.Солженицын)의 작품들(중편 『이반 데니소비치의 하루(Один день Ивана Денисовича)』, 장편 『수용소 군도(Архипелаг ГУЛАГ)』, 『제1권(В круге первом)』, 『암병동(Раковый корпус)』, 희곡, 기사와 다른 작품들)이다. 그의 작품들은 80년대 말과 90년대 초에 소비에트 독자들에게 다가왔다. 1990년은 솔제니쯘(А.Солженицын)의 해라고 불리워지기까지 했다.

20-80년대에 쓰여 진 러시아 작가들의 뛰어난 작품들은 80년대 후반과 90년대 초에야 러시아에서 처음으로 출판되었고, 젊은 작가들의 산문에 커다란 영향을 미쳤으며, 러시아 문학의 예술성의 표준을 높였다. 그들의 영향 아래 고전 문학과는 유사하지 않은 "다른 문학(혹은 대안 문학)"이 창조되었다. 현대 러시아 문학의 "새로운 물결"은 아주 다

양하다. 이에 대해 문학 평론가들 사이에서 뜨거운 논쟁이 전개되었고 "다른", "새로운", "대안" 문학, 언더그라운드, 아방가르드, 포스트 아방가르드, 포스트 모더니즘, 개념주의, 사회예술(соцарт) 등의 명칭을 고안해내느라 부심하였다. 이러한 문학적 흐름들을 대표하는 작가들로는 똘스따야(Т.Толстая), 삐예쭈흐(В.Пьецух), 뽀뽀프(Евг.Попов), 뻬뜨루쉡스까야(Л.Петрушевская), 뽀뽀프(М.Попов), 빅또르 예로페예프(Виктор Ерофеев), 예로페예프(Вен.Ерофеев), 하리또노프(Евг.Харитонов), 소꼴로프(С.Соколов), 리모노프(Э.Лимонов), 마믈레예프(Ю.Мамлеев), 꼬줴브니꼬프(П.Кожевников), 가레예프(З.Гареев), 나르비꼬바(В.Нарбикова), 니꼬노바(Р.Никонова), 아르베네프(Евг.Арбенев), 쁘리고프(Д.Пригов), 빠르쉬꼬프(А.Парщиков) 등을 꼽을 수 있다. 그들에게 있어서 문학의 주된 규범은 말 자체의 예술성과 가치이다. 문학을 포함한 예술은, 러시아의 종교 철학자 불가꼬프(С.Булгаков)가 말한 것처럼, "자유와 청렴의 분위기 속에서만 존재한다. 예술은 종교로부터도 자유로워야 하며 (물론 이것이 신으로부터의 자유를 뜻하는 것은 아니다) 도덕으로부터도 자유로워야 한다(선으로부터가 아니라면)"60). 러시아 문학이 아름다움과 진리, 선이 하나로 합쳐진 인간과 자신의 비유적인 수단으로써 인간의 영혼을 묘사하면서 언제나 인간에게 봉사할 것을 기대해 본다.

---

60) [신세계(Новый мир)]. 1989. N12. 247쪽.

# 알렉산드르 이사예비치 솔제니찐

(Александр Исаевич Солженицын, 1918~)

알렉산드르 이사예비치 솔제니찐(Александр Исаевич Солженицын)은 1918년에 까프까즈(Кавказ) 북부의 끼슬로보드스끄(Кисловодск)에서 태어났다. 러시아 남부의 오래된 농민 가정 출신인 그의 아버지는 제1차 세계대전에 참전했고 아들이 태어나기 반년 전 사냥 중에 비극적으로 사망했다. 미래의 작가를 키운 것은 그의 어머니로, 신앙심이 깊고 교육받은 여성이었다. 1924년 그녀는 아들과 함께 로스또프-나-도누(Ростов-на-Дону)에 정착했다. 이곳에서 솔제니찐은 학교에 다녔고 학교를 마친 후에는 대학교의 물리 수학 학부에서 공부했다. 그는 행복한 어린 시절을 보냈다. 사랑하는 어머니와 친구들이 있었고 문학과 극장, 스포츠를 즐겼다. 1939년에 솔제니찐은 모스크바 역사 철학 문학 연구소(МИФЛИ)의 통신과정에 입학했다. 이때 그는 이미 작가가 되기로 굳게 결심하고, 책을 많이 읽었으며 고집스러울 정도로 열심히 독학을 하였다. 1941년에 로스또프(Ростов) 대학의 물리 수학 학부를 마친 솔제니찐은 학교의 수학 교사로 일하면서, 역사 철학 문학 연구소(МИФЛИ)에서의 학업을 계속하였다. 그는 자신의 전 인생을 문학에

솔제니찐

바친다는 계획을 세웠으나, 대조국전쟁의 발발이 그의 계획을 망가뜨렸다.

솔제니찐은 징집되었고 군사학교를 마친 후 1942년 포병장교로 전선에 파견되었다. 그는 전선에서 학교 친구와 서신을 교환하였다. 편지에서 그들은 스탈린의 정책을 비판했다. 솔제니찐 대위는 이러한 편지교환으로 말미암아 1945년 2월 9일 체포되었고, 반혁명 및 반소비에트 활동 혐의로 8년간의 수용소 생활을 언도받았다. 미래의 작가에게 있어 이것은 잔혹한 시기였다. 그는 혹독한 육체적 정신적 고통을 감내해야 했다. 그의 삶은 파괴되었지만 그는 부자유라는 조건 속에서도 살아갈 수 있는 힘을 자신의 내부에서 발견하였다. 그는 수용소에서 시를 쓰고 산문을 썼으며, 정치범들 가운데에서 친구를 찾아냈다. 수용소는 그에게 엄청난 경험을 제공했고, 인간과 삶에 대한 지식을 주었다. 솔제니찐은 시련을 견뎌냈고, 1953년에 정신적으로 갱신하여 수용소를 나왔다. 그 다음에 그는 까자흐스딴(Казахстан)에서 유형생활을 했는데 이곳에서 중병을 앓았다. 의사들은 치명적인 병이라고 생각했지만, 집중적인 치료를 받은 후에 솔제니찐은 건강을 회복하였다. 그는 유형 기간 동안에도 많은 글을 썼는데, 이것은 그가 수용소에 있을 때 자신의 마음속에 자리하고 있던 문학적인 계획들을 실행한 것이었다.

1956년에 복권된 솔제니찐은 러시아로 돌아와서 작은 마을에서 교사로 일했다. 그는 혼자 사는 시골 여자인 마뜨료나(Матрёна)의 집에 방을 빌렸다. 이렇게 해서 집주인 여자는 그의 유명한 단편 소설『마뜨료나의 집(Матрёнин двор)』의 여주인공이 되었다. 전후 농촌의 테마를 다룬 최초의 작가 중 한 명으로서 그는 이 단편을 통해 농민들의 기아와 파탄, 힘겨운 육체적 노동을 보여주었다. 텅 비어버린 집에 살고 있는 병들고 늙은 마뜨료나는 자신의 영혼의 순수함으로 작가를 끌어당겼다. 그녀는 많은 고통을 겪었지만, 악한 생각을 품지도 않았고 같은 마을 사람들을 질시하지도 않았으며, 아무런 사심 없이 모든 사람을 돕고 그녀가 가진 마지막 것 까지도 내줄 준비가 되어 있었다. 사랑과 자기 희생, 바로 여기에 그녀 삶의 의미가 있었다. 그녀의 비극적인 죽음 이후, 화자(話者)는 자신이 고아가 되어버린 듯한 느낌을 겪는다. 마뜨료나는 러시아 농촌의 혼(魂)이자 양심이었다.

1957년에 솔제니찐은 랴잔(Рязань)에 자리를 잡았다. 그는 이전처럼 학교에서 일했지만, 밤이면 스탈린의 수용소에 관한 산문과 희곡을 썼다. 전체주의 체제의 희생자들에 대한 기억을 더듬는 작업으로 자신의 의무를 수행하면서, 그는 죽어간 동료들을 부활시켰다. 1962년 유명한 시인인 알렉산드르 뜨바르돕스끼(Александр Твардовский)가 편집을 맡고 있던 잡지 [신세계(Новый мир)]에 솔제니찐의 중편 소설 『이반 데니소비치의 하루(Один день Ивана Денисовича)』가 게재되었다. 그의 문학 창작 활동의 데뷔는 이렇게 이루어졌다. 어느 평범한 러시아 정치범들의 수용소 생활 가운데 단 하루만을 이야기하고 있는 이 소설은 독자들에게 커다란 인상을 남겼다. 이 작품은 스탈린 시대의 수용소생활과 관련된 금지된 테마를 다룬 최초의 출판물이었다. 평범하고 선량하며 양심적인 이반 데니소비치(Иван Денисович)는 비인간적인 유형이라는 조건 속에서 조차 자신의 순수한 영혼의 빛을 간직한다. 스탈린주의의 희생물이 된 그는 자신의 성실한 노동으로써 인간으로서의 가치를 지켜낸다.

이 소설이 출판된 후 솔제니찐은 세계적으로 유명한 작가가 되었다. 그는 '수용소 문학'의 집대성에 대한 방대한 계획이 있었다. 그는 장편 소설 『제1권(В круге первом)』을 끝마친 후, 중편 소설 『암병동(Раковый корпус)』을 집필하였다. 두 작품 모두 중편 소설 『이반 데니소비치의 하루(Один день Ивана Денисовича)』가 시작한 테마인 스탈

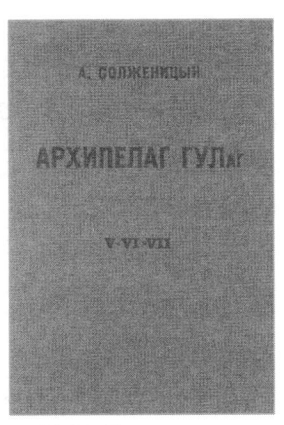

「수용소 군도」

린 시대의 러시아에 대한 연구를 확대시키는 작업이었다. 그의 장편 소설 『제1권(В круге первом)』과 중편 소설 『암병동(Раковый корпус)』은 소련내에서 출판이 금지되었다. 잡지 [신세계(Новый мир)]는 이 작품들을 1990년에야 발표할 수 있었다.

60년대에 솔제니쩐은 제1차 세계대전 시기 러시아의 역사에 관한 자료들을 수집하였다. 그는 1917년 혁명에 관한 대작을 집필한다는 자신의 오랜 계획을 실현하고 싶었다. 동시에 그는 혁명 후 러시아에서의 테러와 강제 수용소의 살아있는 역사와 강제노동의 실상에 관한 백과사전인 3부작 『수용소 군도(Архипелаг ГУЛАГ)』를 저술하는 방대한 작업에 착수한다. 이 책은 역사적인 문건들과 정치범들의 회상 및 저자 자신의 개인적 경험을 바탕으로 쓰여 졌다. 장편 소설 『수용소 군도(Архипелаг ГУЛАГ)』는 솔제니쩐의 시민으로서의 공훈(功勳)이자 감옥 및 수용소에서 희생된 수백만의 사람들을 기리는 기념비였다. 소련에서 이 책은 1989년에야 비로소 출판되었다.

이 시기에 솔제니쩐은 자신의 견해와 창작활동으로 인해 국가보안 기관과 소련작가동맹 측으로부터 끊임없는 박해에 시달리고 있었다. 그들은 이 작품들을 해외에서 출판했다는 사실을 들어 솔제니쩐을 비난하였다. 당시 소련에서 그의 작품을 발표하는 것은 금지되어 있었다. 그는 창작의 자유와 검열의 폐지를 요구하는 메시지를 담은 몇 통의 편지를 작가동맹 앞으로 보냈다. 이 일을 계기로 1969년 솔제니쩐은 작가동맹에서 제명되었다. 그러나 그는 1970년 노벨 문학상 수상자가 되었다. 1971년 프랑스에서 제1차 세계 대전의 발발시기를 다룬 그의 장편 소설 『1914년 8월(Август Четырнадцатого)』이 출판되었다. 이 작품이 바로 러시아 혁명에 대한 장편서사시 『붉은 수레바퀴(Красное колесо)』의 제1권이다. 1973년 말 프랑스 파리에서 『수용소 군도(Архипелаг ГУЛАГ)』가 발간되었는데, 이로 인해 작가에 대한 새로운 박해를 초래했다. 1974년 2월 그는 체포되었고, 소련 시민권을 박탈당했으며 소련 밖으로 추방되었다.

처음에 그는 스위스에 거주하다가 미국으로 이주했고, 그곳에서 1994년까지 살았다. 그는 자신의 모든 시간을 문학에 바쳤다. 그는 장편 서사시 『붉은 수레바퀴(Красное колесо)』의 다음 3권, 『1916년 10월 (Октябрь шестнадцатого)』, 『1917년 3월(Март семнадцатого)』, 『1917년 4월(Апрель семнадцатого)』을 집필했고, 러시아 망명가들의 회상을 수집하여 발간하기도 했으며, 사회적, 문학적 생활에서 당면한 문제들에 관한 평론을 발표하였다.

솔제니쩐은 장편 서사시 『붉은 수레바퀴(Красное колесо)』에서 20세기 러시아 역사에 대한 자신의 견해를 상세하게 밝혔다. 그는 러시아의 비극이 시작된 것은 1917년 이전인 제1차 세계대전 시기로, 1차대전에 선행했던 사건들이 시작이었다고 여기고 있다. 그는 자유주의적 인텔리겐찌야와 서유럽식의 의회 제도를 반대했으며, 또한 혁명사상 역시 러시아인의 정신세계와는 무관하고 낯선 현상이라고 간주하였다. 그는 2월 혁명이 무질서와 혼돈을 가져왔고, 러시아의 문화 전통과 도덕을 파괴했다는 이유로 2월 혁명을 비난하였다. 그는 혁명의 혼돈에 대해 영원한 진리 – 노동과 선, 사랑을 대립시키고 있다. 이 책에서 그는 러시아의 역사뿐만 아니라 자기 가족의 역사에도 주의를 기울였다. 그는 자신이 알지 못했으나 항상 기억하고 있었던 아버지의 이미지를 창조했다. 솔제니쩐은 전 러시아, 도시와 농촌, 모스크바와 뻬쩨르부르그, 전선과 후방, 왕정주의자들과 혁명가들, 짜르 니꼴라이 II세(Николай II) 가족과 농민의 가족, 국가의회의 회의와 연인들의 만남과 같은 모든 것들을 보여주려고 노력했다. 붉은 수레바퀴는 불과 시련의 상징이다. 혁명의 운명인 불붙은 수레바퀴는 자기 앞길의 모든 것들을 파괴하면서, 전 러시아를 따라 굴러갔다.

솔제니쬔은 예언자적인 작가이자 설교자이다. 그는 사회에서 예술의 의의를 높이 평가하였는데, 이것은 강압의 세계에서 오직 예술만이 진실을 말하고 인간에게 아름다움과 선을 가져다 줄 수 있기 때문이다.

1994년 여름 솔제니쬔은 러시아로 영구히 돌아왔다.

# 칭기즈 또레꿀로비치 아이뜨마또프

(Чингиз Торекулович Айтматов, 1928~)

칭기즈 또레꿀로비치 아이뜨마또프(Чингиз Торекулович Айтматов)는 1928년 12월 12일 끼르끼즈(Киргизия)의 쉐께르(Шекер)라는 마을에서 태어났다.

이 미래 작가의 부모는 교양 있는 사람들이었으며, 아들이 일찍부터 러시아 문화와 러시아어를 접하도록 했다. 할머니와 고모는 소년이 모국어인 끼르끼즈어에 대한 사랑을 갖도록 해주었고, 끼르끼즈 민요와 옛날 이야기들, 전설과 풍속을 알려주었다. 칭기즈 아이뜨마또프는 이렇게 말하고 있다. "모국어! – 이에 대해 얼마나 많이 이야기되었던가! 모국어의 기적은 설명하기 힘들다. 어렸을 때 알게 되고 체득된 모국어만이 민중의 경험에서 태어난 시의 정신을 채울 수 있고, 인간에게서 민족적 자긍심의 최초의 발현을 일깨울 수 있으며, 조상들의 언어의 다양성과 다의성으로 미학적인 즐거움을 줄 수가 있다. 유년 시절은 마냥 좋기만 한 시기일 뿐 아니라, 미래의 한 인간의 개성이 확립되는 중요한 시기이다.

아이뜨마또프

바로 유년시절에 모국어에 대한 진정한 지식의 기초가 세워지고, 바로 그때 주변 사람들과 주변의 자연환경, 특정한 문화에 대한 나 자신의 소속감이 생겨난다(...) 내게 있어서 러시아어는 끼르끼즈어만큼이나 모국어이다. 어린 시절부터 그리고 전 인생에 걸쳐 모국어이다"(「자신에 대한 수기(Заметки о себе)」).

칭기즈 아이뜨마또프는 러시아 학교에서도 공부했고, 끼르끼즈 학교에서도 공부했다. 러시아어의 도움으로 그는 세계의 문화를 접했고, 지금은 "진정한 혁신의 기반은 당신의 민중이 쌓아올린 것을 전연방 및 세계 최정상의 예술과 유기적으로 결합시키는 것"이라고 생각했다 (「미래에 대한 책임(Ответственность перед будущим)」).

많은 원천들이 작가의 창작 행위의 공급원이 되었고, 현재까지도 진행되고 있지만 가장 근본적인 원천은 그가 예술적으로 반영하고 있는 삶이다. 그런데 이 삶이 칭기즈 아이뜨마또프에게는 힘겨운 것이었다.

"1937년에 당의 일꾼이자 모스크바에 있는 붉은 교수단 연구소의 청강생이었던 나의 아버지가 탄압을 당했다. 우리 가족은 끼르끼즈에 있는 마을로 이주했다. 그때부터 나에게는 인생의 참된 학교가 그 모든 복잡성과 함께 시작되었다"(「자신에 대한 수기」). 1941년 6월에 대조국전쟁이 시작되었고, 1942년에 칭기즈 아이뜨마또프는 어머니를 도와 생계를 꾸리고, 어린 세 남동생을 돌보기 위해 학업을 중단하고 일을 해야 했다.

아이뜨마또프는 이 시절에 대해 이렇게 쓰고 있다 : "만약 내가 유년 시절에 삶의 시적이고 밝은 면을 알게 되었다면, 지금의 삶은 냉혹하고 벌거벗은 것으로, 슬프면서도 또한 영웅적인 모습으로 내 앞에 제시되었을 것이다. 나는 다른 상황에 처한 우리 민중을 보았다. 조국이 가장 위급한 순간에, 정신적 육체적 힘이 최고도로 긴장된 순간에... 나는 삶의 다양한 면모와 다양한 발현을 알게 되었다"(「자신에 대한 수기」).

전쟁이 끝나고 아이뜨마또프는 잠불 축산 직업기술학교를 우등으로 졸업하고 끼르끼즈 농업대학에 들어갔다.

"대학을 마친 후에 축산기술자로서 일을 시작하였다. 나는 이 시기에 이미 단편들을 쓰고 있었다. 1956년에 고급 문학과정에서 공부하기 위해 모스크바로 갔다. 축산 기술자였던 나는 엄청나게 많은 강의들을 2년 동안에 수강해야 했다(...) 그리고 나 스스로는 문학이든 극장이든 모스크바의 보다 나은 문화생활에 참여하려고 모든 노력을 기울였다. 과정을 마친 후 나는 잡지 [문학의 끼르끼즈스딴(Литературный Киргизстан)]을 편집했고, 이후 5년간 [쁘라브다(Правда)]지의 끼르끼즈 특파원으로 일했다. 이 일은 또한 나에게 관찰의 범위를 확대시켜 주었고, 삶을 더 잘 이해할 수 있게 해주었다.

작가는 물론 태어나면서부터 예술적으로 사고하는 능력을 가져야만 하지만, 그의 재능과 개성의 형성은 특정한 사회적 환경과 연관되어 있고, 그 환경의 정신적 경험과 문화전통, 세계관과 정치구조와도 연관되어 있다"(「자신에 대한 수기(Заметки о себе)」).

칭기즈 아이뜨마또프의 첫 번째 단편 소설 『신문 판매원 쥬이도(Газетчик Дзюйдо)』는 1952년에 출판되었다. 그에게 커다란 명성을 안겨 준 작품은 중편 소설 『자밀랴(Джамиля, 1958)』로 곧바로 유럽의 여러 언어로 번역되었다. 첫 번째 작품의 뒤를 이어 다른 중편 소설들이 등장했다. 『빨간 두건 속의 나의 작은 포플러 나무(Тополек мой в красной косынке, 1961)』, 『낙타의 눈(Верблюжий глаз, 1962)』, 『첫 번째 선생님(Первый учитель, 1962)』이 그것이다. 1963년 아이뜨마또프는 이 중편 소설들로 소련에서 가장 권위 있는 문학상인 레닌 상을 수상했다.

옵차렌꼬(А.И.Овчаренко)의 평에 따르면, "첫 작품들에서부터 아이뜨마또프는 존재의 복잡한 문제들을 제기하는 작가로, 강하고 순수하며 정직한 사람들이 자기들보다 약하지 않은 반대자들과 충돌하게 되는 간단치 않고 드라마틱한 상황을 그려내는 작가로서 자신의 성향을 보여주었다.

작가는 신비스러운 인생의 비밀을 통찰하려고 노력하면서, 20세기에 비롯된 예리한 문제들을 피하지도 않으면서 좀 더 넓고 심오하게 삶을 파악했다. 날카로운 논쟁을 불러일으킨 중편 소설 『어머니의 들(Материнское поле, 1965)』은 작가가 가장 엄격한 리얼리즘으로 옮겨 갔음을 보여주고 있다. 이 엄격한 사실주의는 중편 소설 『굴사르여 안녕!(Прощай Гульсары!, 1966)』, 『하얀 기선(Белый пароход, 1970)』, 『철 이른 학들(Ранние журавли, 1975)』에서 보다 더 성숙하게 된다(...) 이미 작가에 의해 그려지는 그림들 속에서는 삶의 몇 조각들, 몇 개의 층위가 아니라 온 세상이 보여지기 시작했다. 과거, 현재, 미래를 갖는 현실적인 세계, 나아가 지구상에만 한정되지 않는 세계가 나타나고 있다. 지리적 통일성과 사회적 분열성 속에 존재하는 우리 행성의 기쁨과 슬픔, 밝고 어두운 가능성들이 작가의 창작 행위를 새로운 톤으로 장식하고 있다"(옵차렌꼬(А.И.Овчаренко), 「작가의 큰 세계(Большой мир писателя)」). 『어머니의 들(Материнское поле)』과 『굴사르여 안녕!(Прощай Гульсары!)』은 각각 1968년과 1977년에 소련 국가상을 수상했다.

"나는 끼르끼즈어와 러시아어로 책을 쓴다, 만약 책이 처음에 끼르끼즈어로 쓰여 졌다면, 나는 그것을 러시아어로 번역하였고, 처음에 러시아어로 쓰여 진 경우에는 끼르끼즈어로 번역했다. 이때 나는 이런 양방향 작업을 통해 아주 커다란 만족감을 느끼곤 했다. 이것은 굉장히 재미있는 작가 내면의 작업으로, 확신하건데 완성된 문체를 이끌어내며 언어의 표현성을 풍부하게 해준다."(「두 언어 사이의 인간(Человек между двумя языками)」) – 라고 아이뜨마또프는 자신의 글쓰기에 대해 기술하고 있다. 아이뜨마또프의 작품들에서 서술의 원칙들은 더욱 더 복잡해졌다. "주인공의 이야기는 자주 내적 독백으로 전이되어 주인공의 고백과 함께 타인의 직접적인 언어의 수단으로써 혼재해 자리하고 있다. 주인공의 내면적 독백은 인지하지 못한 사이에 작가의 말로 전이되어 간다. 현실은 그것의 현재와 근원, 미래의 통합 속에서 포착된다. 또한 구비 문학적 요소들의 역할이 급격히 강화된다. 초기 중편 소설에서 자주 울려 퍼졌던 서정적인 노래들에 뒤이어 작가는 자신의 작품이라는 직물에 민중들의 전설과, 『마나스(Манас)』 및 다른 서사적인 민중 설화들을 떠올리게 하는 무늬들을 좀 더 폭넓고 자유롭게 흩뿌리고 있다. 『굴사르여 안녕!(Прощай Гульсары!)』이라는 중편 소설에서 작가는 끼르끼즈의 고대 애가(哀歌)인 「늙은 사냥꾼 까라굴(Старый охотник Карагуль)」과 「자기의 흰 새끼낙타를 잃어버린 어미 낙타(Верблюдица, потерявшая своего белого верблюжонка)」가 따나바이(Танабай)의 삶의 힘겨운 순간들의 비극을 강조하면서, 주인공의 슬픔에 잠긴 사색과 능숙하게 결합시켰다. 중요한 단어와 문장을 여러 번 반복하는 것과 잘 전개된 비교와 더불어, 이 노래들은 서술에 음악적 울림을 부여하고 마음을 빼앗는 서사시적인 가락을 부여한다"(옵차렌꼬(А.И.Овчаренко)). 중편 소설 『바닷가를 달리는 얼룩이 개(Пегий пёс, бегущий краем моря, 1977)』를 끝으로 아이뜨마또프는 중편 소설만 집필하던 시기를 접는다. 이 작품에서 작가는 극북(Крайный Север) 지방 민중들의 구비문학을 자신의 작품 속에 이용했다.

1980년 아이뜨마또프의 첫 장편 소설 『눈보라치는 간이역(Буранный полустанок), (즉 '백년보다 긴 하루(И дольше века длится день)')』이 출판되었고, 세계 여러 나라 언어로 번역되었다.

아이뜨마또프는 형태상으로 다양한 자신의 전 작품들 속에서 줄곧 사실주의자였다. 그는 사실주의가 삶 자체와 예술의 본질로부터 발전해나가는 가장 유익한 방식이라고 생각했다. "이것은 모든 예술의 왕관이자 줄기이다. 사실주의는 커다란 특권을 제공한다. 왜냐하면 예술의 다른 방식들은 많은 제약을 받지만(우리와 협약을 체결한다) 오로지 사실주의적 산문은 협약 외부에 존재하기 때문이다"(「병합점(Точка присоединения)」). 하지만 80년대 작가의 사실주의는 새로운 예술적 수단들로 인해 풍부해졌다.

첫 장편 소설의 서문에서 작가는, "나의 이전 작품들에서처럼 이번에도 나는 조상들이 우리에게 유산으로 남겨 준 경험, 즉 전설과 신화, 구전 문학을 근거로 창작하고 있다. 이와 함께 나의 작가로서의 활동 중에 처음으로 공상적인 주제를 사용하기도 했다. 전자와 후자 모두 나의 최종 목적은 아니다. 단지 사고의 방법일 뿐이고 현실을 인식하고 해석하는 수단 가운데 하나일 뿐이다.

그리고 공상적인 것은 삶을 새로운, 예상치 못했던 시각에서 바라볼 수 있도록 해주는 삶의 은유이다. 금세기에 은유가 특히 필수불가결한 것이 된 까닭은 과학 기술의 완성이 과거 공상의 영역으로 돌입했기 때문만이 아니라, 그보다는 우리가 살고 있는 세계 자체가 공상적이고 정치, 경제, 이데올로기, 인종 등과 관련한 많은 모순들로 인해 분열되고 있기 때문이다"라고 적고 있다.

1986년 아이뜨마또프의 장편 소설 『처형대(Плаха)』가 출간되었다. 이 작품은 인간과 자연 사이에 늘 존재해 왔던 자연적인 관계의 단절에 관한 것이다. 이것은 자연에게도 인간에게도 그리고 인류에게도 비극이 되고 재앙이 된다. 즉 생태적 도덕적인 위기가 닥쳐온다. 이 위기로부터의 출구를 『처형대(Плаха)』의 작가는 신에게로의 귀의에서 찾는다. 하지만 신을 자신의 방식으로 이해한다. "모든 사람들은, 전부가 다 지상의 신과 유사하다. 그리고 삼위일체 역할을 하는 바로 그신의 이름은 – 내일-신(Бог-Завтра)이다(...) 이렇게 생각하는 것은 허용될 수 있는 것이며, 반드시 필요한 것이기도 하다. 창조주 자신도 사고하는 존재인 인간으로부터 이것을 기대하고 있다. 그러므로 지상에서의 내일의 삶에 대해서는 인간들 자신이 걱정하도록 내버려둔다. 사람들 각자는 주지하다시피 내일의 신의 그 어떤 일부였다. 따라서 인간 스스로가 우리의 매일 매일의 재판관이며 창조자이다"라고 소설 속에서 예수 그리스도는 말한다.

  90년대에 아이뜨마또프는 신작 소설 『눈 속의 성모(Богоматерь в снегах)』를 저술하면서 이렇게 말하고 있다. "문학의 의무는 시야에서 자신의 중요 관심사를 놓치지 않으면서, 전(주)지구적으로 사고하는 것이다. 나는 이것을 각 개인의 인간적인 개성을 연구하는 것으로 이해하고 있다. 이 모든 것은 작가로부터 철학의 범위를 확장하고, 세계를 그 복잡함 속에서 지각할 것과 우리 동시대인의 심리를 구체적으로 묘사할 것을 요구한다." 이것을 우리는 현대 문학에서 활발히 일하고 있는 이 작가의 소설들을 통해서 감지하고 있다.

# 부록 : 최근 러시아 문학의 현황

## I

최근 러시아 문학의 풍경은 지난 세기 러시아가 겪었던 그 역사적 질곡만큼이나 다양하고도 복잡한 양상을 띠고 전개되고 있다. 사회주의의 절대 담론체계가 붕괴하고 난 후 다양한 담론들이 제각기 자신의 영유권을 주장하며 봇물처럼 쏟아져 나오고 있는 지금 그 지적 지도를 그린다는 것은 지난한 일임에 틀림없다. 그러나 일면 복잡하고도 다양한 이 담론들의 이면에는 세기말이 주는 분위기와 아울러 현재 사상계를 주도하고 있는 포스트 모더니즘적 사고와 19세기 러시아 리얼리즘 문학의 전통이 서로 밀접한 연관성을 갖으며 서로의 길항작용을 통해 전개되고 있음을 또한 지적하지 않을 수 없다. 본고는 개혁과 개방 이후 주로 90년대 러시아 문학의 지형도를 그려봄을 그 목적으로 한다. 여기서 언급되는 작가들이 대부분 생존하고 있는 현역 작가이기에 그 서술은 진행형의 형태를 띠게 될 것이다.

현대 러시아 문학의 흐름을 형성하는데 있어서 분기점이 된 사건은 1985년 고르바쵸프의 뻬레스뜨로이까(개혁)와 글라스노스찌(개방)정책이다. 1917년 인류 최초로 이 지상에 사회주의 유토피아가 실현됨으로 해서 멈추었던 러시아 역사의 시계는 70년 만에 다시금 작동을 시작하였다. 한때 이와 유사한 흐루시쵸프의 해빙기가 있었지만, 고르바쵸프의 개혁정책은 본질적으로 그 성격을 달리한다. 비록 두 시기 모두 최고 권력자의 정치적 고려 덕택으로 시작되었다는 점에서 서로 유사하지만, 고르바쵸프 이후 러시아 문학과 작가들은 이전의 정치적 굴레에서 점차 벗어나기 시작하여 이후 완전한 창작의 자유를 획득하게 되며 국가의 메카니즘 또한 그 영향력이 크게 축소된다는 점에서 두드러진 차이를 발견할 수 있다.

체제의 비효율성, 관료사회의 부패, 낙후된 소비에트 현실 등과 같은 브레즈네프 시대의 잔재 청산을 그 목적으로 했던 고르바쵸프는 비판적 성향의 인텔리겐찌야, 그 중에서도 작가들과 협력을 모색했다. 문학분야에서 개혁을 지지하고 주도했던 진보적 성향의 작가들은 무엇보다도 창작의 자유와 소비에트 현실에 대한 다양한 의견 및 의사 표현의 자유를 확립하고자 노력하였다. 글라스노스찌는 인텔리겐찌야에게 과거의 강요된 침묵을 깨고 관료 조직 내의 부정 부패, 왜곡된 역사, 당면한 사회 문제 등에 대해 비판적 의견을 개진할 수 있는 가능성을 열어주었으며 침체된 소련 사회에 새로운 활력소를 불어넣어 주었다. 그러나 고르바쵸프의 문학정책이 본질적으로 진보적 성향의 작가들을 자신의 정치적 목적을 위해 이용하려는 의도에서 출발한 것이기 때문에 자유로운 비판 분위기가 조성되었다고는 하나 여전히 금기시되는 영역이 존재하고 있었다. 이 시기 주로 비판의 대상이 된 것은 스탈린과 브레즈네프 시대의 부정적인 유산들이었다. 그렇지만 맑스-레닌주의에 대한 비판과 그 외 이전에 터부시되었던 여러 가지 주제들은 이 시기에도 여전히 금기시 되었다.

이러한 한계에도 불구하고 시간이 흘러감에 따라 일련의 개혁 조치는 러시아 문단에 새로운 본질적인 변화를 불러일으켰다. 그것의 첫 조짐은 그 당시까지도 국내 출판이 금지되어 있었던 망명 문학의 도래였다. 이것은 소비에트 문학사에 있어서 획기적인 사건이었다. 1986

년 11월 문예지 [10월]에 실린 나보꼬프의 회고록과 몇 편의 시를 필두로 제1세대 망명 작가들 작품들과 러시아 작가이면서도 소련 시민권이 박탈되었던 악쑈노프, 보이노비치, 소꼴로프 등 제3세대 망명 작가에 이르기까지 그들의 작품들이 소련에서 잡지에 게재, 출판되기에 이르렀다. 이와 동시에 빠스쩨르나끄, 불가꼬프 등의 작품들 역시 다시 빛을 보기 시작했다. 이러한 변화는 그 동안 반소비에트적이라 낙인찍혀 출판이 금지되었거나 잊혀졌던 예브게니 자먀찐, 안드레이 쁠라또노프, 미하일 조센꼬 등과 같은 소비에트 작가들의 숨겨진 작품들을 발굴하는데 커다란 영향을 끼쳤다. 그야말로 반쪽짜리 소비에트 문학사의 복원작업이 본격적으로 이루어지게 된 것이다.

사회주의 리얼리즘으로부터의 탈피 역시 이 시기의 또 다른 특징이었다. 1987년 [신세계]지에 발표된 안드레이 비또프의 『뿌쉬낀 연구소』와 이듬해 같은 잡지에 발표된 돔브롭스끼의 『무용지물의 학부』는 이러한 흐름의 전형적인 작품이다. 전자는 러시아 인텔리겐찌야에 미친 스탈린주의의 영향을 다루는 작품으로서 각기 다른 경향의 할아버지, 아버지, 아들의 3대가 엮어내는 한 인텔리겐찌야 가정의 삶의 굴곡과 소련체제 내의 왜곡되고 모순된 감시체제를 잘 보여주고 있다. 후자 역시 스탈린 시대의 공포정치를 소재로 하는 작품으로, 고고 인류학을 전공하는 양심적인 인물인 주인공을 감옥에 가두려는 비밀경찰들의 노력과 수사과정 속에서 제시된 어떠한 유혹도 다 뿌리치고 자신의 결백함을 고집하면서 자유인이 되는 주인공의 모습을 그리고 있다.

창작 주제의 확대는 자연스럽게 소련이 당면한 사회 문제로 작가들의 관심을 돌렸다. 이러한 흐름에서 주도적인 역할을 한 작가로는 라스뿌찐, 아이뜨마또프, 아스따피예프 등을 꼽을 수 있다. 1985년 발표된 라스뿌찐의 중편『화재』는 시베리아 안가라 강 근처의 벌목작업을 위해 건설된 어느 마을에서 발생한 화재 사건을 소설 구성의 중심축으로 하고 있다. 작가는 이 급박한 화재 현장에서 벌어지는 사람들의 다양한 모습을 보여 줌으로써, 벌목작업을 위해 급조된 도시 소스노프까가 상징하는 바를 소비에트 사회가 직면하고 있는 여러 사회 문제들에 대비하여 언급하고 있다. 우리나라에도 번역 소개된 아이뜨마또프의 장편 『처형대』는 뻬레스뜨로이까 시대를 대표하는 주요 작품 중에 하나로서 러시아 사회가 당면하고 있는 환경 파괴와 마약 문제를 구체적으로 언급하고 있다. 이는 사회주의 이데올로기의 에너지가 소진된 후 1980년대 중반 소련 사회가 경험하고 있던 정신적 방황과 위기의식이 소설의 저변에 깔려있다. 1986년 발표된 아스따피예프의 『어느 슬픈 탐정의 이야기』는 도시에 못지않게 정신적으로 피폐해지고 타락한 농촌 사람들을 부정적으로 묘사하고 있는 작품이다. 한때 러시아 구원의 원천으로, 도덕적 가치와 정신적 유산의 마지막 보고로 칭송되던 러시아 농촌에 대한 아스따피예프의 비판적 시각은 1980년대 중반 소련 사회가 안고 있던 많은 문제점들이 도시와 농촌 구별할 것 없이 전역에 확산되었음을 보여주는 예이다.

뻬레스뜨로이까 이후 러시아 문단의 주요 관심사는 소비에트 역사에 대한 재평가 작업이었다. 이러한 역사적 소재를 작품으로 형상화하는데 성공한 작가로는 미하일 꾸라예프를 들 수 있다. 레닌그라드 영화촬영소에서 편집 작가로 일하면서 주로 영화 시나리오를 쓰던 그는 1987년 잡지 [신세계]에 『딕쉬쩨인 대위』를 발표하면서 뒤늦게 문단의 주목을 받게 되었다.

이 작품의 주인공 딕쉬쩨인은 1921년 소비에트 정권에 저항하는 끄론쉬따뜨 반란에 참여한 해군장교로서 당국에 의해 체포되었지만, 그는 반란 도중 처형된 다른 해군 병사의 이름을 달고 행색을 가장함으로써 목숨을 건진다. 작가 꾸라예프는 이 작품에서 이 역사적 사건에 직접 참여한 인물의 눈을 통해 반란 장면을 사실적으로 생동감 있게 그려내고 있다. 이 소설의 줄거리 역시 오래 전부터 정설로 되어 있던 이 반혁명 운동에 대한 공식적인 해석에 전면적으로 도전하는 것이었다. 이 소설이 1980년대 러시아 문학에서 갖는 의미는 기존의 소비에트 역사관에 의문을 제기하는 것에만 머무르지 않는다. 작품의 형식적인 면에서도 고찰되어지는 다양한 특징들은 사회주의 리얼리즘이 인정하는 문학 형식의 테두리를 벗어나는 요소들로서 그동안 어떤 형태의 비판적 논의도 허락되지 않던 볼셰비키 역사관에 새로운 접근을 보여주며 또한 러시아 작가들이 다룰 수 있는 주제의 폭이 넓어졌음을 보여주는 좋은 예라 하겠다. 1989년 [신세계]지에 솔제니쩐의 『수용소 군도』가 게재됨으로써 바야흐로 1985년부터 시작된 글라스노스찌가 결실을 맺게 되었다. 이는 공식적인 검열제도가 폐지됨과 동시에 새로운 문학적 상황이 본격적으로 도래하기 시작함을 의미했다. 그러나 소비에트 문학이 이전의 완전한 굴레를 벗기 위해서는 또 하나의 본질적인 변화가 필요했는데, 그것이 바로 1991년 소련 체제의 붕괴라는 역사적 사건이었다.

## II

드디어 1991년 마지막 장벽이 사라졌다. 많은 비일상적인 언어로 가득 찬 유즈 알레슈꼽스끼의 『니꼴라이 니꼴라예비치』는 말할 것도 없이 악쇼노프, 에두아르드 리모노프의 작품들이 출간되었다. 이 시기에 소련의 대도시에서는 알레쉬꼽스끼의 소설과 리모노프의 소설 『나, 에디츠까』의 소비에트판을 너무나 쉽게 살 수 있게 되었다. 이것은 모든 인쇄물로부터 검열되어야만 하는 어떠한 단어도 더 이상 없게 된 것을 의미한다. 1991년 실패한 8월 쿠데타와 1992년 초에 도입된 시장경제개혁은 그 이전의 문학과 그 이후 문학을 가르는 분기점이 되었다. 문학의 흐름은 이전과 사뭇 다른 양상을 띠게 되었다. 무엇을 출판하던 간에 공식적인 제한은 사라졌지만 그 대신 작가들은 불규칙적인 후기-소비에트(post-Soviet) 시장의 혼란스러운 자유의 변덕과 싸워야만 했다. 과거 작가동맹의 회원들이 누리던 온갖 혜택들은 모두 사라져버렸다. 시장 경제의 도입과 더불어 출판은 극도로 위축되었다. 전통적인 러시아의 "두꺼운" 문학 월간지들은 급등하는 가격을 따라잡지 못했고 출판을 기다리는 원고들에는 수북이 먼지만 쌓여갔으며 몇 달 후에나 겨우 간행이 가능했다. 잡지의 부수는 급격히 감소했다. 그 이유로는 우선 생계 문제가 절실해진 상황에서 독자들의 구매력이나 독서열이 전과 같이 않았고, 여가시간의 많은 부분을 영상 매체가 점유하고 있는 것이 현실이었다. 또한 점차 독서 경향도 바뀌어서 문학성이 뛰어난 진지한 글 보다는 가볍고 흥미위주의 책들을 선호하게 되어 이전의 순수문학들은 갈수록 설 땅을 잃게 되었다. 또한 출판 산업의 위기 역시 하나의 중요한 원인이 되었다. 국영출판사는 지원금 부족으로 문을 닫게 되었고, 심지어 뻬레스뜨로이까 시기에 명성을 획득한 현대작가들 조차도 자신들의 초기 작품들을 재판하거나 새 작품들을 출판하는데 적지 않은 어려움을 경험했다. 새로 생긴 개인 출판사들은 이런 상황에 일조를 했다. 시장 경제의 논리에 따라 베스트셀러와 창작자에게 우선권을 주는 이윤추구와 상업적 논리가 자연스레 자리를 잡아갔다. 다른 여러 나라에서와 같이 러시아에도 이미 거대한 시장이 생겨났다. 러시아 고전 작품들과 미하일 불가꼬프, 미하일 조센꼬, 안드레이 쁠라또노프, 보리스 빠스쩨르나끄, 러시아 망명 작가 및 철학자들의 작품들이 상업적 이유로 엄청나게 출판되었다. 이로 인해 보다 통찰력 있는 독자들은 전보다 폭넓은 선택의 기회를 가질 수 있게 되었지만, 동시에 상업성에 부합하지 않는 작품을 쓰는 러시아 작가와 문학 비평가들에게는 이러한 동향이 그다지 반가운 현상만은 아니었다.

그러나 이러한 잡지나 출판업의 위기보다 더 궁극적인 위기가 느껴지기 시작했다. 이전에 널리 인정되었던 문학이 갖는 사회적 기능과 역할이 점차 러시아 사회에서 그 의미를 잃어가기 시작했다는 점이다. 더 이상 대중의 관심을 끌지 못하는 이러한 상황에 적응하지 못하는 많은 작가들은 자신들이 불필요한 존재라는 것을 느끼며 심지어 "고급" 문화 그 자체가 현 사회의 요구에 너무 과잉이라고까지 여기게 되었다. 이것은 미학적인 측면에서 새로운 분열을 가지고 왔다. 1990년 7월 4일자 [문학신문]에 실린 빅또르 예로페예프의 논문 「소비에트 문학에 대한 기억」은 오래 지속된 논쟁의 토대를 제공해 주었다. 예로페예프는 과거 소비에트 체제에 의해 일반화된 모든 텍스트들은 그것이 체제에 호의적이든 적대적이든 이제는 낡은 것이며 부적절한 것이라고 주장한다. 그는 필요한 것은 또 다른 종류의 문학이며 그것이 이미 존재하고 있다고 덧붙인다. 그가 언급하고 있는 "다른" 문학의 주요 특징과 경계선을 명확히 정의하기란 매우 어렵다. 그러나 이것이 절대화된 정치적 담론이나 리얼리즘 일반과 사회주의 리얼리즘의 담론의 경계를 넘어간다는 점에서는 이론의 여지가 없다. 이런 점에서 이 "다른" 문학 혹은 "새로운" 문학을 세기 말, 체계의 종말을 의미하는 "종말"의 문학으로 정의하기도 한다.

1990년 들어서서 러시아 문학에는 몇 가지 새로운 전제가 생겨났다. 이것은 이른바 기존에 존재하고 있는 모든 스타일들이 그 가능성을 이미 소진하였으며 포스트모더니즘에 전형적인 스타일의 다양성에 의존하는 문학이 일반화됨을 보여주는 사실이다. 환언하면 다른 텍스트에 대한 인용, 자기반영성, 주석달기, 제설혼합주의, 겹짜기, 다양한 예술형식의 혼합 등으로 특징 지워지는 포스트모더니즘이 팽창을 거듭하면서 문학 진화의 유일한 미학적 활력소로 등장함을 의미하는 것이다. 주로 40대에 속하는 이 세대 중 가장 재능 있는 작가 그룹에 속하는 블라지미르 소로낀이 있다. 그는 1980년대 중반부터 관심을 끌기 시작했다. 독창성과 번뜩이는 언어적 기교, 화석화된 문학 장치의 과감한 해체 등으로 소로낀은 1990년대 초까지 러시아에서 보다는 외국에서 보다 더 잘 알려져 있었다. 그러나 1992년 그가 부커(Booker)상 후보에 오른 이후 그는 독자들로부터 재능을 인정받았으며 포스트 모더니즘적 글쓰기를 재발견하게 되었다. 그는 탈신화화한 후기 소비에트 사회의 의미 부재의 세계에 깊이 있게 천착한다. 소설 『로만(Роман)』(1994)에서 소로낀은 독특한 자신의 스타일과 유별난 새디즘의 재능으로 언어유희에 탐닉한다. 『로만』은 주인공의 이름이자 소설을 의미한다. 『로만』은 뚜르게네프, 곤차로프, 똘스또이 혹은 체홉 모두에 의해 저술되어졌을 수도 있는 그런 작품이다. 그러나 이 소설은 바로 언어에 대한 긴 글이라는 인상을 준다. 서술은 주로 무미건조한 로만의 행동의 나열을 보여준다. 그 언어는 자족적이며 지시적 언어에 의해 재현되는 현실로부터 독립된 그와 같은 언어이다. 독자의 의식은 일련의 기호들 위로 미끄러져 지나칠 뿐이다. 이는 더 이상 똘스또이나 뚜르게네프의 작품을 읽을 때 느껴지는 비교적 투명한 기호들이 우리를 인도하는 세계로의 경험이 더 이상 불가능하다는 인식, 즉 다시 말해 리얼리티를 재현한다고 믿었던 소설의 종말을 보여주고 있는 것이다. 따라서 이제 남은 것은 리얼리티의 합성과 복제일 뿐이다.

이른바 1960년대 말 서구에서 일어난 예술 운동인 개념주의라고 부르는 문학운동이 90년대에 이르러 소비에트 러시아에서 다시금 개화하게 된 것이다. 일리야 까바꼬프, 드미뜨리 쁘리고프, 레프 루빈슈쩨인, 찌무르끼비로프, 수호쩐, 박또프 등으로 대표되는 이 개념주의 문학은 소비에트 문화의 징후들만을 가지고 개념 놀이에 천착한 것은 아니었다. 그들은 기호들의 대상으로부터 기호들을 따로 떼어냄으로써 그 대상들이 그것들 자체로 얼마나 상상적 성질이 강하며 투명성이 뛰어난가를 보여주려고 했던 의미지평을 넓히려는 독자적인 작업이었다.

문학의 분위기는 점차로 바뀌어갔다. 1990년대 초 감돌았던 러시아 문학의 전체적인 소멸에 대해서는 어느 누구도 더 이상 생각하지 않게 되었다. 붕괴위기에 있었던 문학잡지 중 전통과 권위가 있던 잡지들은 어느 것 하나 폐간되지 않았을 뿐만 아니라 오히려 각종의 새로운 잡지들이 창간되었다. 특히 지식인 취향의 문학 및 문화 분야의 전문잡지([신 문학비평], [De Visu], [위경(僞經)], [세계의 나무], [로고스])의 탄생은 매우 주목할 만한 고무적 현상이었다. 아방가르드와 포스트모더니즘이 후기 소비에트 러시아 독자들의 관심을 끄는데 점차 실패함에 따라 전통적인 글쓰기의 작가들은 자신감을 서서히 회복하기 시작했다. 이러한 "대안"으로서의 문학은 진지하게 토론할 가치가 있는 새로운 텍스트들을 드물게 만들어 냈을 뿐이다. 어떤 면에서 본다면 1990년대 러시아 아방가르드의 모든 부정의 힘과 쇼크를 주고자하는 시도는 20세기 초 아방가르드에 의해 이루어졌던 것에 아무 것도 덧붙이지 못하고 파생적인 것의 창출에 불과했으며, 결국 이 "새로운" 아방가르드는 창조적인 시대정신의 요구에 대한 대답에 실패했다고 볼 수 있다. 따라서 러시아 포스트모더니즘의 대부분의 글쓰기가 낮은 수준에 머무르고 있다는 주장이 있는 것도 사실이다. 그러나 이것이 빅또르 뻴레빈과 연관해서는 결코 그렇지 않음을 알 수 있다.

### III

최근에 수차례 한국을 방문하여 선(禪) 수행을 한 바 있는 빅또르

뻴레빈은 현재 러시아 내외에서 가장 주목받고 있는 작가 중의 한 사람이다. 그는 장편 『오몬 라(Омон Ра)』(1992)를 비롯하여, 『부처의 새끼손가락』, 『노란 화살』 등의 작품들을 통해서 소비에트 공간을 우울하고도 아이러니하게 탈신화하는 과학 픽션과 스릴러의 혼합 상태로 묘사해 보여주고 있다. 이러한 경향은 이후 다른 소설 『곤충의 삶』에서도 계속되고 있다. 그러나 무엇보다도 새로운 글쓰기와 연관해서 주목할 작품은 소설 『차빠예프와 뿌스또따(텅 빔)』(1997)이다. 이 작품은 포스트모더니즘의 옹호자이든, 아니면 진지하고 책임 있는 창작 활동인 전통적 글쓰기의 사실주의 문학의 신봉자이든 간에 상당히 많은 사람들이 이 책을 읽었으며 심지어는 무관심하게 현대 문학을 바라보던 사람들까지도 뻴레빈을 읽었다. 결코 대중적이지 않은 작품이면서도 대중적 관심과 떠들썩한 반향을 불러일으켰던 문제작이다. "이것은 절대적인 공허 속에서 그 이야기가 전개되는 세계 최초의 작품"이라는 뻴레빈의 말처럼 블라지미르 소로낀의 언어적 "무"의 테마적 실현이 주인공 뾰뜨르 뿌스또따의 불교적 초월과 신비를 통해 제시되고 있다. "실제로 이야기는 1919년 차빠예프의 사단에서 전개되며 주인공인 퇴폐주의 시인 뾰뜨르 뿌스또따는 그곳 사단위원으로 근무한다"라는 언급은 다분히 논쟁적인 부분이다. 여기에서 가장 주목할 만한 것은 논쟁의 소지가 다분한 "실제로"라는 말이다. 왜냐하면 작품 전반에 걸쳐 많은 등장인물들의 입을 통해서 뻴레빈은 실제로 그 어떤 "실제"라는 것도 존재하지 않음을, 아니 전혀 아무 것도 없음을 줄곧 확인시켜 주고 있기 때문이다. "실제로" 뾰뜨르 뿌스또따가 정신분열증이라는 진단을 받고 현재 입원중인 <제17 모범 정신병원>에서 자신의 집요한 헛소리를 완치하지 못한 채 병원에서 퇴원한 주인공이 안까와 함께 근사한 장갑자동차를 타고서, 그가 사랑하는 내몽고로 행복하게 떠나는 것이 서술의 표면을 이룬다면, 정신병원과 환자들의 환상, 1919년의 모스크바, 알타이와 차빠예프의 사단, 즉 뾰뜨르 뿌스또따가 현실속에서 늘어놓는 이야기들은 『차빠예프와 뿌스또따』의 서술의 본질적 공간을 이루는 것이라 하겠다. 이는 <현실>과 <환상>의 경계가 모호해지는 세기말의 몽환성의 분위기와 깊은 연관을 맺고 있다. 그러나 이 작품에서의 뿌스또따 혹은 무, 텅빔은 현대의 묵시적 안개 속에서 혼미한 발걸음을 내딛고 있는, 어쩌면 아무 것도 이루는 것이 없고 아무 것도 끝까지 생각하는 일이 없는 그런 특성을 가지고 있다. 즉 이것은 순식간에 묵시적 안개 속에 자신들을 매몰시켜 버리는 신기한 특징을 가진 따찌야나 똘스따야의 몽유병자들과는 다른 존재를 드러나게끔 해주는 부재하는 존재로서의 여백에 다름 아닌 것이다. 포스트 모더니즘적 글쓰기와 불교적 성찰은 그의 작품에 독특한 색채를 부여해주고 있다.

1990년대 러시아 문학에 나타난 특이한 현상 중의 하나는 "망명 작가"의 개념이 점차 사라지고 있다는 점이다. 이제 대부분의 망명 작가들은 러시아를 정규적으로 방문하면서 자신들의 작품을 자유롭게 출판하고 있다. 실제로 해외에 거주하는 망명 작가의 작품과 국내에 거주하는 러시아 작가 작품 사이에 어떤 구별도 존재하지 않는다. 뻬레스뜨로이까가 시작된 후 첫 몇 년 동안 외국에서 이미 출간된 "3차" 망명 작가들의 옛 작품들이 다시금 러시아에서 재판되었다고 한다면, 1990년대 이후에는 오히려 러시아 잡지들이 이들 작가, 즉 바실리 악쇼노프, 블라지미르 보이노비치, 유즈 알레슈꼽스끼, 프리드리히 고렌슈쩨인, 게오르기 블라디모프, 유리 밀로슬랍스끼와 같은 망명 작가들의 새 작품들을 첫 번째로 게재하는 역현상이 일어나기 시작했다. 이로 인해 해외에 있는 러시아 망명 문학 출판사들과 정간지들은 이전의 중요성을 점차 상실하게 되었다. 독자들은 작가가 대부분의 시간을 어디에서 보내는지 더 이상 관심을 기울이지 않게 되었다. 솔제니찐

신화의 퇴색은 이에 대한 좋은 예라 하겠다.

외국에서 저술되어 러시아에서 처음 출판된 작품들 가운데 고렌슈쩨인의 소설 『장소』, 악쇼노프의 『모스크바의 사가(Московская Сага)』, 유즈 알레쉬꼽스끼의 소설 『상자 속의 보석반지』, 세르게이 유리예넨의 『스페인 사람이 되려는 욕망』 등은 러시아에서 쓰여 진 작품들과 마찬가지로 읽히고 분석되어지고 있다. 따라서 전년도에 처음 출간된 러시아 산문 픽션 중 가장 훌륭한 작품에 주어지는 부커(Booker)상의 1995년 수상자가 공교롭게도 외국에서 살고 있는 작가 게오르기 블라지모프(『장군과 그의 군대』(1994))였다는 것은 별로 놀랄만한 일이 아니다. 러시아 부커상은 1992년 만들어져 후기 소비에트 문학과 독자층에 긍정적인 영향을 미쳤으며 심지어는 현대 러시아 문학 세계의 틀을 구성하는데 커다란 도움을 주었다. 이 상이 작가의 지위와는 관계없이 가장 가치 있는 텍스트에 주어졌다는 점에서 수상작이나 수상 후보작으로 올랐던 작가들(블리지미르 마까닌, 류드밀라 뻬뜨루솁스까야, 고렌슈쩨인, 소로낀, 알렉산드르 이바첸꼬, 마르끄 하리또노프, 블라뜨 오꾸드좌바)의 이름은 1990년대 초 러시아 문학의 위기에 대한 우울함을 떨치기에 충분했다.

이외에도 두드러진 특징으로 여류작가들의 괄목할 만한 약진을 들 수 있는 데 뻬뜨루솁스까야, 똘스따야, 나르비꼬바, 빨레이, 울리츠까야 등은 자신들의 독특한 작품 세계로 많은 독자들의 관심을 끌고 있다.

소련 체제의 붕괴 이후 활발한 작품 활동을 하고 있는 작가들 가운데 러시아 국내외에서 주목을 받고 있는 작가로는 예르마꼬프, 쩨레호프, 바낀, 가레예프 등을 들 수 있다. 그 중 예르마꼬프는 아프가니스탄 전쟁에 관한 자신의 소설로 러시아 문단에 신선한 충격을 주면서 20대 말의 젊은 나이에 문단에 데뷔했다. 그는 1980년 아프가니스탄 전쟁에 참전했던 소련 군인에 관해 쓴 소설 『짐승의 표시』로 1993년

부커상 후보에 오르기도 했다(상은 마까닌에게 돌아갔다). 전쟁을 소재로 한 그의 소설의 특징은 여느 다른 소비에트 작가들과는 달리 영웅이나 애국심에 가득 찬 병사들이 나타나지 않는다는 점에 있다. 오히려 그가 보여주고 있는 것은 전쟁 속에서 심리적 압박감을 느끼는 병사나 소련군에 의해 고통당하는 아프가니스탄 사람들에 대한 단편적인 모습들이다. 욕설과 거친 표현들이 그대로 등장하는 그의 작품들은 후기 소비에트 문학의 포스트모던적 경향과는 아주 많이 다른 새로운 리얼리즘적 경향을 보여준다 하겠다.

문학이 시대정신과 결코 분리될 수 없다는 점에서 항상 진행형의 모습을 띤다고 한다면, 최근 러시아 문학의 흐름 또한 체제 붕괴 후 자기 정체성을 발견하고자 하는 진행형의 작업이라 할 수 있겠다. 1990년대에 발표된 주요 작품들이 앞으로 러시아 문학사의 고전으로 남을지는 아직 더 두고 봐야할 일이겠지만, 무엇보다도 본질적인 변화를 갈망하고 있다는 사실만은 두드러진 특징이라 하겠다.

# 러시아 문학사 주요 연표

## 9세기
863년 경    성 끼릴과 메포디우스가 9세기 후반에 글라골 문자로 그리스어로 된 『교부의 가르침』과 성서를 최초로 번역

## 10세기
988년       성서, 전례(典禮)서, 성자전 등 번역

## 11세기
1017년 초    『노브고로드 원초 연대기』
1036년       『루까 쥐쟈따의 설교』
1040년 경    끼예프 루시 원초 연대기
1050년 경    일라리온 『법과 은혜에 대한 설교』
1051-54년    『러시아 법전』(루스까야 쁘라브다)
1056-57년    『오스또미르 복음서』
1079-85년    『보리스와 글렙』
1088년 경    네스또르 『테오도시우스의 생애』
1089년       요안 『교회 규정』
1093-95년 경 『최초의 편찬, 원초 연대기』
1095년       『노브고로드 월간 문선(文選)』

## 12세기
1096-1117년   『블라지미르 모노마흐의 교훈서』
1110-13년 경  네스또르 『원초 연대기』(지나간 세월의 이야기)

281

| | |
|---|---|
| 1117년 경 | 실베스떼르 『원초 연대기』 두 번째 편집 |
| 1128-57년 | 교회 회의 『노브고로드 원초 연대기』 복사 |
| 1187년 경 | 『이고리 원정기』 |

## 13세기

| | |
|---|---|
| 12세기 후반-13세기 초반 경 | 『죄수 다닐의 청원』 |
| 1223-1246년 이전 경 | 『러시아 땅의 멸망 이야기』 |
| 1237-40년 | 『깔까강 전투 이야기』 |
| 1239년 경 | 『바뚜의 침략 이야기』 |
| 13세기 중반 | 그리스 『알렉산드리야』의 번역 |
| 1263년 | 『알렉산드르 넵스끼 전기』 |

## 14세기

| | |
|---|---|
| 1340년대 | 『노브고르드와 수즈달의 전투 이야기』 |
| 1377년 | 『라우렌찌야 연대기』 |
| 1393년 경 | 『자돈쉬나』(돈강 너머) |
| 1396년 | 스쩨빤 뼤름 사망 |

## 15세기

| | |
|---|---|
| 1400년 경 | 『마마이와의 전투 이야기』 |
| 1406년 | 『아르센 판본』의 성자전 |
| 1420년 경 | 『히파시아 연대기』; 현자 에피파니우스 사망 |
| 1433년 | 닐 소르스끼 탄생 |
| 1442년 | 파초미우스 로고테테스 『러시아 크로노그래프』 |
| 1474년 경 | 『세 바다 여행기』 저자 아파나시 니끼찐 사망 |

## 16세기

| | |
|---|---|
| 1540년대 경 | 마까리우스 『성승전』 |
| 1547년 | 실베스뜨르 『가훈』(도모스뜨로이) |
| 1550년 | 뻬레스베또프 『술탄 마흐메드의 이야기』 |
| 1551년 | 『100개 항목의 법조문』(스또글라프) |

| | |
|---|---|
| 1560-63년 | 아파나시우스 『계보 책』 |
| 1564년 | 므찌슬라베쯔 표도로프 『사도행전』 인쇄 |
| 1568년 | 『시편』 인쇄 |
| 1560년대-70년대 | 『이반 4세와 꾸릅스끼 사이의 왕복서한』 |
| 1581년 | 『오스뜨로그 복음서』 |

## 17세기

| | |
|---|---|
| 1600년 | 추돕스끼 『성승전』 |
| 1614년 | 모스크바 인쇄소 설립 |
| 1653년 | 니꼰의 개혁, 『노모까논』(종법집(宗法集)) |
| 1669-76년 | 아바꿈 『자서전』 |
| 1677-78년 | 뽈로쯔끼 『꽃이 만발한 정원』 |
| 1680년 | 뽈로쯔끼 『운문 시편, 음운 작시법』 |
| 17세기 후반 | 『고통과 불행에 관한 이야기』; 『쉐먀까의 재판 이야기』, 『프롤 스꼬베예프 이야기』, 『싸바 그루쯔인 이야기』 |

## 18세기

| | |
|---|---|
| 1703년 | 러시아 최초의 신문 『통보』(베도모스찌) |
| 1710년 | 새로운 "시민" 문자 |
| 1711-27년 | 상뜨-뻬쩨르부르그에서 5개의 인쇄소가 문을 열었음 |
| 1735년 | 뜨레지아꼽스끼 『새롭고 간결한 러시아 작시법』 |
| 1743년 | 로모노소프 『호찐 정복에 대한 송시』 |
| 1747년 | 수마로꼬프 『호렙』 |
| 1748년 | 로모노소프 『간략한 수사학 입문서』 |
| 1757년 | 로모노소프 『러시아 문법』 |
| 1763년 | 볼테르와 예까쩨리나 여제의 서신교환 |
| 1766년 | 뜨레지아꼽스끼 『찔레마히다』 |
| 1769-70년 | 노비꼬프 『수펄』 |
| 1770년 경 | 폰비진 『여단장』 |
| 1779-89년 | 『모스크바 통보』 |
| 1782년 | 폰비진 『미성년』; 제르좌빈 『펠리짜』 |

| | |
|---|---|
| 1786년 | 예까쩨리나 여제의 희곡 |
| 1790년 | 라지쉐프 『뻬쩨르부르그로부터 모스크바로의 여행』 |
| 1791년 | 『모스크바 저널』 |
| 1792년 | 까람진 『가엾은 리자』 |
| 1797년 | 까람진 『러시아 여행자의 편지』 시작 |
| 1799년 | 뿌쉬낀 탄생 |

## 19세기

| | |
|---|---|
| 1802-03년 | 『유럽 통보』; 라지쉐프 자살 |
| 1803년 | 까람진 『시장의 아내 마르파 혹은 노브고로드 정복』; 『러시아어의 신구 문체론』 |
| 1808년 | 주꼬프스끼 『류드밀라』 |
| 1809년 | 끄릴로프 『우화』 |
| 1811-16년 | 러시아어 애호자 좌담회 |
| 1815년 | "알자마스" 문학 서클 |
| 1816년 | 까람진 『러시아 국가 역사』(1829년 완성) |
| 1817년 | 바쮸쉬꼬프 『죽어 가는 타소』 |
| 1818년 | 『조국 연감』 |
| 1819년 | 러시아 문학 애호가 협회 |
| 1820년 | 뿌쉬낀 『루슬란과 류드밀라』 |
| 1821년 | 뿌쉬낀 『까프까즈의 포로』; 도스또옙스끼 탄생 |
| 1823년 | 애지자(愛智者) 협회; 『북극성』 |
| 1824년 | 『기억의 여신』(므네모지네); 그리보예도프 『지혜의 슬픔』 |
| 1825년 | 『모스크바 망원경』; 뿌쉬낀 『보리스 고두노프』 |
| 1827년 | 『모스크바 통보』 |
| 1828년 | 똘스또이 탄생 |
| 1829년 | 자고스낀 『유리 밀로슬랍스끼 혹은 1812년 러시아인』 |
| 1830년 | 뿌쉬낀 『벨낀 이야기』, 『작은 비극』 |
| 1831년 | 고골 『지깐까 근교의 야회』; 『망원경』 |
| 1833년 | 뿌쉬낀 『예브게니 오네긴』, 『청동의 기마상』, 『스페이드의 여왕』 |
| 1834년 | 벨린스끼 『문학적 공상』 |

| | |
|---|---|
| 1835년 | 고골 『아라베스끼』, 『미르고로드』, 『동시대인』; 『검찰관』, 『코』 |
| 1837년 | 뿌쉬낀 사망; 레르몬또프의 〈시인의 죽음〉; 차아다예프 『광인의 변명』 |
| 1839년 | [조국잡기] |
| 1840년 | 레르몬또프 『우리 시대의 영웅』, 『수도사』; 악사꼬프 『가족 연대기』 |
| 1841년 | 레르몬또프 사망 |
| 1842년 | 고골 『죽은 혼』, 『외투』, 『결혼』 |
| 1844년 | 오도옙스끼 『러시아의 밤』 |
| 1846년 | 도스또옙스끼 『가난한 사람들』, 『이중인격』; 게르쩬 『누구의 죄인가?』 |
| 1847년 | 고골 『친구들과의 왕복서한』; 곤차로프 『평범한 이야기』 |
| 1850년 | 뚜르게네프 『잉여인간의 일기』, 『시골에서의 한달』; 게르쩬 『다른 해변으로부터』 |
| 1852년 | 뚜르게네프 『사냥꾼의 수기』; 똘스또이 『유년시절』 |
| 1854년 | 쥬쩨프 『시』; 오스뜨롭스끼 『가난은 죄가 아니다』; 똘스또이 『소년시절』 |
| 1855년 | 똘스또이 『세바스또뽈 이야기』; 아파나시예프 『러시아 민담』 |
| 1856년 | 뚜르게네프 『루진』; 살뜨이꼬프-쉐드린 『시골 스케치』 |
| 1857년 | 똘스또이 『청년시절』 |
| 1858년 | 삐셈스끼 『천인의 농노』 |
| 1859년 | 곤차로프 『오블로모프』; 뚜르게네프 『귀족의 둥지』; 오스뜨롭스끼 『뇌우』; 도브로류보프 「오블로모프주의는 무엇인가?」 |
| 1860년 | 뚜르게네프 『전야』 |
| 1860-62년 | 도스또옙스끼 『죽음의 집의 기록』; 체홉 탄생 |
| 1962년 | 뚜르게네프 『아버지와 아들』 |
| 1863년 | 체르늬쉡스끼 『무엇을 할 것인가?』; 네끄라소프 『누구에게 루시는 살기 좋은가』 |
| 1864년 | 도스또옙스끼 『지하실로부터의 수기』 |
| 1865-69년 | 똘스또이 『전쟁과 평화』 |
| 1866년 | 도스또옙스끼 『죄와 벌』 |
| 1868년 | 도스또옙스끼 『백치』; [조국 잡기] |

| | |
|---|---|
| 1869년 | 곤차로프 『절벽』 |
| 1871년 | 도스또옙스끼 『악령』; 오스뜨롭스끼 『숲』 |
| 1872년 | 레스꼬프 『대성당의 사람들』 |
| 1873년 | 똘스또이 『안나 까레니나』 |
| 1876년 | 도스또옙스끼 『온순한 여자』 |
| 1877년 | 뚜르게네프 『처녀지』 |
| 1878-80년 | 솔로비요프 『흰 백합』 |
| 1880년 | 살띄꼬프-쉐드린 『골로블료프가(家)의 사람들』; 도스또옙스끼 『까라마조프의 형제들』 |
| 1881년 | 도스또옙스끼 사망 |
| 1882년 | 똘스또이 『참회록』 |
| 1883년 | 페뜨 『저녁의 등불』 |
| 1887년 | 똘스또이 『어둠의 힘』 |
| 1888년 | 체홉 『초원』 |
| 1889년 | 똘스또이 『끄로이체르 소나타』 |
| 1892년 | 체홉 『6호실 병동』; 메레쥐꼽스끼 『상징』 |
| 1893년 | 체홉 『사할린 섬』 |
| 1894년 | 「러시아 상징주의자」 |
| 1895년 | [러시아 말] |
| 1896년 | 체홉 『갈매기』 |
| 1897년 | 체홉 『바냐 외삼촌』 |
| 1898년 | 똘스또이 『세르기우스 신부』 |
| 1899년 | 고리끼 『포마 고르제예프』; 똘스또이 『부활』 |

## 20세기

| | |
|---|---|
| 1901년 | 체홉 『세 자매』 |
| 1902년 | 벨르이 『교향악』; 고리끼 『밑바닥에서』 |
| 1904년 | 체홉 『벚꽃동산』; 블록 〈아름다운 여인에 관한 시〉; 똘스또이 『하지무라뜨』; [저울자리] |
| 1905년 | 꾸쁘린 『결투』 |
| 1906년 | 브류소프 『화관』 |

| | |
|---|---|
| 1907년 | 고리끼 『어머니』 |
| 1910년 | 똘스또이 사망; [아뽈론] |
| 1911년 | 시인조합 |
| 1912년 | 마야꼽스끼 『대중의 취향에 따귀 때리기』 |
| 1913년 | 벨르이 『뻬쩨르부르그』; 만젤쉬땀 『돌』; 로자노프 『낙엽』(1913-15); 블록 『장미와 십자가』 |
| 1914년 | 아흐마또바 『묵주』 |
| 1915년 | 마야꼽스끼 『바지를 입은 구름』; 『등골의 플루트』; 꾸쁘린 『구멍』 |
| 1916년 | 고리끼 『세상 속으로』; 예세닌 『초혼제』; 벨르이 『뻬쩨르부르그』 (개정판 1921) |
| 1917년 | 프롤레뜨꿀프(프롤레타리아 문화) |
| 1918년 | 블록 〈열둘〉, 〈스끼타이인〉; 벨르이 『그리스도는 부활했다』 |
| 1919년 | ГОСИЗДАТ(국립 도서출판사). 나보꼬프 가족 망명 |
| 1920년 | ВАПП(전러시아 프롤레타리아 작가협회) |
| 1921년 | 삘냑 『벌거벗은 해』; 세라피온 형제들; 『붉은 처녀지』; 블록 사망; 구밀료프 처형 |
| 1922년 | 레프(예술의 좌익전선); 벨르이 『꼬찍 레따예프』; 아흐마또바 『Anno Domini MCMXXI』; 만젤쉬땀 『뜨리스찌야』; 호다세비치 『무거운 하프』 |
| 1923년 | 만젤쉬땀 『시간의 소음』; 쯔베따예바 『재주』; 바벨 『오데사 이야기』 |
| 1924년 | 레오노프 『오소리』; 예세닌 『거칠고 촌스러운 모스크바』; 세라피모비치 『철의 흐름』 |
| 1925년 | 불가꼬프 『백위군』; 글라드꼬프 『시멘트』; 예세닌 자살 |
| 1926년 | 바벨 『붉은 기병대』 |
| 1927년 | 올레샤 『질투』; 파제예프 『궤멸』; 삘냑 『꺼지지 않은 달에 관한 이야기』; 자먀찐 『우리들』 |
| 1928년 | 숄로호프 『고요한 돈강』; 일프와 뻬뜨로프 『열두 개의 의자』; 마야꼽스끼 『빈대』; 쯔베따예바 『러시아 이후에』; 고리끼 귀국; РАПП(러시아 프롤레타리아 작가동맹) |
| 1929년 | А.К. 똘스또이 『뾰드르 I세』 |

| | |
|---|---|
| 1920년대 후반 | 쁠라또노프 『체벤구르』 |
| 1930년 | 슈끌롭스끼 "형식주의" 포기; 마야꼽스끼 자살 |
| 1930년 경 | 쁠라또노프 『꼬뜰로반』 |
| 1931년 | 일프와 뻬뜨로프 『황금 송아지』; 빠스쩨르나끄 『안전통행증』; Г.이바노프 『장미』 |
| 1932년 | 까다예프 『시간이여 전진하라!』; 숄로호프 『개척되는 처녀지』(1932-60); 오스뜨롭스끼 『강철은 어떻게 단련 되었나』; 소련작가동맹 |
| 1933년 | 부닌 노벨문학상 수상 |
| 1934년 | 만젤쉬땀 체포 |
| 1935년 | 아흐마또바 『레퀴엠』(1935-40) |
| 1936년 | 고리끼 사망 |
| 1937년 | 삘냑 체포; 나보꼬프 『재능』 |
| 1938년 | 만젤쉬땀 체포, 사망; 나보꼬프 『사형으로의 초대』 |
| 1939년 | 바벨 체포 |
| 1940년 | 불가꼬프 『거장과 마르가리따』(1928-1940) |
| 1941년 | 쯔베따예바 자살; 뜨바르돕스끼 『바실리 쬬르낀』 |
| 1942년 | 시모노프 『러시아인』 |
| 1943년 | 시모노프 『낮과 밤』; 조셴꼬 『일출 전』 |
| 1945년 | 파제예프 『젊은 근위대』 |
| 1946년 | 폐진 『첫 즐거움』; 네끄라소프 『스탈린그라드 참호 속에서』 |
| 1948년 | 폐진 『이상한 여름』 |
| 1954년 | 에렌부르그 『해빙』 |
| 1955년 | 빠스쩨르나끄 『의사 지바고』 |
| 1956년 | 두진쩨프 『빵만으로는 살 수 없다』; 파제예프 자살 |
| 1958년 | 뜨바르돕스끼 [신세계]; 빠스쩨르나끄 노벨문학상 수상 |
| 1959년 | 폐진 소비에트 작가동맹 제1서기 |
| 1960년 | 빠스쩨르나끄 사망 |
| 1961년 | 네끄라소프 『까라 게오르기예브나』; 바실리 악쇼노프 『별로 가는 티켓』; 옙뚜쉔꼬 『바비 야르』 |
| 1962년 | 본다레프 『침묵』; 솔제니찐 『이반 데니소비치의 하루』 |

| | |
|---|---|
| 1963년 | 뜨바르돕스끼『저 세상의 죠르낀』; 솔제니찐『마뜨료나의 집』; 빠우스똡스끼『삶에 대한 이야기』 |
| 1964년 | 오꾸드좌바『즐거운 고수』 |
| 1965년 | 숄로호프 노벨 문학상 수상; 브로드스끼『운문과 이야기 시』; 시냡스끼 투옥 |
| 1966년 | 샬라모프『꼴릐마 이야기』; 불가꼬프『거장과 마르가리따』출판 |
| 1968년 | 솔제니찐『제 일권』,『암병동』출판 |
| 1970년 | 예로페예프『모스크바 – 뻬뚜쉬끼』; 이스깐제르『염소 성운』; 솔제니찐 노벨 문학상 수상 |
| 1971년 | 솔제니찐『1914년 8월』 |
| 1972년 | 브로드스끼 망명 |
| 1973년 | 솔제니찐『수용소 군도』3권(1973-75); 이스깐제르『체겜의 산드로』; 시냡스끼 망명 |
| 1974년 | 네끄라소프, 막시모프, 갈리치 망명 |
| 1975년 | 보이노비치『촌낀의 삶과 이상한 모험』 |
| 1976년 | 라스뿌찐『마죠라의 이별』; 뜨리포노프『제방 위의 집』 |
| 1977년 | 브로드스끼『아름다운 시대의 종말, 연설의 일부분』 |
| 1978년 | 비또프『뿌쉬낀 연구소』 |
| 1980년 | 보이노비치, 악쇼노프, 꼬뻴레프 추방 |
| 1981년 | 악쇼노프『끄리미야 섬』; 아이뜨마또프『백년보다 긴 하루』 |
| 1987년 | 릐바꼬프『아르바뜨의 아이들』; 브로드스끼 노벨 문학상 수상 |

# 러시아 문학사 관련 권장 도서 및 참고문헌

## I. 고대문학

1. Гудзий Н.К. *История Древней русской литературы.* 7-е изд. М.-Л., 1966.
2. *История русской литературы: В 4-х т.* Редколл. Н.И. Пруцков и др. Л., 1980. Т. 1
3. *История русской литературы XI-XVII вв.* Под ред. Д.С. Лихачева. М., 1980.
4. Бычков В.В. *Русская средневековая эстетика X-XVII вв.* М., 1993.
5. Замалеев А.Ф. Овчинникова Е.А. *Еретики и ортодоксы: Очерки Древнерусской духовности.* Л., 1991.
6. Лихачев Д.С., Лихачева В.Д. *Художественное наследие Руси и современность.* Л., 1971.
7. Робинсон А.Н. *Литература Древней Руси в литературном процессе средневековья XI-XIII вв.* М., 1980.
8. Лихачев Д.С. *Великий путь: становление русской литературы XI-XVII вв.* М.. 1987.
9. Еремин И.П. *Литература Древней Руси.* М.-Л., 1966.
10. Еремин И.П. *Лекции и статьи по истории русской литературы.* Л., 1987.
11. Лихачев Д.С. *Развитие русской литературы X-XVII вв. Эпохи и стили.* Л., 1973.
12. Лихачев Д.С. *Поэтика Древнерусской литературы.* М., 1979.
13. Лихачев Д.С., Панченко А.М., Понырко Н.В. *Смех в Древней Руси.* Л., 1984.
14. Лихачев Д.С. *Человек в литературе Древней Руси.* М.-Л., 1958.
15. Смирнов И.П. *О древнерусской литературе, русском национальном характере и логике истории.* Вена, 1991.

16. Гаспаров Б.М. *Поэтика "Слова о полку Игореве"*. Вена, 1984.
17. Лихачев Д.С. *"Слово о полку Игореве" и культура его времени*. Л., 1985.
18. Колесов В.В. *Древнерусский литературный язык*. Л., 1989.
19. Герасимова Н.М. *Поэтика "Жития" протопопа Аввакума*. СПб., 1993.
20. Демкова Н.С. *Житие протопопа Аввакума. (Творческая история произведения)*. Л., 1974.
21. Робинсон А.Н. *Жизнеписания Аввакума и Епифания: Исследование и тексты*. М., 1963.
22. Гаспаров М.Л. *Очерки истории русского стиха: Метрика. Ритмика. Строфика*. М., 1984.
23. Панченко А.М. *Русская стихотворная культура XVII в*. Л. 1973.
24. Сазонова Л.И. *Поэзия русского барокко*. М., 1991.

## II. 18세기

1. Гуковский Г.А. *Русская литература XVIII в*. М., 1939.
2. Берков П.Н. *История русской комедии XVIII в*. Л., 1977.
3. Кочеткова Н.Д. *Литература русского сентиментализма*. СПБ., 1994.
4. Москвичёва Г.В. *Русский классицизм*. М., 1978.
5. Орлов П.А. *Русский сентиментализм*. М., 1977.
6. Серман И.З. *Русский классицизм. Поэзия. Драма. Сатира*. Л., 1973.
7. Смирнов А.А. *Литература теория русского классицизма*. М., 1981.
8. Стенник Ю.В. *Жанр трагедии в русской литературе: Эпоха классицизма*. Л., 1981.
9. Стенник Ю.В. *Русская сатира XVIII в*. Л., 1985.
10. Федоров В.И. *Литературные направления в русской литературе XVIII в*. М., 1979.

## III. 19세기

1. Бялый Г.А. *Русский реализм конца XIX в*. Л., 1973.
2. Вацуро В.Э., Гиллельсон М.И. *Сквозь "умственные плотины": Очерки о книге и прессе пушкинской поры*. М., 1986.
3. Вацуро В.Э. *Лирика пушкинской поры: "Элегическая школа"*. СПб.,

1993.

4. Берковский Н.Я. *О мировом значении русской литературы.* Л., 1975.
5. Гинзбург Л.Я. *О психологической прозе.* Л., 1971.
6. Гинзбург Л.Я. *О лирике.* Л., 1974.
7. Гуревич А.М. *Романтизм в русской литературе.* М., 1980.
8. Гуковский Г.А. *Пушкин и русские романтики.* М., 1965.
9. Егоров Б.Ф. *Русская критика.* Л., 1973.
10. Жирмунский В.М. *Байрон и Пушкин.* 3 изд. Л., 1977.
11. *История романтизма в русской литературе:* В 2 т. М., 1979.
12. *История русской литературы:* В 4 т. Л., 1982. Т. 3, 4.
13. *История русской драматургии второй половины XIX - начала XX в.* Л., 1987.
14. *История русского романа:* В 2 т. М.-Л., 1964. Т. 2.
15. Кулешов В.И. *Натуральная школа в русской литературе XIX века.* М., 1982.
16. Кулешов В.И. *История русской критики.* М., 1972.
17. Лотман Л.М. *Реализм русской литературы 60-х годов XIX века.* Л., 1974.
18. Лотман Ю.М. *Избранные статьи:* В 3-х т. Таллинн, 1992. Т. 2.
19. Манн Ю.В. *Поэтика русского романтизма.* М., 1976.
20. Маймин Е.А. *О русском романтизме.* М., 1975.
21. *Русский романтизм.* Л., 1978.
22. Фридлендер Г.М. *Поэтика русского реализма. Очерки о русской литературе XIX века.* Л., 1971.
23. Фризман Л.Г. *Жизнь лирического жанра. Русская элегия от Сумарокова до Некрасова.* М., 1973.

# IV. 20세기

1. Акимов В. *Сто лет русской литературы. От серебряного века до наших дней.* СПб., 1995.
2. Анненский Л. *Локти и крылья: Литература 80-х: Надежды, реальность, парадоксы.* м., 1989.
3. Баевский В.С. *История русской поэзии 1730-1980.* М., 1996.
4. Бочаров А. *Литература и время. Из творческого опыта прозы*

*1960-1980 гг.* М., 1988.

5. Голубков М. *Утраченные альтернативы. Формирование монистической концепции советской литературы 1920-1930-х годов.* М., 1992.
6. Громова М. *Русская драма на современном этапе (1980-1990).* М., 1994.
7. Ермилова Е.В. *Теория и образный мир русского символизма.* М., 1989.
8. *История русской литературы. XX век. Серебряный век.* М., 1995.
9. Козлова С. *Парадоксы драмы - драма парадоксов (1950-1970).* Новосибирск, 1993.
10. Кричевская Ю. *Модернизм в русской литературе.* М., 1994.
11. Кувакин В.А. *Религиозная философия в России начала XX в.* М., 1980.
12. Лазаерв Л. *Это наша судьба: Заметки о литературе, посвященной Великой Отечественной войне: 2-е изд., дополненное.* М., 1983.
13. Ланин Б., Боришанская М. *Русские антиутопии XX века.* М.. 1994.
14. Ланин Б. *Проза русской эмиграции (Третья волна).* М., 1997.
15. Липовецкий М.Н. *Русский постмодернизм.* Екатеринбург, 1997.
16. *Литература русского зарубежья 1920-1940.* М., 1993.
17. Максимов Д.Е. *Русские поэты начала века.* Л., 1986.
18. Малюкова Л. *Философская лирика 1946-1990.* Ростов-на-Дону, 1992.
19. Михайлов О.Н. *Литература русского зарубежья.* М., 1995.
20. Минц З.Г. *Поэтика русского символизма.* СПб., 2004.
21. Немзер А. *Литературное сегодня. О русской прозе. 90-е.* М., 1998.
22. *Поэтические течения в русской литературе конца XIX - начала XX в.* М., 1988.
23. *Русская литература XX века: Поиск ориентиров. Мифы и реалии.* Воронеж, 1995.
24. Смирнов И.П. *Художественный смысл и эволюция поэтических систем.* М., 1977.
25. Соколов А.Г. *Судьбы русской литературной эмиграции 1920-х годов.* М., 1991.
26. Цветов Г. *Русская деревенская проза. Эволюция. Жанры. Герой.* СПб., 1992.
27. Юдин В. *Современный русский исторический роман.* Калинин, 1990.

# 참고문헌 및 자료

**국외**

Баевский В.С. *История русской поэзии 1730-1980*. М., 2004.

Бирюков С.Е. Зевгма: *Русская поэзия от маньеризма до постмодернизма*. М., 1994.

*История русской литературы в четрех томах*. Л., 1983.

Коваленко А.Г. Шматенко К.П. *Русская литература XIX века*. М., 1990.

Кочетов В.Н. Беликова А.В. и др. *Русская литература*. М., 1997.

Крылов Ю.И. *Русские поэты XVII - XIX веков*. Челябинск, 2001.

*Литературный Петербург, Петроград*. М., 1991.

Магомедова Д.М. *Филологический анализ лирического стихотворения*. М., 2004.

Николаев П.А. *Русские писатели XIX век. Биобиблиографический словарь в двух частях*. М., 1996.

*Русская литература. Большой учебный справочник для школьников и поступающих в вузы*. М., 1999.

*Русская литература XX века. в двух томах*. М., 2002.

*Русская литература XX века. очерки. портреты. эссе. в двух частях*. М., 1994

Семенов А.Н. Семенова В.В. *Русская литература XX века в вопросах и заданиях. в двух частях*. М., 2001.

Скадов Н.Н. *Русские писатели XX век. Биобиблиографический словарь в двух частях*. М., 1998.

Скрипов Г.С. *О русском стихосложении*. М., 1979.

Соколов А.Г. *Поэтические течения в русской литературе конца XIX - начала XX века*. М., 1988.

Тодоров Л.В. *Русское стихосложение в школьном изучении*. М., 2002.

Хворостьянова Е.В. *Онтология стиха*. СПб., 2000.

*Энциклопедия для детей. Т. 9. Русская литература. Ч. 1 XIX, Ч. 2 XX век*. М., 2004.

**국내**

김규진. 러시아 문학과 사상. 서울 : 명지출판사, 1990.

김문황. 고대 러시아 문학사. 서울 : 건국대학교 출판부, 2002.
서상범. 러시아 현대 문학 강의. 부산 : 부산외국어대학교 출판부, 2002.
석영중. 러시아 시의 리듬. 서울 : 고려대학교 출판부, 1993.
이철, 이종진, 장실. 러시아 문학사. 서울 : 도서출판 벽호, 1994.
정명자. 인물로 읽는 러시아 문학. 서울 : 한길사, 2001.
조주관. 러시아 문학의 하이퍼텍스트. 서울 : 평민사, 2002.

# 찾아보기

[ㄱ]
가르쉬니 128
가르쉰 136
『가벼운 호흡』 59
『가서는 오지 않는다』 225
감자또프 219, 236
〈개미의 나라〉 159
『개의 심장』 186, 244
『개척된 처녀지』 206, 207
『거장과 마르가리따』 187, 192, 244, 247
『거품』 235
『걸작』 66
『게임』 237
겔만 234
[경계] 53
고렌슈쩨인 279
고로제쯔끼 18, 76, 126
고르바또프 221
[고리] 51
고리끼 12, 22~24, 26, 27, 29~31, 33, 35, 36, 38, 39, 42, 47, 178, 180, 240
고린 233
〈고상한 병〉 155
『고요한 노을』 183
『고요한 돈강』 47, 206~208, 212
『고통을 따르는 순례』 47
곤차르 237

『곤충의 삶』 277
『골짜기』 59
『공장에서』 13
[공통의 일] 52
『광활함 속에서』 66
『괴멸』 179
『괴짜』 28
구밀료프 18, 62, 65, 75~77, 96, 101, 102, 126, 127, 136, 139
구성주의 43
구세대 상징주의자 14
『굴사르여 안녕!』 264, 265
『귀머거리 악령들』 101
『귀환』 223
『그들은 조국을 위해 싸웠다』 207
그라닌 221, 222, 225
그로스만 238, 245, 246
『그의 대대』 225
글라드꼬프 221
글라질린 55
『금빛 먹구름이 밤을 지새다...』 246
『기로』 218
『기병대』 173
『기쁨을 찾아서』 233
기뻬우스 14, 17, 41, 50, 62, 65~67, 84, 86, 88
『기술자 가린의 쌍곡선』 178

『기슭』 237
〈기억의 진실에 따라〉 167
『기억』 236
『기원』 224
『기인들』 178
[길] 52
『길』 159
『길가의 집』 162, 223
『길이 없는』 13
까따예프 176, 181, 227
까뜰랴로프 211
『까라-부가즈』 181
까멘스끼 19
까바꼬프 250
『까자끄의 기병 중위들』 225
까잔쩨프 235
『꺼지지 않는 달 이야기』 174
꼬노발로프 224
『꼬노발로프』 33
『꼬뜰로반』 175, 244, 250
꼬롤렌꼬 11, 240, 243, 244
꼬르쟈빈 55
꼬뻴레프 55
꼬스뜨로프 236
꼬줴브니꼬프 221, 224, 237
꼬체또프 221
꼰드라찌예프 223
꼴레스니꼬프 222
꼴쪼프 61, 176
『꼴히다』 181
〈꾀꼬리 정원〉 109
꾸라예프 271
꾸바예프 222
꾸쁘린 12, 27, 40, 50

꾸즈네쪼프 220
꾸즈민 49, 62, 65, 75, 77, 96, 126
끄냐제프 127, 128, 136
끄라미노프 236
끄라스니꼬프 236
끄루찔린 218
끄루쵸늬흐 19, 21, 79
끄리모프 221
글류예프 23, 62, 96
글릭츠꼬프 23, 51
『글립 삼긴의 생애』 31, 47
『끝나지 않은 대화』 234

[ㄴ]
『나, 에디츠까』 272
나기빈 219, 233
나로꼬프 55
나로프차또프 233
나르찌쏘프 55
나보꼬프 41, 50, 181, 182, 250
『나선』 250
『나의 누이-나의 인생』 146
『나의 다게스딴』 219
『나의 대학』 26
『나의 여동생』 235
『낙엽』 58
『낙타의 눈』 263
[날] 52
『날씨가 맑아졌을 때』 147
『남십자성』 235
〈내란〉 98
『너구리들』 171
『너의 노을』 237
『너의 아픔을 가져갈게』 237

『너의 이름』 236
네끄라소프 55, 61, 223
네도브로보 127, 136
[노동의 소리] 53
『노란 화살』 277
『노상에서의 대전투』 221
노소프 225, 226
『노파 이제르길』 27, 33
『농부와 농부』 220
『농촌 연대기』 159
『뇌신』 236
〈뇌우가 지나간 후에〉 214
『뇌우를 향해 가다』 221
『눈 속의 성모』 267
『눈보라치는 간이역』 265
『늑대 떼』 225
『늙은 사냥꾼 까라굴』 265
니꼴라예바 221
『니꼴라이 니꼴라예비치』 272
『니끼따의 어린시절』 178

[ㄷ]

『다가오는 세기에게』 237
『다닐의 할아버지에 대하여』 159
『닥터 지바고』 155, 239
단굴로프 236
『닮지 않은 초상화』 90
『대중의 취향에 따귀 때리기』 20
[대패] 53
[대화] 52
도로쉬 227
도모가쯔끼 235
도블라또프 55
『도스찌가예프와 그 밖의 사람들』 31

『도시와 세월』 171
『도주』 183, 186
『도회지 오꾸로프』 28
『독사』 178
『돈 지방 이야기』 205
『돈바쓰』 221
『돌아오지 않는 사람』 250
돔브롭스끼 238, 246, 248, 270
『동굴』 183
[동시대 수기들] 50
≪돛≫ 29
『두 번의 겨울과 세 번의 여름』 218
『두 번째 탄생』 147
두진쩨프 238, 246
드보레쯔끼 234
『뒴꼬프의 우주』 250
『딕쉬쩨인 대위』 271
따찌야니체바 230
똘스또이 14, 40, 47, 50, 58, 177
『뚜르게네프의 인생』 183
『뚜르빈가(家)의 나날들』 186
『뜨거운 눈』 224
뜨랴쁘낀 230
뜨로이쯔끼 55
뜨리포노프 221
뜨바르돕스끼 47, 158~161, 163, 165~167, 169, 214, 215, 218, 223, 228, 229, 231, 233, 257
띄냐노프 51

[ㄹ]

〈라도미르〉 103
라스뿌찐 220, 225~270
라진스끼 235

란다우 182
[러시아 과학 연구소 수기] 52
[러시아 사상] 51
『러시아 상징주의자』 14, 66
[러시아 수기] 52
[러시아 연대기] 52
[러시아 의지] 50
〈러시아 전보 통신사의 창문〉 122
[러시아 학파] 52
[러시아] 52
[러시아와 슬라브족] 52
『러시아의 날』 229
[러시아의 목소리] 52
『러시아의 숲』 214
[러시아의 진실] 53
『레닌』 31
레르몬또프 61
『레몬수』 177
레미조프 41, 49, 50
레오노프 41, 50, 171, 181, 214, 218, 221, 250, 251, 253
〈레퀴엠〉 139
『로마의 소네트들』 90
『로마의 일기』 90
『로만』 275
로자노프 51
로조프 233, 235
로줴스뜨벤스끼 232, 236
로진스끼 126
루곱스꼬이 213, 214
루꼬닌 230
루나차르스끼 240, 243
루리에 127
루시 118

『루진의 수호』 182
루치예프 230
룹쪼프 230
리뜨헤우 237
리바꼬프 238, 246
[리가의 파발꾼] 53
리모노프 272
리빠또프 221, 222
『리빠기』 218

[ㅁ]
『마까르 추드라』 27, 33
『마나스』 265
『마뜨료나의 집』 256
『마드베이 꼬제먀낀의 삶』 28
마르꼬프 237
마르띄노프 229
『마리야의 열쇠』 83
『마리야』 234
마리엔고프 83
마민-시비략 11
『마쉔까』 182
마야꼽스끼 19, 22, 24, 39~42, 50, 62, 65, 78~80, 82, 83, 96, 121~126
『마지막 경례』 219
『마지막 기간』 220
『마지막 산책』 250, 252
『마지막 우데그 사람』 180
『마죠라와의 이별』 220
『막동이』 28
막시모프 55
만젤쉬땀 18, 40, 49, 62, 65, 75, 83, 96, 126
말레비치 20

말리쉬낀  221
말쩨프  218
『망각의 풀』  227
망명 문학  25, 49, 84
『매에 관한 노래』  27, 33
[머나 먼 변경]  53
〈머나먼 곳〉  214, 215
먹구름 속의 쌍둥이』  146
메레쥐꼽스끼  41, 49, 50, 63, 65, 88, 182
메쥐로프  230
멧닭의 둥지』  235
[면]  53
『모닥불』  102
모더니즘  24
『모든 것은 사람에게 남는다』  233
『모든 것은 흘러간다』  238, 245, 246
『모든 죽음에 악의를 품고』  221
『모스크바의 사가』  279
모좌예프  220
모출스끼  52
『목동 소년과 목동 소녀』  225, 226
『목욕탕』  122
『몰로흐』  12
『몰이』  237
『무용지물의 학부』  238, 246, 270
[문]  53
[문학 신문]  46
믜슐라옙스끼  189, 191
『미개인들』  233
[미래의 러시아]  52
미래주의  19, 22, 43, 79, 81
『미스쩨리야-부프』  122
『미완의 초상화』  235
『미짜의 사랑』  60

미할꼬프  233, 235
민스끼  51, 65
『밑바닥에서』  28, 35

[ㅂ]

바끌라노프  223
『바다제비에 관한 노래』  27
『바다제비』  32
〈바닷가 끝에서〉  129
『바닷가를 달리는 얼룩이 개』  265
바라띤스끼  61
바벨  50, 173, 177, 184
『바실리 죠르낀. 병사에 관한 책』  47, 160, 164, 223
『바싸 젤레즈노바』  28
〈바지를 입은 구름〉  121
반쉔낀  236
발몬뜨  14, 50, 62, 65, 66, 69~74, 88
밤뻴로프  234
『방패와 검』  224
『백과사전 편집자들』  233
『백년보다 긴 하루』  236
『백위군』  171, 186, 187, 191, 192
뱌체슬라프 이바노프  17, 41, 66, 68, 80, 88, 90
[번갯불]  53
『벌거벗은 해』  174
베끄  238, 246
베드늬  46
베레사예프  12, 27
베르골쯔  219
베솔리  46, 51
베이들레  52
『벤하이 강보다 남쪽』  236

벨로프 220, 237
벨르이 17, 50, 62, 66, 68, 69, 96
『벽지에서 온 사람들』 221
[별] 46
『별장 사람들』 28
『별장의 뻬쯔까』 13
보고몰로프 223, 224
보까레프 234
보로비끄 234
보로비예프 223
보로빅 236
보이노비치 55
보즈네센스끼 232
〈보호 증서〉 155
『복수』 161
본다레프 223, 224, 237
『볼가 강 너머』 178
『볼가 강은 카스피 해로 흐른다』 174
볼로쉰 23, 51, 62, 75, 96~99, 101
볼로진 235
볼셰비키 31, 50, 54, 97
『봉쇄에 대한 책』 225
부닌 12, 13, 27, 41, 49, 50, 57, 160, 182, 214, 240~242
부를류끄 19
『부얀-섬, 이미지주의』 83
『부에노스 아이레스에서의 인터뷰』 234
『부처의 새끼손가락』 277
[부활] 52
『부활』 11
『북극광』 51
[북방통보] 14, 66
불가꼬프 40, 41, 48, 171, 185~187, 191, 201, 203, 204, 244, 247, 248

『불타는 기둥』 102
『붉은 수레바퀴』 258, 259
[붉은 처녀지] 46
브로드스끼 55
브류소프 14, 18, 40, 62, 66, 74, 75, 96
블라지모프 55, 279
〈블라지미르 일리치 레닌〉 122
블록 17, 18, 39~42, 49, 62, 66, 96, 101, 104~112, 115, 118, 126, 136
븨꼬프 223, 225, 237
비공식 문학 25, 45
비꿀로프 230, 232
비노꾸로프 230
비또프 270
비슈넵스끼 46
『빈대』 122
빠스쩨르나끄 40, 42, 47~50, 62, 65, 78, 83, 96, 126, 146~148, 150~155, 157, 214, 228, 239
빠우스똡스끼 181, 227
『빨간 두건 속의 나의 작은 포플러 나무』 263
『빵-명사』 218
뻬드로프 47, 176
뻬뜨루쉡스끼 235
뻴레빈 276, 277
뽀고진 46
뽀뽀프 221, 222
뽀뜨르 208, 209
『뽀뜨르 1세』 47, 179
뿌닌 127, 136
『뿌리와 수관』 237
뿌쉬낀 61, 74
『뿌쉬낀 연구소』 270

『쁘랴슬린가』 218
쁘렐롭스끼 236
쁘로스꾸린 218, 236
쁘로하노프 235
쁘리쉬빈 14, 42, 46, 240
쁘리스따브낀 246
쁠라또노프 40, 41, 48, 175~177, 184,
　　223, 238, 244, 250
뻴냐 14, 50, 174, 177, 184

[ㅅ]
『사람들 속에서』 26, 29
『사람들, 세월, 삶』 227
『사랑에 대한 104 페이지』 235
사르따꼬프 221
[사물] 52
『사상가』 183
사상파 작가 43
『사형으로의 초대』 250
[사회주의 통보] 52
「사후의 일기」 90
『산 자와 죽은 자』 224
『산문성』 68
살린스끼 233, 234
『살아 있는 것』 220
『살아라 그리고 기억하라』 225, 226
『삶과 운명』 238, 245, 246
『삶에 대한 이야기』 227
[삽화 러시아] 52
「상대편에서」 13
『상자 속의 보석반지』 279
상징 17
『상징』 66
상징주의 14, 76

[상하이 신보] 53
[새 노을] 53
[새 러시아 말] 53
[새 시대] 53
[새로운 러시아의 책] 52
『새로운 로빈슨들』 250
[새로운 삶] 30
〈새로운 아메리카〉 118
『새로운 임무』 238, 246
『새로운 책』 229
[새로운 풍자판] 23
『새벽 열차에서』 147
『새벽까지 살아남다』 225
『샌프란시스코에서 온 신사』 59
샤기냔 227
샤프로프 236
샤먀낀 237
『선생님』 13
『선택』 237
『성공하여 좋은 때에』 233
『세기의 길』 236
〈세기의 중간〉 214
세라피모비치 12, 13, 42, 46
세르게예프-쩬스끼 14
세묘노프 236
세베랴닌 20, 62, 78
「세상의 끝에서」 13
소꼴로바 235
『소나무』 58
소로낀 233, 274, 275
『소비에트 연방을 따라』 31
[소설-신문] 46
『소시민』 28
『소찌』 181, 221

『속물』 23
솔로구쁘  14, 49, 62, 65, 66, 96, 126
솔로비요프  17, 63, 64, 68, 74, 105
솔로우힌  219, 230
솔제니찐  55, 245, 246, 253, 255~259, 272
숄로호프  24, 41, 47, 205, 207, 212, 218, 223
『수용소 군도』  245, 246, 258, 272
『수위』  229
[숫자들]  52
쉐르쉐네비치  78, 83
쉐스또프  51
쉐스젠스끼  236
쉬멜료프  49, 182
쉬쉬꼬프  14, 47
〈슈미트 중위〉  155
숙쉰  220
스따르꼬프  171
스뜨루베  44, 45, 49, 51, 53~55, 101
스멜랴꼬프  229, 230, 232
스뱌또뽈끄-미르스끼  51
스베뜰로프  229
스쩨빠노프  236
스쩨뿐  54
『스탈린그라드의 참호 속에서』  223
『스페인 사람이 되려는 욕망』  279
『스펙또르스끼』  47, 155
슬라브낀  235
슬레뿌힌  235
슬로님  51, 54
『승리』  235
『시, 첫 번째 책』  66
『시간, 앞으로』  181

『시간의 질주』  136, 143
시냡스끼  55
『시대의 기원』  229
『시멘트』  221
시모노프  223~225
[시베리아의 등불]  46
『시의적절하지 못한 생각』  30, 240
『시인 조합』  19
『시』  159
신 경제정책  117
『신경질적인 사람들』  177
『신기루에의 유혹』  248
신낭만주의  24
『신문 판매원 쥬이도』  263
신사실주의  24
『신성한 옐레나, 작은 섬』  182
[신세계]  46, 52, 165, 166, 257, 258
신세대 상징주의자  17
『싸움꾼들』  237
[쌍곡선]  19
『쌍곡선』  229
쏘꼴로프  232
『쓴 약초』  218

[ㅇ]
아끄메이즘  18, 75, 76, 78
아나니예프  236
아다모비치  52, 54, 62, 65, 76, 77, 87, 88, 96, 225, 226
『아르따모노브가의 일』  31
『아르바뜨의 아이들』  238, 246
아르부조프  234, 235
『아르세니예프의 생애』  60
『아름다운 귀부인에 대한 시』  17, 105

아방가르디즘 24
아베르첸꼬 23
아브라모프 217, 218
아세예프 50, 229
아스따피예프 219, 225, 226, 271
『아엘리따』 178
아이뜨마또프 236, 248, 249, 261~264, 266, 267, 271
『아주 큰 낯짝』 28
[아폴론] 19
아흐마또바 18, 40, 42, 48, 49, 62, 65, 75, 77, 96, 126, 128~134, 136~139, 141~145, 177, 228
악쇼노프 55, 279
〈안나 스네기나〉 119
안넨꼬프 32
안넨스끼 62, 65
안드레예프 12, 13, 27, 50
『안또노프의 사과』 58
안레쁘 127
알다노프 50, 182
알레쉬꼽스끼 55, 272
알레쉰 233
알렉세예프 218, 237
알렉시예비치 225
『암병동』 257
『야만인』 28
야쉰 230
『어느 슬픈 탐정의 이야기』 271
『어두운 가로수 길』 60
〈어머니와 중성자탄〉 236
『어머니의 들』 264
『어머니』 23, 38
에렌부르그 227

에프론 51, 86
『여귀족』 177
〈여름 정원〉 134
〈여명〉 149
〈여인들의 섬〉 236
『여자 고수』 233
『역(逆)관계』 234
[연대기] 29
『연대기』 173
〈열둘〉 18, 111
『열린 하늘 아래에서』 58
『열쇠』 183
『염주』 127
〈영웅 없는 서사시〉 142
『예고르 불리체프와 그 밖의 사람들』 31
예로페예프 274
예르마꼬프 279
예세닌 23, 39, 40, 42, 62, 83, 96, 114~120
[예술 세계] 14
옐라긴 55
『옐리닌스끼의 땅에서』 227
옙뚜쉔꼬 232, 233, 236
『옛날 옛적에』 13
[오늘] 53
『오데사 이야기』 173
오레쉰 23
오를로프 230
[오를로프 통보] 57
『오리 사냥』 234
『오몬 라』 277
『오베츠낀 220
『오벨리스크』 225
오소르긴 50, 54

오스뜨롭스끼(니꼴라이)  24, 46
오쭙  51, 63
『왕복』  13
『외부인』  234
『우그륨-강』  47
『우리들』  172, 250
『우스뱌뜨의 헬멧 쓴 사람들』  225, 226
『우울한 아침』  178
『운명』  236
〈웃음의 맹세〉  79
[월요일]  53
『유년 시절』  26, 29, 32
『유조선 "제르벤뜨호"』  221
은세기  62, 84, 85, 96
『의심스러운 마까르』  175
『의장』  233
『이 세상의 끝에서』  58
『이 시기의 서정시들 중에서』  164
『이 시대의 서정시에서』  229
〈이 시들에 대하여〉  147
『이르꾸츠끄 이야기』  234
이바노프(게오르기)  18, 62, 65, 75, 77, 88, 90, 91, 93, 95
이바스끄  94
『이반 데니소비치의 하루』  257
『이베르니』  101
이사꼽스끼  223, 227
이사예프  232
이스깐제르  250
『이에리혼의 장미』  60
[이정표]  51
『이탈리아에 관한 이야기』  29
인간  121
〈인간〉  33, 121

『인간과 시간』  227
『인간의 운명』  207, 223
『인간의 이름』  229
『인간의 탄생』  28
『인사하세요, 발루예프씨!』  221
『인상기와 단편소설』  27
「일기」  90, 91
「일기」  240
『일사병』  60
『일상과 예술』  83
『일출에 앞서』  177
일프  47, 176
입체파  19
입체파 미래주의  19

[ ㅈ ]

『자고리에』  159
자그레벨늬이  237
『자기의 흰 새끼낙타를 잃어버린 어미 낙타』  265
『자동차와 늑대들』  174
『자매들』  178
자먀찐  14, 50, 171~173, 177, 184, 250
『자밀랴』  263
자볼로쯔끼  47, 83
『자서전』  96, 159
자아미래주의  20
『자연의 목소리』  229
[자유를 위해]  53
자이쩨프  14, 41, 49, 50, 182
『자하르 보로비예프』  59
『잔인한 게임』  235
잘리긴  165, 169
『장미들』  90

『장소』 279
『장애물 위로』 146
[장편서사] 52
『재능』 182
『재앙의 표식』 225
〈저 멀리-먼 곳에〉 163, 164
〈저 세상에서의 죠르낀〉 164
『저녁』 127
〈저멀리-먼곳에〉 228
『저주받은 날들』 59, 240
〈적들이 고향집을 불태웠다〉 223
『적』 23, 28, 38
『전 세계 문학』 31
『전 유럽에 알려진 결혼』 233
『전선의 연대기』 161
[전야] 52
『전야』 220
『전쟁 없는 세월들』 236
〈전쟁과 세계〉 121
[전쟁과 평화] 52
『전쟁에는 여성의 얼굴이 없다』 225
『전쟁의 여러 날들』 225
『전철기수』 13
『전환점에서』 13
『절름발이 주인』 178
[젊은 근위대] 46
『젊은 근위대』 180
『젊은 의사의 수기』 185
『제1권』 246, 257
『제강공』 234
젠께비치 18
〈조국〉 143
조린 233
조셴꼬 47, 177

『조화』 229, 237
졸로뚜스끼 240
〈좋아!〉 122
주꼬프스끼 61, 105
『주꼬프스끼』 183
『주르빈가』 221
『주제와 변주』 146
쥐굴린 230, 232
쥐르문스끼 76
지노비예프 55
『지도자 별』 68
『지방』 172
지상의 공간 147
『지상의 슬픔』 183
≪지식≫ 12, 28
『지일』 214
지하 문학 45
『지하에서』 13
〈직업의 비밀들〉 136
『진리의 순간』 224
[진실] 53
〈진앙〉 236
『질경이』 127
『짐승의 표시』 279
『집집마다 들어가라』 218
『집토끼와 이무기』 250
『집』 218
『징벌자들』 225
젠드랴꼬프 221, 248
쮸쩨프 61, 74
쯔베따예바 23, 40, 50, 62, 83~88, 94~96
쩍빈 230
찌또프 221

『찌쩨루 섬으로의 출항』 90, 91

[ㅊ]
차꼽스끼 235
『차빠예프와 뿌스또따』 277
『처형대』 236, 249, 266, 271
『철 이른 학들』 264
『첫 번째 선생님』 263
『체벤구르』 175, 238, 244, 250
체뿌린 234
체홉 11, 27
『체홉』 183
『첼까쉬』 27, 33
『초보의 시기』 146
『초생(初生)의 바다』 175
초이성어 21
『최근의 시』 229
『최후의 돌격』 236
추방 문학 49
〈추하게 유명해지는 것...〉 153
『출림스끄에서의 지난 여름』 234
『출세』 237
치리꼬프 51
치빌리힌 221, 236
치츠꼬프 234, 236
『칠레의 비극』 234

[ㅋ]
[칼] 53
『큰 아들』 234
[큰 컵] 53

[ㅌ]
『탐구자들』 221

『태양의 아이들』 28
『테러에 대한 시』 101
테피 23

[ㅍ]
파제예프 24, 180
페뜨 61
〈페르시아 모티브〉 118
페진 171
포끼나 230
표도로프 82, 121, 232
푸르마노프 46
『푸른 도시들』 178
『푸른 별』 183
[풍자가] 52
[풍자판] 23
프롤레뜨꿀트 43
『피라미드』 250
피의 숙청 30

[ㅎ]
『하뜨인 이야기』 225
『하얀 기선』 264
『하얀 무리』 127
[하얼빈 시대] 53
[하얼빈 일보] 53
『하이어바트에 대한 노래』 58
『한 회의의 기록』 234
「할아버지 아르힙과 렌까」 33
해외 문학 49, 84
[핸들] 52
[혁명의 러시아] 52
『현대의 전설들』 237
『형제 자매들』 218

호다세비치  23, 41, 50, 54, 62, 75, 77,
　　　88, 89
『화재』  270
『황금 송아지』  47
『회개』  28
『흔히있는 일』  220
흘레브니꼬프  19, 21, 40, 62, 78~83, 96,
　　　102
『흰 옷』  238, 246

[기타]

[10월]  46
『18번째 해』  178
『1914년 8월』  258
『1916년 10월』  259
『1917년 3월』  259
『1917년 4월』  259
〈1억 5천〉  122
『6월의 작별』  234
『6호실 병동』  11
〈9백 5년〉  155
『Anno Domini. MCMXXI』  127
Л Е Ф  23

■ 홍기순(洪基淳)

한국외국어대학교 노어과 졸업
상뜨-뻬쩨르부르그 국립대학교 노문학 석사
러시아 국립 사범대학교 노문학 박사
현 선문대학교 노어러시아학과 교수

논문 : 〈A.C.뿌쉬낀의 시 "코란의 모방"에 대한 일고〉
〈꼰스딴찐 발몬트의 소네트에 나타난 동양적 모티브〉 외 다수
저서 : 현대 러시아어 강독 외 다수
역서 : 바닷가재(장편 소설)
누구에게 러시아는 살기 좋은가?


■ 김성일(金性鎰)

한국외국어대학교 노어과 졸업
동 대학원 노문학 석사
러시아 상뜨-뻬쩨르부르그 국립대학교 노문학 박사
현 청주대학교 러시아어문학과 교수

논문 : 〈뿌쉬낀 작품에 나타난 모스끄바 이미지〉
〈러시아 망명문학 연구〉 외 다수
저서 : 러시아 문화와 예술의 이해 외 다수
역서 : 대중의 취향에 따귀를 때려라(마야코프스키 시선집) 외 다수

# 러시아 문학사 II
20세기부터 현재까지

2006년 6월 27일 초판 1쇄 발행

지은이  홍기순, 김성일
펴낸이  김홍국
펴낸곳  도서출판 **보고사**

등록  1990년 12월(제6-0429)
주소  서울시 성북구 보문동 7가 11번지
전화  922-5120~1(편집), 922-2246(영업)
팩스  922-6990
홈페이지  www.bogosabooks.co.kr
메일  kanapub3@chol.com

ⓒ 홍기순, 김성일

ISBN 89-8433-239-9 (93890)

정가 15,000원

▸ 저자와의 협의에 의해 인지는 생략합니다.
▸ 잘못된 책은 교환하여 드립니다.